경찰공무원 시험대비

All in
경찰면접

남미정 저

cambus 출판사

주요 약력
- 현) 캠버스면접스피치 원장
- 현) 캠버스공무원학원 면접 대표강사
- 현) 부산시 성희롱·성폭력 근절 추진단 전문위원
- 전) 국립부경대학교 인권센터 팀장
- 전) 국립부경대학교 인재개발원 진로지도전문관
- 전) 부산광역시 청년취업활성화 촉진위원
- 전) ㈜LG전자 DA본부 경영지원팀 심리상담실장
- 전) 부산대학교 종합인력개발원 전임상담원

학력 및 자격
- 부산대학교 경영대학 경영학박사(인사조직 전공)
- 부산대학교 사회과학대학 심리학석사(상담심리학 전공)
- 부산대학교 사회과학대학 심리학학사
- 직업상담사 2급, 청소년상담사 2급, 취업컨설턴트 2급

저서
- 「진로탐색 및 생애설계」 2008
- 「나의 생애포트폴리오- 진로와 직업」 2010
- 「진로와 취업 워크북」 2012
- 「진로취업매뉴얼」 2015

캠버스 면접스피치학원 사이트 : http://interview.busancambus.com

머리말

미래의 치안전문가 여러분!
안녕하십니까? 저는 캠버스 면접스피치 원장 남미정입니다.
저는 지난 20여년을 국립대학교에서 진로지도전문가로서 상담, 심리검사, 입사서류 클리닉, 면접 컨설팅, 취업교육 등 풍부한 실무경험을 해왔고, 진로와 취업 관련 저서를 꾸준히 집필해왔습니다. 대학현장에서 학생들을 상담하고 지도하는 일이 결코 쉬운 일은 아니었지만, 저의 작은 도움으로 수많은 학생들이 자신의 진로를 찾고 취업에 성공하여 저를 찾아와서 자신의 이름이 적힌 명함과 함께 감사의 인사를 전할 때가 가장 보람된 순간이었습니다.
한국직업사전에는 2만 여개가 넘는 직업이 수록되어 있습니다. 그 많은 직업 중에 경찰공무원이 되겠다고 결심한 여러분들을 이렇게 지면을 통해 만나게 되어 영광스럽고 한편으로 존경을 표하고 싶습니다.
경찰공무원은 국가의 법과 공공질서를 확립하고, 각종 범죄와 사고로부터 국민의 생명과 재산을 보호하는 업무를 수행해야 하기에 애국심과 사명감, 강도 높은 청렴성, 윤리의식과 더불어 희생과 봉사정신이 바탕이 되지 않으면 버텨내기 힘든 직업입니다.
그럼에도 불구하고 경찰공무원이 되겠다고 결심하고 혹독한 수험생활을 견뎌냈다는 것만으로도 충분히 훌륭한 인재라고 생각합니다. 여러분의 그간의 노력이 헛되지 않도록, 면접이라는 최종관문을 멋지게 통과할 수 있도록 돕는 것이야말로 저의 커리어에 있어서 마지막 사명이라고 생각하며 이 책을 집필하였습니다.
기존의 면접교재들을 살펴보면 이론과 실무경험이 풍부한 면접전문가가 집필하지 않고 경찰임용학원 강사들이 각종자료들을 취합하여 편저한 경우가 많았습니다.
이에 면접학에 대한 이론 체계가 잡혀있지 않고, 단순히 기출문항에 대한 말하기 기법이나 요령들을 다루는 내용으로 구성되어 있는 경우가 허다했습니다. 그러다보니 임용준비생들은 기출문항에 대한 예시답변을 그대로 외우는 식의 면접 준비를 하게 되고, 동일한 문항이 출제되지 않으면 전혀 답변을 못하는 등 응용의 한계가 있었습니다.

PREFACE

본 교재는 혼자서도 완벽하게 면접 준비를 할 수 있도록 면접학에 대한 체계적인 이론과 실제를 수록하였고, 20여년간 수만명의 학생들의 면접 컨설팅을 해온 경험, 실제 기업의 면접관으로 활동한 경험, 면접관 양성교육 경험 등을 바탕으로 실전노하우를 최대한 담았습니다.

또한, 최신 경찰면접의 경향에 발맞춰 역량기반면접에 기반을 두고 최근 기출문제들을 철저하게 분석하고 정리하였으며, 면접의 기본 원리를 알기쉽게 설명하여 어떠한 문항에도 응용할 수 있도록 답변의 가이드라인을 제시했습니다.

'가장 안전한 나라, 존경과 사랑받는 경찰'이라는 비전 아래 든든한 이웃 같은, 당당하고 책임감 있는, 그러면서도 따뜻하고 공감 잘하는 경찰공무원이 될 수 있도록 최선을 다해 도와드리겠습니다. 여러분이 최종합격통지서를 받아들고 기뻐하는 모습을 상상하며, 진심을 다해 좋은 결과가 있기를 기원합니다. 감사합니다.

2022년 2월

차 례

Part 1 면접학 개론

01 면접의 이해 ······ 11
02 면접의 역할과 중요성 ······ 12
03 면접에 영향을 주는 요인들 ······ 13
04 면접관 교육용 면접지침 이해하기 ······ 16
05 역량기반모델의 이해 ······ 18
06 행동사건면접 BEI(Behavioral Event Interview) 이해 ······ 20
07 STAR 기법 이해 ······ 21
08 역량 단계 평가 기준 ······ 24
09 면접 프로세스 이해 ······ 25
10 면접을 위한 이미지메이킹 ······ 29
11 면접의 종류 ······ 38

Part 2 경찰면접 총론

01 경찰 면접의 개요 ······ 47
02 경찰 면접 평가 요소 ······ 48
03 경찰청에 대한 정보수집 방법 ······ 49
04 경찰공무원에게 요구되는 인성과 적성 ······ 52
05 경찰면접 준비 전략 ······ 56

CONTENTS

Part 3   사전조사서 작성법

01 사전조사서 작성 개요 ·· 61
02 사전조사서 작성을 위한 활용 기법 ·· 62
03 성공적인 사전조사서 작성을 위한 팁 6 ···································· 63
04 사전조사서 작성을 위한 자기분석맵 완성하기 ························ 66
05 경험형 사전조사서 작성 실전 ·· 67
06 상황제시형 사전조사서 작성 실전 ·· 69
07 사전조사서 기출문제 의도와 답변요령 ······································ 71

Part 4   경찰면접 유형 분석

01 개별면접 ·· 75
02 집단면접 ·· 77
03 경찰면접 필수 질문 Top 4 ·· 80

차 례

Part 5 경찰 개별면접 각론

01 경찰 개별면접 기출문제 분석 ·· 89
02 인성분야 기출문제 및 답변 요령 ·· 90
03 인성분야 기출문제 답변 Dos and Don'ts ····························· 96
04 직무상황제시 분야 기출문제 및 답변요령 ····························· 97
05 상황제시 분야 기출문제 Dos and Don'ts ··························· 115
06 경찰 직무관련 전문지식 기출문제 및 답변요령 ················· 116

Part 6 경찰 집단면접 각론

01 경찰 집단면접 기출문제 분석 ·· 131

CONTENTS

Part 7 알쓸신상
(알고보면 쓸 데 있는 신비한 상식사전)

01 법 관련 상식 · 159
02 일반시사상식 · 168

Part 8 면접기출 문제은행

01 경찰 개별면접 기출문제 · 181
02 경찰 집단면접 기출문제 · 259

PART
01

면접학 개론

올인경찰면접

CHAPTER 01 면접학 개론

제1절 면접의 이해

'취업 스펙 9종 세트'라는 신조어를 들어본 적이 있는가? 학점, 외국어, 학벌, 어학연수, 자격증, 공모전, 인턴, 봉사활동 그리고 마지막으로 성형수술까지 포함되었다. 이는 면접이 당락을 좌우하는 주요변수가 되면서 지원자들이 외모를 업그레이드시킬 수 있는 방법으로 성형수술까지 마다하지 않는 현실을 보여준다 하겠다.

면접은 취업준비생에게 가장 통과하기 힘든 최종관문이며 준비하는 방법도 다양하다. 혼자 준비하는 경우도 있지만, 준비생들과 면접스터디를 구성하여 모의면접을 해보거나 스피치학원 또는 이미지메이킹 학원을 다니기도 한다. 말하기 훈련을 많이 하면 면접에 대한 적응력을 강화할 수 있지만, 면접도 심리평가의 한 종류이자 개인의 특성과 역량을 파악하기 위한 면담법의 일환이기 때문에 어떻게 역량을 보여줄 것인가에 대한 자신만의 전략이 필요하다.

지원자의 신상과 역량에 대해서 일차적으로 파악할 수 있는 것은 지원자의 입사지원서, 이력서, 자기소개서, 자기기술서와 같은 전기적 자료(Bio-data)들이 있다. 입사지원서는 지원자에 대한 유용한 정보를 제공할 뿐만 아니라 차후에 있을 면접 질문의 근거자료가 된다. 이력서는 개인의 특성과 지식적인 측면을 알아보기 위해 학력과 이전에 무엇을 경험했는지를 알아보기 위해 경력을 기재한 문서이다. 자기소개서는 개인의 성장배경, 성격의 장점과 보완점, 주요한 경력과 학창시절의 성취경험, 지원동기 및 입사 후 포부 등이 기재된 문서로 면접에서 활용할 수 있는 주요 내용들이 포함되어 있다.

이러한 전기적 자료들로는 지원자의 수행 이력을 파악할 수 있지만 역량을 직접 확인하긴 어렵다. 행동주의 심리학자들은 미래 행동을 가장 잘 예측할 수 있는 것은 과거의 행동이라고 주장한다. 과거에 성과를 달성하기 위해서 수행했던 행동들을, 면접을 통해 다시 보여줌으로써 미래의 역량을 평가받는 것이다.

단순히 공모전, 인턴경험, 봉사활동, 외국어, 학점, 자격증 등 횟수나 취득 점수만 나열한다고 해서 좋은 평가를 받기는 어렵다. 따라서 임용준비생은 과거에 자신이 실질적으로 달성한 구체적인 성과와 행동들을 먼저 탐색하고 정리한 후 말하는 연습을 꾸준히 해야 한다.

이번 장에서는 면접의 메커니즘을 이해하고 면접의 유형과 그에 따른 대처전략들을 살펴보도록 하겠다.

제2절 면접의 역할과 중요성

면접은 면접관과 지원자와의 공식적인 커뮤니케이션으로 대면접촉을 통해 지원자의 성장배경, 인성과 태도, 지식수준, 직무수행역량, 발전가능성 등을 직접 평가하며, 조직에서 필요로 하는 적합한 인재인지 여부를 검증하는 인재선발의 가장 중요한 과정이다. 면접은 서류전형, 체력검사, 인·적성검사 등을 거쳐 마지막으로 평가하는 과정으로 당락을 좌우하는 주요한 요인이 되었다.

최근 면접 추세를 살펴보면 블라인드 면접이 대세로 자리 잡고 있다. 과거에는 면접관에게 제공되는 신원진술서, 고교생활기록부, 인·적성검사 결과지 등을 바탕으로 사실 여부를 확인하는 면접이 많았으나, 최근에는 사전조사서를 바탕으로 심층질문이 많아지고, 개인의 신상관련 질문, 직무관련 질문 그리고 최근 이슈가 되고 있는 시사관련 질문들이 많아졌다.

짧은 면접으로 얼마나 사람을 알아 낼 수 있을까 생각하지만, 실제 면접을 통하여 종합적인 인물 평가, 지원동기 및 의욕의 확인, 성격 및 성품의 판별, 사상 및 인생관의 관찰, 말솜씨 및 두뇌회전과 능력의 관찰, 성실성·팀워크·리더십을 관찰할 수 있다.

면접전형에서 면접관들이 중요하게 보는 항목은 지원자의 성취욕구와 승부근성(1순위), 변화를 이끄는 능력(2순위), 지원업무의 전문 지식과 능력(3순위), 가치관과 도덕성(4순위), 의사소통 능력(5순위), 창의적 사고방식, 외국어 구사능력과 글로벌 감각 등이다. 면접관들은 주어진 짧은 시간에 이 모든 것들을 파악하기 위해 지원자의 언어적 의사소통뿐만 아니라 비언어적 의사소통능력에 주목하게 된다. 지원자가 분명한 요점을 가지고 응답하는지(74.2%), 얼마나 면접에 진지한 자세로 임하는지(70.3%), 또렷한 목소리(61.7%), 분명한 발음(59.4%) 그리고 시선처리(54.7%)와 같은 비언어적 태도까지 놓치지 않는다.

면접은 입직을 위해 넘어야 할 최종 관문이며, 서류전형이나 필기시험에서 변별력이 없을 경우 면접전형이 상대적으로 비중이 높아지게 된다. 면접관은 면접전형을 통해서 지원자의 업무수행능력, 전공지식, 의사소통능력 등을 파악할 수 있고, 조직에 대한 관심과 충성도, 해당 직무에 대한 몰입 수준을 평가하며, 조직문화와의 적합성을 판단한다. 즉 지원자의 역량, 충성도, 적합성을 총체적으로 판단하는 중요한 과정이 면접이므로 필기전형만큼의 많은 노력과 준비가 필요하다.

제3절 면접에 영향을 주는 요인들

면접관은 체계적인 교육과 실전경험을 통해 공정성과 객관성을 잃지 않도록 훈련된 전문가지만 외부 환경이나 다른 요인들로 인해 영향을 받을 수밖에 없다. 면접은 면대면의 대화이기 때문에 아무리 공정성과 객관성을 유지하려고 해도 면접관이 가지고 있는 고정관념이나 면접상황 요인들로 인해 오류가 생길 수도 있다. 따라서 면접관은 흔히 범할 수 있는 오류들을 사전에 숙지하여야 하며, 지원자는 평가 오류로 인해 불이익을 받지 않도록 유념해야 한다. 그렇다면 어떤 요인들이 영향을 미치는 지 살펴보자.

1. 지원자에 대한 정보의 특성

지원자에 대한 부정적 정보가 긍정적 정보보다 더 중요한 영향을 미친다. 실제로 사람은 부정적 정보에 더욱 민감하게 반응하고 더 오래 기억하는 경향이 있다. 지원자의 전과기록이나 생활기록부에 명시된 무단결석 등과 같은 부정적 정보를 접하게 되면 이후 장학금을 받거나 봉사활동을 했다는 긍정적인 정보가 있어도 상쇄되기 어렵다. 또한 면접 시 응시자가 자신에 대해 부정적인 인상을 줄 수 있는 답변을 한다면 이후 긍정적인 답변을 하여도 앞서 들었던 부정적인 정보가 더 많은 영향을 준다는 사실을 명심해야 한다.

2. 지원자에 대한 정보가 제시되는 시점

면접관이 지원자의 정보를 얻는 시점이 언제인가가 면접결과에 영향을 미친다. 먼저 초두효과에 대해서 알아보자.

1) 초두효과(Primacy effect)

초두효과는 면접자가 면접 초기에 제시된 정보에 의해 가장 많은 영향을 받는 것을 말한다. 첫인상이 두 번째 인상보다 강력한 영향력을 발휘한다는 심리학 용어인 '초두효과' 연구에 의하면, 첫인상이 좋지 않았을 경우 다시 좋은 인상으로 만회하려면 최소한 40시간을 투자해야 한다고 실험결과들을 보고하고 있다. 또한 일반적으로 초두효과가 그 사람에 대한 인상의 80% 이상을 결정하는 것으로 보고 있기 때문에, 면접에서 첫인상 관리는 매우 중요하다. 지원자가 제출한 서류나 첫인상이 최종 평가까지 영향을 미치기도 하기 때문이다. 면접관은 기제출한 서류들을 검토하는 과정에서 지원자에 대한 인상이 형성될 수 있고, 첫 대면상황에서 또는 첫 답변 등 면접 초기에 형성된 인상이 면접 종료 시까지 영향을 줄 수 있다는 것을 인지하고 있어야 한다.

참고 ▸ 메라비안 법칙

심리학자이자 커뮤니케이션을 연구하는 앨버트 메라비안 교수는 사람과의 커뮤니케이션에서 시각적인 요소 즉 체형, 표정, 옷차림, 태도, 제스처 등 외향적인 요인이 55%, 목소리 등 청각적인 요소가 38%, 그리고 언어 즉 말의 내용이 7%의 영향을 끼친다 하여 '7 대 38 대 55의 법칙'을 주장하였다.

실제로 면접에서 이와 같은 시각적 요소의 영향력이 매우 크므로, 표정뿐만 아니라 옷차림이나 제스처 같은 시각적 요소나 목소리 등과 같은 청각적 요소도 성공적인 면접을 위해서는 반드시 준비해야 하는 부분이다.

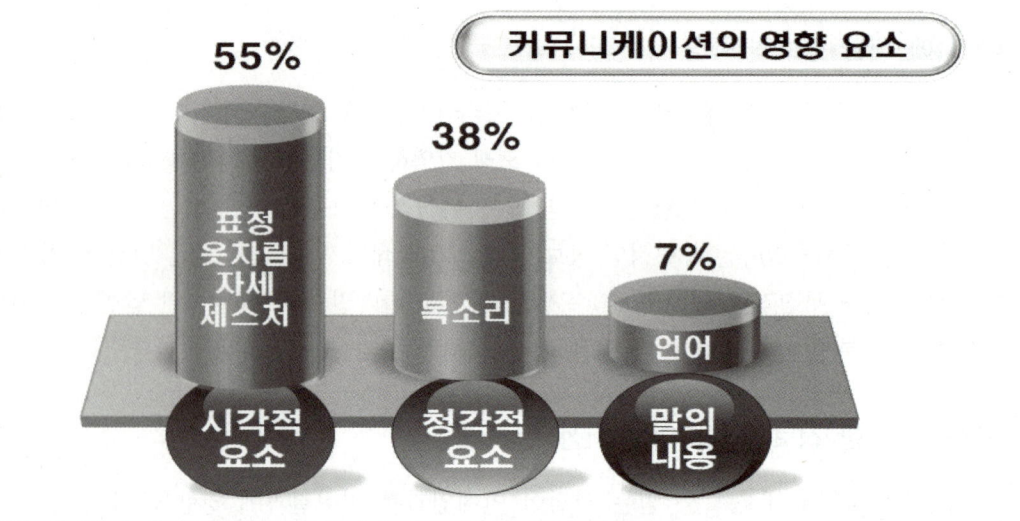

2) 최신효과(Recency effect)

　최신효과는 면접의 마지막에 제시된 정보에 의해 가장 많은 영향을 받는 것을 말한다. 간혹 면접관들은 '마지막으로 하고 싶은 말이 있는가?'라는 질문을 지원자들에게 던진다. 이러한 질문에 명확한 답변 준비가 되어 있지 않다면 안하는 것이 나을 수 있다. 준비되지 않은 상태에서 입사 후 복리후생제도를 묻거나, 급여수준을 묻는 경우 부정적 인상을 심어주어 이전에 잘 수행해온 면접을 마지막에 가서 망칠 수 있기 때문이다. 따라서 마지막에 보이는 태도와 이미지는 매우 중요하며 면접장의 문을 닫고 나오는 순간까지 긴장을 늦추지 않아야 한다.

3. 지원자 간의 대비효과

　　일대일 면접 보다 일대다 또는 다대다 면접의 경우 다른 지원자에 의해 영향을 많이 받는다. 일대일 면접의 경우 면접이 진행되는 동안에는 타지원자와 비교를 하기 어렵기 때문에 면접관에게 오롯이 집중하여 면접에 임하면 된다.
　　하지만, 일대다 또는 다대다 면접에서는 자신보다 월등한 수준을 보이는 지원자가 있을 경우 바로 다음 지원자는 심리적으로 위축되어 본인의 역량을 모두 보여주기 어려울 수 있고, 자신이 준비한 답변을 앞서 다른 지원자가 해버릴 경우 자칫 자신의 주장이나 답변이 묻혀버릴 수 있다.

4. 면접관의 투사 오류

　　면접관도 사람이기 때문에 가치관, 신념, 선호에 있어서 독특성을 가지고 있어서 모든 면접관들이 가치중립적으로 판단하려고 해도 어쩔 수 없이 개인의 호·불호가 다를 수 있고 이에 따라 면접자간의 불일치가 일어날 가능성이 있다.
　　면접관은 자신과 유사한 환경이나 성장배경을 가지고 있거나 자신의 성격적 특성 또는 가치관이 비슷한 지원자에게 더 호감을 가지고 좋은 점수를 주려는 경향성이 있다. 하지만 반대로 자신과 유사한 특성을 가진 지원자에게 더 야박한 점수를 주는 경우도 있으니, 면접 시 자신의 배경을 지나치게 강조하여 드러내는 것은 조심해야 한다.

5. 평가자의 선입관이나 편견

　　면접관들은 각자 고유의 문화가 있고 자신만의 독특한 생활사를 경험했기에 고정관념이 생길 수 있다. 자신이 싫어하는 사람과 닮았다거나 지역감정 등이 선입관이 되어 지원자들을 객관적으로 평가하는데 방해가 될 수 있기 때문이다.
　　예를 들어 부모님의 사회적 지위가 높을수록 자존감이 높아서 힘든 일을 안 하려 한다든지, 불우한 환경 속에서 성장한 사람은 조직에 적응하기 어렵다든지, 수도권 출신자들은 지방에서 오래 근무를 못한다든지 등 면접관의 편견이 잘못된 결정을 내릴 수 있으므로 특히 조심해야 한다. 따라서 지원자도 오해의 소지가 있을 법한 사례를 언급할 때는 신중해야 한다.

6. 후광효과(halo effect)

　　지원자의 한 가지 특성이나 측면을 극도로 높게 평가하여 다른 측면들을 평가하는 데까지 영향을 미치는 경우를 후광효과라고 한다. 예를 들어 학벌이 좋다든지, 외모가 출중할 경우 지원자를 보다 능력 있고 좋은 사람으로 평가하는 우를 범할 수 있다. 한편, 지원자 입장에서 보면 자신의 외모나 면접 복장 등 인상형성에 보다 신경을 써서 면접에 임한다면 후광효과를 노릴 수 있으니 자신을 돋보일 수 있는 이미지메이킹 방법을 알아두면 좋다.

7. 지원자의 사회적 바람직성(Social desirability)

지원자들은 사회적으로 바람직한 사람으로 보여 지기 위해서 원래 자신의 모습을 드러내기보다 사회적으로 용인 받을 수 있는 반응을 할 수 있다. 평소 자신의 모습이 아니라 '좋은 사람'으로 포장하거나 속임으로써 면접관들을 혼란스럽게 할 수 있다. 너무 좋은 사람처럼 보이려고 할 경우 면접관들은 사실을 확인하고자 압박질문을 더 할 수도 있으니 주의하자.

8. 면접상황이 주는 불안과 긴장감

면접은 대인간 커뮤니케이션 중에서 가장 불안과 긴장 강도가 높은 상황이라 할 수 있다. 자신의 일거수일투족이 모두 평가받고 있는 상황이기 때문에, 면접장 문을 열고 들어가는 순간부터 지원자들은 극도의 긴장을 경험하게 된다. 따라서 제대로 면접준비를 하지 않으면 본연의 실력을 제대로 발휘하지 못하고 탈락할 수 있으며 면접자도 당황하는 지원자에 대해 객관적인 평가를 내리기 어려워지니 평소 긴장을 푸는 자신만의 방법을 찾아두자.

제4절 면접관 교육용 면접지침 이해하기

일상적인 사람간의 대화에서는 어떤 이야기가 오가든 대화에 참여한 사람에 대해 다양한 평가를 할 수 있지만 당락을 좌우하진 않는다. 하지만 면접은 공식적인 커뮤니케이션으로 반드시 평가기준이 있고 평가에 의해 합격·불합격을 결정하는 합리적 의사결정 과정이다.

따라서 면접관에게는 면접진행지침을 제공하여 보다 공정하고 명확한 평가가 이루어질 수 있도록 명문화하고 있다. 지원자는 면접관에게 제공되는 지침에 어떤 내용이 포함되어 있는지 이해한다면 어떤 부분을 준비하고 어필해야 하는지를 파악하는데 도움이 될 것이다.

1. 조직의 인재상과 요구하는 역량을 먼저 숙지한다.

면접관은 조직에서 바라는 인재상과 필요로 하는 역량이 무엇인지 파악한 이후에야 지원자가 어느 정도 보유하고 있는지를 측정할 수 있다. 따라서 지원자는 조직의 인재상과 지원하는 직무에서 요구하는 역량이 무엇인지 먼저 숙지해야 한다.

2. 면접매뉴얼 또는 면접가이드를 숙지한다.

면접관은 면접 전략, 질문 예시, 평가방법, 면접 시 유의사항 등을 참조하여 구조화된 면접을 실시한다. 면접 시 발생할 수 있는 오류를 최소화하고 효율성을 높일 뿐만 아니라 평가의 공정성과 객관성을 확보할 수 있기 때문이다. 따라서 지원자는 면접의 한계점(제3절 면접에 영향을 미치는 요인들 참고)이 무엇인지 파악하여 오류로 인한 평가 불이익을 받지 않도록 조심해야 한다.

3. 면접 질문사항을 체크한다.

면접관은 기제출한 서류를 꼼꼼하게 읽으면서 의심스러운 부분을 체크해놓거나 역량을 평가하기 위해 어떤 질문을 해야 하는지를 점검하고 각 면접관들이 질문하고자 하는 영역을 적절하게 분배한다. 따라서 지원자는 자신이 제출한 서류(자기소개서, 자기기술서, 사전조사서 등)를 반드시 숙지하여 경력에서 의심스러운 부분이 없는지, 보다 설명이 필요한 부분이 없는지를 면밀히 검토하여 예상질문에 대한 답변을 준비하고 소명할 부분도 정리를 해둬야 한다.

4. 평가기준과 평가방법을 숙지한다.

면접관은 도사가 아니다. 한번 보고 한번 듣고 당락을 결정할 수 없다. 단순히 평가자의 역할만을 수행하는 것이 아니라 '면접'이라는 공식적인 대화를 진행하는 사회자로서의 역할이 중요하고 지원자의 언행을 정확하게 관찰하고 기록하는 것이 더욱 중요하다.

또한 면접 중에는 관찰과 기록에 충실하고 면접이 종료된 이후 기준에 맞는지 판단하여 평가하는 것이 바람직하다. 따라서 지원자는 면접관이 기록하는 모습이나 서류를 뒤적이는 모습에 집착하지 말고, 면접관의 질문에 집중하여 차분하게 답변하는 것이 중요하다. 또한 면접관이 자신을 잘 관찰할 수 있도록 시선을 회피하지 말고 eye contact 에 집중하는 것이 좋다.

5. 구체적인 답변을 유도한다.

면접관은 지원자가 대답을 회피하더라도 평가를 하기 위해서 답변이 나오도록 유도해야 한다. 지원자가 특정 질문에 답변을 회피할 때 반복적으로 질문하고, 답변 자체를 이해하지 못할 때는 쉽게 풀어서 다시 질문하여 결국 답변을 얻어내야 한다.

지원자는 자신이 이미 준비한 답변은 자신 있게 하는 반면, 준비하지 않았거나 곤란한 질문에 대해서는 모호하게 얼버무리는 경향이 있다. 이럴 때 면접관은 추가질문을 통해 평가가 가능한 답변이 나오도록 이끌어낸다.

면접관이 침묵을 유지하며 지원자를 응시한다면, 지원자는 자신의 답변이 미흡했다는 것을 빨리 알아채고 보충답변을 충실하게 하여야 제대로 된 평가를 받을 수 있다.

6. 적극적인 경청과 관찰

면접을 하다보면 지원자의 답변을 제대로 듣지 않고 자신이 어떤 질문을 할까에 몰두하는 면접관을 볼 수 있다. 면접관은 적극적인 경청을 통해서 지원자의 답변 내용뿐만 아니라 지원자의 내면적인 특성과 태도에 관심을 기울여야 한다. 지원자의 다음과 같은 언어적 비언어적 반응 등을 주의 깊게 살펴서 평가에 반영하므로 주의가 필요하다
 - 특정 분야나 영역에 대한 질문을 할 때 회피하거나 적극적이지 못한 태도
 - 질문의 의도를 알면서도 일부러 전환하여 다른 답변을 하는지 여부
 - 질문에 대한 반응 속도가 변화하는지(바로 답변하는지 아니면 한참 침묵 후 답변하는지)
 - 말 속도가 빨라지거나 느려지는지
 - 목소리의 높낮이가 변화하는지
 - 말을 얼버무려서 끝맺음을 못하는지

즉, 지원자는 면접관이 자신의 답변과 더불어 면접에 임하는 행동 단서들을 주목한다는 사실을 기억해야 한다. 지원자의 얼굴표정, 얼굴색의 변화, 시선처리, 끄덕임, 목소리, 자세, 태도 등과 같은 비언어적 행동 정보들이 평가에 영향을 미칠 수 있다는 것을 인지하고 면접연습을 할 때 자신의 모습을 촬영해보고 모니터링을 하거나 지인에게 피드백을 받아보는 것이 좋다.

제5절 역량기반모델의 이해

인재를 선발할 때 그 사람의 잠재된 능력이 우수한지 아닌지가 중요한 것이 아니라 보유하고 있는 능력을 발휘하여 성과로 이어질 수 있는 행동을 실제로 할 수 있는가가 더욱 중요하다. 능력을 보유하고 있는 인재보다는 성과를 창출할 수 있는 인재를 조직에서는 원하고 있다.

기존 채용방식에서는 지원자의 능력을 보증할 수 있는 스펙이 중요했다면 현재는 능력을 성과로 전환시킬 수 있는 역량을 갖추고 있는가를 알아보기 위해 지원자의 구체적인 행동에 집중하게 되었다.

여기서 말하는 '성과'란 단순히 상황이 좋아서라든지, 주변인의 도움이나 운으로 이루어진 것이 아니라 지원자가 처음부터 끝까지 스스로 계획하고 몰입하여 창출해낸 성과여야

한다. 그래야 입사 후에도 유사한 성과를 낼 수 있고, 상황이나 환경이 변화해도 과거의 행동 경험을 바탕으로 응용하여 성과를 낼 수 있기 때문이다. 즉 재현성이 있는 과거의 성과만이 미래의 성과를 예측할 수 있는 것이다.

재현성이 있는 성과를 창출할 수 있는 능력이 바로 역량이라고 할 수 있다. '역량'은 특정한 목표 상황에서 효과적이면서도 보다 높을 성과를 발휘하게 하는 개인의 내적 특성으로 조직에서 높은 성과를 발휘하는 사람의 특성으로서 지식, 기술, 가치관, 사고유형, 성격, 태도 등의 통합체라 할 수 있다. 역량의 구조를 살펴보면 빙산의 모습과 유사하다. 개인의 역량 중 수면 위로 드러나 있는 지식과 기술은 서류전형과 실무면접을 통해서 파악할 수 있다. 하지만 개인의 사고, 가치관, 성격, 태도 등은 수면 아래에 감춰져 있어서 관찰이 쉽지 않지만 많은 차이점을 만들어 낸다.

최근에는 보다 객관적으로 평가하기 위해 인·적성검사를 도입하고 있으며 검사에서도 드러나기 어려운 특성은 역량면접을 통해서 행동으로 발현되기 때문에 관찰과 측정이 가능해졌다.

역량은 성과와 연계된 행동으로 지원자가 아무리 논리적이고 의사소통능력이 뛰어나다 하더라고 지원하는 직무의 성과 창출에 직접적으로 기여하는 원인 행동이 아니라면 해당 직무에 적합한 역량을 갖추었다고 말할 수 없다. 따라서 역량은 직무마다 다르고 환경이 바뀌면 요구하는 역량도 다를 수 있다는 점을 명심해야 한다.

역량의 구조

제6절 행동사건면접 BEI(Behavioral Event Interview) 이해

행동사건면접기법은 하버드 대학 심리학과 David Mcclelland 교수가 개발한 면접기법으로 국무성으로부터 해외공보관을 선발하는 방안에 대한 연구를 의뢰받아 고성과자와 저성과자를 구분 짓는 행동 특성을 발견하게 되는데 이를 역량이라고 명명하였고, 이때 사용한 면접기법이 바로 BEI 기법이다.

행동사건면접은 과거에 업무를 수행하면서 발휘했던 우수행동 사례를 묻고 그 답변을 통해 미래의 수행역량을 예측하기 위해서 개발된 역량기반모델에 기반을 둔 면접이라고 할 수 있다.

행동사건면접은 지원자의 즉흥적인 생각이나 의견을 묻는 것이 아니라, 지원자가 실제로 겪은 과거의 경험사례 중에서 그 일이 일어난 과정과 주요한 장면들, 지원자의 의도와 행동, 그에 따른 결과 등을 순차적으로 진행해가는 면접법이다.

행동사건면접은 과거의 행동으로 미래의 행동을 예측할 수 있다는 전제에 기초하며 지원자가 역량이 있는지 없는지를 알 수 있는 근거가 되는 과거의 사건과 상황에서 지원자가 취한 조치나 대응, 접근방법에 대해 질문을 하는 구조화된 면접으로 이루어진다.

참고 ▼ 비구조화 면접과 구조화 면접의 차이점	
비구조화된 면접법	구조화된 BEI 면접법
- 면접관이 자유롭게 질문하고 평가하는 방식으로 면접관의 재량에 따라 결과에 영향을 미칠 수 있다 - 지원동기, 입사 후 포부, 성장배경, 성격 등에 중점을 두고 질문하여 기초적인 역량 측정은 가능하나 구체적인 파악이 어렵다 - 지원자가 면접관의 질문의도를 파악하기 쉽고 원하는 답변을 제시하기 쉽다 - 구조화되어 있지 않고 즉흥적인 질문으로 면접관의 선입관과 편견이 작용하기 쉽다 - 일반적인 질문에 추상적인 답변이 나오기가 쉬워 역량 보유 여부를 판단하기 어렵다	- 사전에 평가하고자 하는 역량, 평가기준, 질문, 절차가 정해져 있는 면접방식 - 과거 경험에 중점을 두고 역량을 측정할 수 있을 때까지 구체적으로 꼬리질문이 이루어진다 - 지원자가 면접관의 질문의도를 파악했더라도 준비되지 않으면 즉흥적으로 답변을 제시할 수 없다 - 구조화된 질문 항목을 순차적으로 답변해야 하고 특히 행동에 집중하여 답변해야 한다 - 과거의 경험사례를 통해 신빙성을 확보할 수 있으므로 쉽게 거짓말을 하거나 과장하기가 어렵다 - 응시자의 역량을 평가기준에 따라 객관적으로 판단하기에 공정성과 타당도가 높다

제7절 STAR 기법 이해

1. STAR 기법

STAR 기법은 지원자의 특정 역량 보유 여부를 최대한 정확하게 판단하기 위해 답변의 구조를 4단계로 정의한 면접기법으로, 지원자가 답변을 구성할 때 다음과 같이 4개의 영역을 포함시켜야 한다.

단 계	내 용
Situation(상황)	당면한 구체적인 상황이 어떠하였는가
Task(과제)	그 상황에서 수행했던 과제나 달성해야 했던 도전과제는 무엇인가
Actions(행동)	과제 달성을 위해 구체적으로 어떤 행동을 취했는가
Results(결과)	행동 이후 어떤 결과가 도출되었는가

2. STAR 면접기법 단계별 답변 방법

1) Situation(상황)

지원자는 면접관의 질문에 부합하는 에피소드를 생각해 낸 후 구체적인 상황을 떠올려 답변해야 한다. 상황에는 특정 시점과 장소가 명시되어야 보다 신빙성을 확보할 수 있으므로 정확할수록 좋다.

예를 들어 대학시절에~~, 학창시절에~~, 어릴 때~~, 군대있을 때~~ 등과 같이 답변하면 구체성이 떨어지기 때문에 신뢰하기 어렵고 면접관이 추가질문을 해야 하는 번거로움을 야기할 수 있다. 따라서 0000년도 여름계절학기에, 대학교 2학년 00동아리 대표로 활동할 때, 고등학교를 마치고 0000년도에 00에서 6개월간 00아르바이트를 할 때 등으로 상황을 구체적으로 답변하는 것이 좋다.

하지만 상황 설명을 구체적으로 하라는 말을 잘못 이해하여 주저리주저리 상황에 대해 장황하게 설명을 할 필요는 없다. 자칫 상황설명이 길어질 경우 정작 중요한 과제나 행동에 대한 답변할 시간이 촉박해져서 용두사미형 답변이 될 수 있음을 명심해야 한다.

2) Task(과제)

상황에 대한 설명을 마쳤다면 그 당시 자신에게 주어진 목표나 도전과제가 무엇이었는지 답변해야 한다. 이때 자신이 맡은 부분이 무엇인지, 그 일을 계획할 때 어떤 동기로 시작하게 되었는지를 포함해서 답변하면 좋다.

간혹 자신의 역량을 부각하기 위해 극도의 어려운 환경을 강조하거나 주변에 아무도 도와주는 사람이 없었다거나 하는 극적인 상황 속에서의 도전과제만을 찾아내려고 하는데, 오히려 꾸며낸 이야기나 과장된 이야기로 보일 수 있다.

따라서 자신이 수행했던 목표에 집중해서 담백하게 답변하고 팀 공동의 목표나 과제의 경우에도 자신에게 부여된 과제에 대해서 설명하는 것이 바람직하다.

3) Actions(행동)

행동은 지원자 본인이 성과를 내기 위해 실제로 수행했던 활동을 말하는 것으로 구체적으로 답변할수록 좋다. 간혹 최선을 다했다, 열심히 했다, 누구보다 앞장서서 수행했다 등 모호하게 답변하여 역량 측정이 불가능한 경우에 면접관은 추가 질문을 하게 되고 구체적으로 답변하라는 요구에 지원자는 압박으로 느껴질 수가 있다.

따라서 답변할 때 2개~3개 정도의 구체적인 행동을 나열하는 것이 좋다. 특히 새로운 아이디어를 도입하여 행동으로 옮긴 사례나 장애를 스스로 극복해 낸 행동의 경우에 역량이 가장 잘 발휘될 수 있다는 점을 유념하자.

STAR기법에서 가장 핵심적인 평가부분은 행동이기 때문에 많은 분량을 할애하여 답변해야 한다. 간혹 '제가'라는 표현보다 '우리 팀이' 또는 '저희가'라는 표현을 쓰는 경우가 있는데 BEI 면접기법은 개인의 역량을 평가하는 것이므로 면접관이 개인적인 관점에서 본인이 수행한 부분만 답변하라고 요구할 수 있다.

4) Results(결과)

지원자는 과거의 경험과 자신의 행동을 통해 얻은 성과가 무엇인지 구체적으로 답변해야 한다. 성과에는 정량적 성과와 정성적 성과가 있는데 수치화 할 수 있는 가시적인 성과가 있다면 더욱 좋고 만약에 없다면 자신의 행위로 인해 깨달은 점, 생각이나 감정이 변화 등과 같은 정성적 성과를 언급해도 된다.

예를 들어 대회에서 우수상을 탔거나, 장학금을 받았거나, 학점이 상향되었거나 하는 경우는 정량적 성과이고, 대회에서 수상은 못했으나 준비과정에서 협동심과 책임감을 느꼈다든지, 공부하면서 시간관리와 자기주도적 학습 방법을 알게 되었다든지. 타인을 도움으로서 보람과 성취감을 느꼈다 등은 정성적 성과로 볼 수 있으니 두 가지를 적절하게 혼합하여 답변하는 것이 바람직하다.

> **참고** STAR 기법을 활용한 면접 질문 예시
>
> ⊙ Situation
> - 당신이 처한 상황에 대해 말해보시오.
> - 여럿이서 함께 어떤 목적을 가지고 일을 했던 경험에 대해 말해보세요.
>
> ⊙ Task
> - 당신은 어떤 역할과 과제를 담당했나요?
> - 여럿이서 일을 하다보면 항상 어떤 문제가 발생하기 마련인데 어떤 어려움이나 문제는 없었나요?
> - 혹 팀원들 간의 갈등은 없었나요? 무엇이 문제였습니까?
> - 주로 문제를 일으킨 사람은 구체적으로 누구였습니까?
>
> ⊙ Action
> - 그러한 어려움이나 갈등을 어떻게 해결 하였습니까?
> - 어떻게 대응했습니까?
> - 당신이 취한 행동에 대해 말해 보십시오.
> - 이를 위해 구체적으로 어떤 노력들을 하셨나요?
>
> ⊙ Result
> - 그 행동의 결과는 어땠습니까?
> - 다른 사람들은 당신의 행동에 대해 어떻게 이야기 했습니까?
> - 당신은 그 결과로 무엇을 느꼈습니까?
> - 이러한 경험이 이후 행동에 어떤 영향을 주었습니까?

제8절 역량 단계 평가 기준

지원자의 역량 수준을 평가하기 위해서는 지원자의 과거 행동 사례가 실제적이고 객관적이어야 한다. 면접관의 주관이나 재량에 좌우되는 것이 아니므로 평가기준이 일관되게 적용되어야 한다.

주의해야 할 사항은 지원자의 행동의 양이 많다고 해서 역량이 높다고 볼 수 없고, 성과의 크기가 크다고 해서 반드시 역량이 높다고 볼 수 없다는 점이다.

예를 들어 지원자가 아르바이트를 하면서 주도적으로 업무를 수행한 것이 아니라 사장의 지시에 따라 어떤 행동을 했다면 역량으로 볼 수 없다는 것이다. 그렇다면 역량의 수준을 파악할 수 있는 5단계에 대해서 알아보자.

상황과의 관계	단계	내용
상황에 종속된 행동	1. 수동적 행동	– 타인의 지시 또는 하지 않을 수 없는 상황에서 하게 된 주체성이 결여된 행동
	2. 통상적 행동	– 어떤 주어진 상황에서 당연하게 생각될 수 있는 행동으로 일상생활에서 대부분의 행동은 그 상황에서 주어진 행동과 역할을 수행하는 수준
	3. 능동적 행동	– 여러 가지 선택 가능한 방안 중에서 명확한 의도나 판단에 기초하여 주도적으로 선택한 최적의 행동
상황을 변화시키는 행동	4. 창조적 행동	– 스스로 생각하고 판단하여 창의적인 아이디어를 더해서 이루어진 행동으로 상황을 변화시키고 장애를 극복하려는 의지가 드러나는 행동
	5. 패러다임 전환적 행동	– 기존의 사고방식이나 패러다임을 완전히 전환하여 어느 누구도 하지 않았던 전혀 다른 새로운 방법으로 일을 전개해 나가는 행동

면접관은 지원자의 과거 경험 사례에서 어떤 행동을 했다고 답변했을 때 그 행동이 5단계 중에 어디에 속하는지를 파악하여 지원자의 역량 수준을 평가한다.

지원자가 좋은 평가를 받기 위해서는 수동적 행동이나 통상적 행동보다는 능동적이고 창조적인 행동을 강조하여 답변하는 것이 좋다. 신입직원의 경우 5단계인 패러다임 전환적 행동을 수행했다는 것은 극히 드문 일이므로 일부러 과장하거나 꾸며내어 답변할 경우 압박질문을 받을 수 있으니 유념해야 한다.

제9절 면접 프로세스 이해

면접은 면접장에 도착하는 순간부터 면접을 마치고 면접장을 나오는 순간까지 이루어지는 과정이라고 생각해야 한다. 간혹 면접시간을 놓쳐 지각을 한다든지, 대기실에서 잡담을 한다든지, 면접장을 나오면서 한숨을 쉰다든지, 해서는 안되는 행동들을 서슴없이 하는 경우가 있다.

지원자가 최종 합격을 하게 된다면 면접관은 입사 후 지원자의 상사가 되는 것이고, 대기실에서 면접전형을 지원했던 직원들은 지원자의 선임이 되는 것이다. 그러니 일거수일투족에 신경을 쓰고 집중을 하여 면접에 임해야 한다.

> **참고** **면접장에서 반드시 지켜야 할 주의사항**
> - 면접장 도착(절대 지각하면 안됨, 전날 도착하여 면접장 확인)
> - 대기실 입장(응시번호와 응시 조 확인하고 테이블 착석, 전자기기 및 개별 소지품 제출)
> - 신분확인 및 면접 진행(면접실로 이동, 답변 태도, 내용, 중요, 긴장 풀고, 두괄식으로 간략하게 답변하고 추가 질문에 답변, 실무면접관이 더 자세히 알기 때문에 핵심만 명확하게)
> - 종료 퇴실(인사 분명히, 다시 대기실로 돌아가 소지품 챙길 것)
> - 미리 준비한 자료를 참고해서 작성할 수 없으니 유의할 것
> - 일체의 전자통신기기 소지는 불가하며, 위반 시 부정행위로 처리
> - 입장 후에는 외부출입 금지

> **참고** **면접 D- day 무엇을 해야 할까?**
> ⊙ **면접 하루 전날**
> - 타 지역에서 면접이 있을 경우 하루전날 미리 도착하여 면접장소 확인과 숙소와의 교통상황을 확인해 놓아야 한다.
> - 교통편에 문제가 생기거나 기상악화로 인해서 면접에 참석하지 못하는 불상사를 미연에 방지하기 위해서 반드시 면접 전날 도착하도록 한다.
> - 최상의 컨디션으로 면접에 임하는 것이 좋기 때문에 충분한 수면을 취하도록 하자.
> - 미리 제출한 서류들 (사전조사서 등)과 예상 문제를 재검토하는 시간을 가진다.
> ⊙ **면접 당일 아침**
> - 당일 아침에는 뉴스를 검색하여 최근 이슈가 될 만한 내용을 미리 체크해둔다.
> - 가끔 면접 당일의 뉴스가 면접 질문으로 나올 수 있다. 특히 지원하는 조직과 관련된 뉴스와 국가 정책과 사회경제면 소식은 반드시 체크하고 메모해둔다.
> - 아침 식사를 든든하게 먹고, 수시로 물을 마셔서 목소리가 잠기지 않도록 조절한다.
> - 출발 전에 신분증, 간단한 필기구(메모 수첩 포함), 손수건, 화장지, 여성은 화장품과 여분의 스타킹 등을 챙긴다.
> - 지각하지 않도록 각별히 신경을 쓰고 적어도 면접 시간 30분 전에는 면접장에 도착하여 출결 확인 후 안내에 따라 대기한다.

1. 대기실에서

① 30분 또는 한 시간 전에 면접장에 도착하는 여유를 가질 것
② 불특정 연장자나 진행요원을 만났을 때 가벼운 목례
③ 침착하면서도 미소 띤 표정으로 대기
④ 대기실을 잠시 떠날 경우 진행요원에게 반드시 양해 구할 것
⑤ 준비해 온 자료를 조용히 검토하고 휴대폰 전원 끌 것

⑥ 다른 지원자와 잡담 금지
⑦ 전체적인 용모 점검할 것(머리모양, 화장, 단추, 구두, 안경, 넥타이 등 흐트러진 곳이 없는지 확인 할 것)
⑧ 담배나 껌 등 기호식품을 섭취하지 말고, 목이 마르지 않도록 물을 섭취

2. 호명 및 입실

① 진행요원이 호명하면 지시에 따라 면접장으로 이동
② 호명하면 문을 노크하고 입실하여 가볍게 목례(15도 정도 숙임)
   의자의 옆(또는 앞)에 가서 정중례(45도 이상 숙임)

※ 인사의 포인트
- 면접관과 시선을 맞추고 미소 짓기
- 당찬 목소리로 인사말(안녕하십니까? 수험번호 000번 000입니다)
- 인사 먼저(허리를 굽히고 시선은 2m 앞의 포인트)
- 숙인 상태로 잠깐 멈춤(2초)
- 천천히 허리를 든다(내려갈 때 속도보다 천천히)
- 바로 서서 다시 마주보고 미소 짓기

③ 면접관이 앉으라고 하면 '감사합니다' 하고 착석
④ 반듯한 자세 유지하여 앉기

※ 자세 포인트
- 가슴과 허리를 펴고 등은 의자에 기대지 않는다
- 팔꿈치는 쫙 펴지 말고 자연스럽게 굽힌다.
- 남성 : 다리는 어깨넓이 정도, 손은 가볍게 주먹 쥐고 허벅지 위에
- 여성 : 오른손이 위로 가는 공수자세로 모으고, 다리는 모은다

⑤ 면접관 응시하되 시선은 ▽라인(양눈과 코)에 머문다

3. 면접 질의 및 응답

① 면접관 질문을 끝까지 경청한 후 침착하게 한 번에 답변 할 것
② 모든 질문에 1~2초 여유를 두고 생각한 후 답변할 것
③ 유도심문에 당황하지 말고 원래 준비한 내용대로 답변할 것
④ 면접관들과 자연스럽게 시선을 두고(질문한 면접관 70%, 타 면접관 30%), 시선이 바닥이나 천정을 향하지 않도록 유의
⑤ 과도한 손동작은 금물(강조하고 싶을 때 한 손만 사용)
⑥ 마지막으로 하고 싶은 말에 한번 더 자신의 강점과 포부 어필

4. 퇴실

① 면접관이 "이제 나가셔도 됩니다" 또는 "네. 수고하셨습니다" 라고 하면 면접의 종료를 알리는 것이니 차분히 자리에서 일어난다
② 일어나서 곧바로 나가지 말고, 공손히 '감사합니다' 라고 인사를 한 뒤 자기가 앉아있던 의자가 삐뚤어지지 않았는지 확인하고, 삐뚤어져 있다면 자리를 바로 정리해 놓고 나간다
③ 문을 닫기 전에 다시 한 번 가벼운 목례를 하고 살짝 문을 닫는다
④ 문을 닫고 나서 면접장 밖을 나갈 때까지 조용히 하고, 침착하게 대처(바깥에서 하는 소리가 면접관에게 들릴 수 있음)

> **참고 ▼ 면접 금기 사항 20선**
>
> 1. **지각하지 말라.**
>   면접시험 15분전에는 면접장에 도착하도록 해야한다.
> 2. **앉으라고 하기 전까지는 앉지 말라.**
>   앉으라고 하기도 전에 앉으면 무례한 사람으로 보이기 쉽다.
> 3. **대화 중에 옷을 매만지거나 머리를 긁지 말라.**
>   침착하지 못하고 자신 없는 사람으로 보인다.
> 4. **대화 중에 수식어를 지나치게 사용하지 말라.**
>   핵심이 없는 대답이 되기 쉽다.
> 5. **질문이 떨어지자마자 바쁘게 답변하지 말라.**
>   2초의 여유가 필요하다.
> 6. **시선을 다른 데로 돌리지 말라.**
>   핵심이 없는 대답이 되기가 쉽다.
> 7. **혹 잘못 답변하지 않았나 해서 주위를 살피지 말라.**
>   주관이 없고 소심해 보인다.
> 8. **구인자(면접관)의 책상 위 서류에 집착하지 말라.**
>   다음 질문에 대한 긴장을 놓친다.
> 9. **농담하지 말라.**
>   진중하지 못하고 경망스럽게 보일 수 있다.
> 10. **답변을 장황하게 늘어놓지 말라.**
>   질문에 대한 이해력이 부족하거나 논리적인 사고력이 결여되어 보인다.
> 11. **답변이 생각나지 않는다고 고개를 숙이거나 먼 산을 보지 말라.**
>   임기응변이 부족하고 패기가 없어 보인다.
> 12. **답변을 얼버무리지 말라.**
>   무기력하고 불성실해 보인다.

13. 자신 있다고 빨리, 큰소리로, 너무 많이 말하지 말라.
   말의 핵심을 놓치거나 가벼운 사람으로 보일 수 있고, 외워서 말하는 것으로 보일 수 있다.
14. 면접관이 서류를 검토하는 동안에는 말하지 말라.
   예의가 없고 분별력이 없어 보인다.
15. 면접관을 이기려고 하거나 압도하려하지 말라.
   자신감과 용기로 평가되기보다는 무례하고 독단적으로 보인다.
16. 면접장에 진행요원이 들어온다고 해서 돌아보지 마라
   면접에 집중하지 않고 산만하다는 인상을 줄 수가 있다.
17. 대화를 질질 끌지 말라.
   도전적인 인상을 주거나 이해력이 없어 보인다.
18. 연설하는 식으로, 또는 군대식으로 답변하지 말라.
   경직되어 보이고 대화 경험이 부족해 보인다.
19. 자신의 배경을 들먹거리지 말라.
   의타적이며 자기개발 능력이 없는 사람으로 보인다.
20. 복리후생제도나 급여에 대해 언급하지 말라
   조건이 조금이라도 좋은 곳이 있다면 다른 직장으로 금방 옮길 수 있는 사람으로 보인다.

제10절 면접을 위한 이미지메이킹

이미지라는 것은 자기 자신의 가치를 나타내는 일종의 브랜드로 어떤 대상에 대해 갖게 되는 상상의 그림이라 할 수 있다. 이미지는 한번 정착되면 쉽게 바꾸기 어렵기 때문에 면접 전에 자신의 이미지가 어떠한지 점검해 볼 필요가 있다.

외모는 타고나는 것이기 때문에 바꿀 수 없지만 이미지는 만들어 낼 수 있으므로 지원하는 직종과 직무에 적합한 이미지메이킹은 가능하다.

이미지에는 정신적이미지, 시각적이미지, 행동적이미지가 있다.
- 정신적이미지 : 한 개인이 가지고 있는 성품, 신념, 가치관, 철학 등
- 시각적이미지 : 복장, 헤어스타일, 화장 등과 같이 겉으로 드러나는 외형적 모습
- 행동적이미지 : 매너와 같은 태도나 제스처 · 자세 등

이미지라는 것은 단순히 외적인 요소만을 말하는 것이 아니라 세 가지 요소가 적절하게 조화를 이루었을 때 성공적인 이미지메이킹이 이루어졌다고 말할 수 있다.

정신적이미지는 '나는 누구인가'에 대한 근원적인 물음에서 시작해야 하고, 주로 대화를

통해 타인에게 드러날 수 있다. 평소 주변 지인들에게 자신의 이미지에 대해서 물어보고 잘못된 이미지가 있다면 그 원인이 무엇인지 검토하고 보완해야 한다.

또한 정신적 이미지는 쉽게 바꾸기 어렵고 면접과정 중에 자연스럽게 발현되기 때문에 본 장에서는 비교적 빨리 변화를 줄 수 있는 시각적 이미지와 행동적 이미지에 대해서 다루도록 하겠다.

1. 남성의 시각적 이미지메이킹

① 복장
- 검은색 또는 남색처럼 진하고 어두운 계열의 상하 한 벌의 정장 무난
- 구두는 깨끗하게 손질된 검은색이 무난
- 양말은 정장 바지와 동일한 색이 좋고 무늬가 있거나 스포츠 흰 양말은 피한다
- 셔츠는 흰색이 무난하며 긴팔을 착용하는 것이 좋으며, 상의의 소매보다 셔츠의 소매가 1~1.5cm 정도 나오게 입는 것이 좋다
- 넥타이는 진한 단색이나 줄무늬 또는 체크무늬가 무난하며 너무 화려하거나 튀는 디자인은 피한다
- 몸에 너무 붙는 스타일의 정장보다는 약간 편안한 기본 스타일을 고른다
- 벨트는 버클부분이 튀지 않는 검은색이 가장 무난하다
- 수트 상의의 단추는 모두 잠그지 말고 앉았을 때 편안하게 아래 단추는 여는 것이 좋다
- 브랜드 명이 확실히 드러나는 제품은 착용하지 않는 것이 좋다

② 헤어스타일
- 평소 자신에게 어울리는 헤어스타일을 찾아보고 최대한 단정한 스타일이면 무난
- 앞머리를 내리지 말고 이마가 보이도록 스타일링을 하는 것이 좋다
- 헤어제품(스프레이, 젤, 왁스 등)을 지나치게 사용하지 말고 깔끔하게 정리될 수 있을 만큼 적당히 사용
- 염색을 하거나 지나친 펌을 한 머리는 금물
- 머리카락이 귀를 덮는 장발스타일은 답답해 보일 수 있으니 피할 것

③ 용모
- 얼굴색이 좋아 보이도록 옅은 메이크업은 괜찮지만 지나치면 안됨
- 면도를 깨끗하게 해서 단정하게
- 얼굴을 지나치게 가리는 테가 넓고 큰 안경은 피할 것
- 안경 착용 시 지나치게 화려한 디자인이나 색깔은 피한다

- 손톱 정리를 하여 청결함을 유지
- 피어싱은 금물, 눈썹 정리에도 신경을 쓸 것

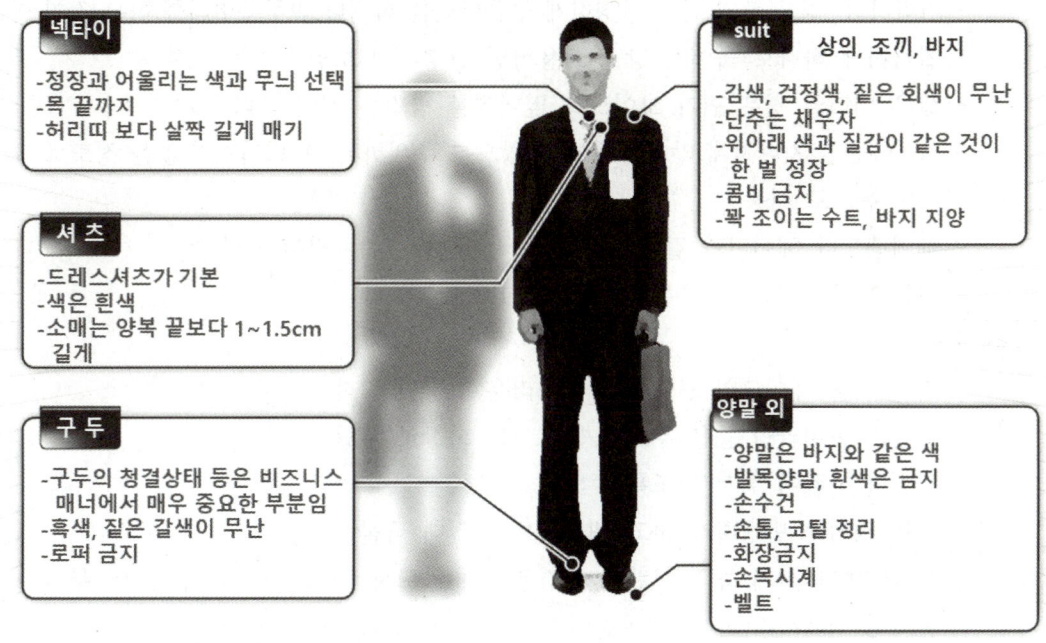

2. 여성의 시각적 이미지메이킹

① 복장
- 흰색의 블라우스나 셔츠에 검은색 또는 짙은 단색의 정장이 무난
- 하의는 치마 또는 바지 정장 모두 가능
- 몸에 너무 붙는 스타일의 정장보다는 약간 편안한 기본 스타일을 고른다
- 치마는 H라인으로 무릎을 약간 덮는 정도의 길이가 무난
- 바지는 발목 복사뼈 정도의 기본 스타일이 적당
- 스타킹은 살색이나 커피색이 무난하며 만일을 대비하여 여분의 스타킹을 챙길 것
- 구두는 3~5cm정도의 굽으로 신는 것이 좋고, 하이힐은 피한다
- 구두는 검정색에 장식이 없는 기본 스타일이 좋다
- 상의의 단추는 채워서 단정한 모습을 보여주는 것이 좋고, 착석할 때 불편하다면 가장 아래 단추는 열 것

② 헤어스타일
- 앞머리와 옆머리는 되도록 넘겨서 이마가 드러나도록 하는 것이 좋다
- 머리가 긴 경우 풀지 말고 단정하게 묶음머리를 하거나 반묶음머리를 하는 것이 좋다
- 깔끔하게 하나로 묶어서 망을 사용하면 단정하게 보임
- 짧은 머리일 경우 귀가 보이도록 옆머리를 넘기는 것이 좋다
- 헤어제품을 지나치게 많이 사용하지 않도록 주의하고, 흐트러지지 않을 정도로 고정하는 용도로 사용
- 헤어밴드나 헤어핀과 같은 장신구는 사용하지 않는 것이 좋다
- 너무 밝은 염색이나 투톤 염색은 피한다

③ 용모
- 지나친 풀 메이크업 보다는 자연스러운 화장이 좋다
- 눈썹과 아이라인 등을 부드럽게 보이는 화장이 무난
- 립스틱 색깔이 튀지 않도록 주의
- 손톱 정리를 단정하게 하고 네일아트는 절대 금물
- 핸드백이나 시계 등의 브랜드가 강조되지 않도록 하고 심플한 디자인이 무난
- 화려한 액세서리(귀걸이, 목걸이, 반지, 팔지 등)는 가급적 피한다
- 안경을 착용할 경우 튀는 디자인이나 색깔을 피하고 색이 들어간 서클렌즈는 착용하지 않는다.

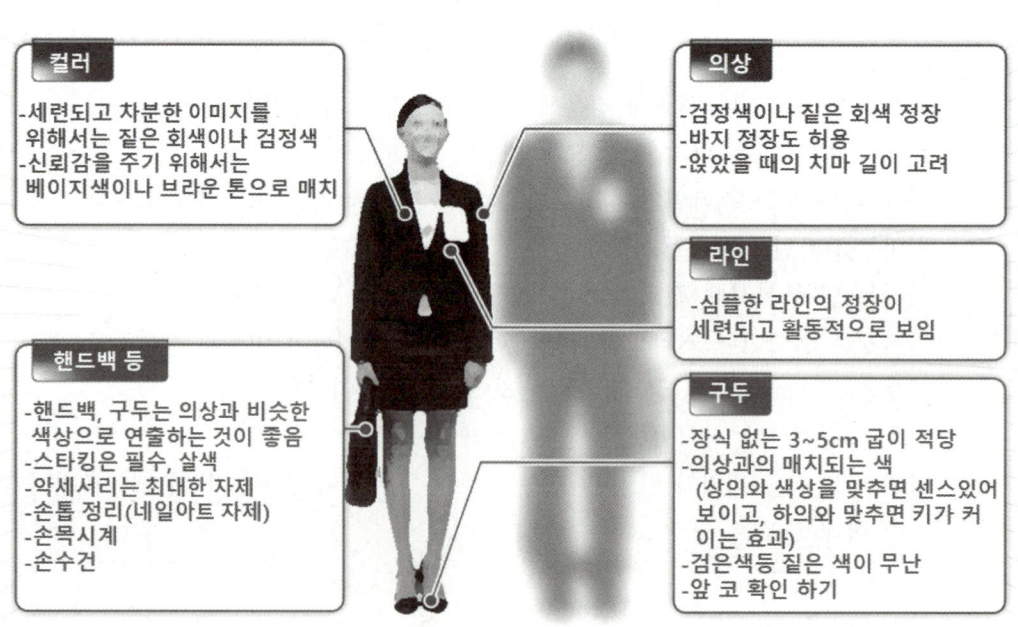

3. 행동적 이미지메이킹

① 걷는 자세
- 면접장에 입실할 때 당당하고 자연스럽게 걸어야 한다
- 발뒤꿈치를 끌거나 소리가 크게 나지 않도록 걷는다
- 적당한 보폭으로 적당한 속도로 걷는다
- 어깨를 구부정하게 숙이거나 뒤로 젖히지 말고 허리를 펴서 걷는다

② 선 자세
- 반듯하게 선 자세로 어깨와 허리를 편다
- 남성의 경우 손은 주먹을 가볍게 쥐고 바지의 옆 봉제선에 붙인다
- 여성의 경우 두 손을 포개서 배꼽의 아래에 가지런하게 모은다(공수자세)
- 양발의 뒤꿈치가 뜨지 않도록 붙이고 무릎이 닿도록 모은다

서있는 자세(앞모습)

서있는 자세(옆모습)

서있는 자세(남성, 여성)

③ 인사법
- 면접장에 입실할 때 문을 노크하고 들어가서 가볍게 목례(15도 정도)를 먼저 한다
- 자신이 착석해야 할 의자의 옆(또는 앞)에 가서 선다.
- 당찬 목소리로 인사말(안녕하십니까? 수험번호 000번 000입니다)
- 인사말과 인사를 동시에 하게 되면 절도 있는 인사법이 아니므로 반드시 인사말과 인사하는 행동을 구분지어 하는 것이 바람직하다.
- 인사말이 끝나면 허리를 45도 이상 굽혀서 정중례를 하고 시선은 바닥 2m 앞의 포인트에 둔다.
- 숙인 상태로 잠깐 멈추었다가 천천히 허리를 들어 바로 선다.

면접장 입실 할 때 문앞에서

평상시

면접관 앞에서 인사할 때

④ 앉은 자세
- 지원자는 면접이 진행되는 동안 짧게는 10분에서 길게는 30분 정도 의자에 앉아 있어야 한다. 한 자세를 흐트러지지 않도록 유지한다는 것은 생각보다 쉽지 않아 주의를 기울여야 하고 평상시에도 앉은 자세를 연습할 필요가 있다
- 앉을 때는 의자를 끄는 소리를 내지 말고 조용히 앉아야 한다
- 엉덩이를 의자 안쪽까지 깊숙이 넣어서 앉고 허리는 곧게 편다
- 남성의 경우 다리는 어깨 넓이 정도로 벌리고 종아리가 11자를 유지하도록 하고 무릎이 바깥으로 벌리는 일명 '쩍벌'자세를 피해야 한다
- 남성 지원자의 경우 팔꿈치는 자연스럽게 굽히는 것이 좋고 손에 계란을 쥔 것처럼 주먹을 약하게 쥐고 허벅지와 무릎 사이에 놓는다
- 어깨나 팔에 지나치게 힘을 줄 경우 긴장한 것이 역력하게 드러나므로 조금 힘을 뺄 필요가 있다
- 앉은 자세에서 앞뒤로 움직이거나 뒤로 기대는 행위는 산만해 보이므로 시종일관 동일한 자세를 유지하도록 주의를 기울인다
- 여성 지원자의 경우 무릎과 양발을 가지런하게 모아서 앉고 양손을 포개어 하의의 중간에 놓는다
- 다리를 움직이거나 방향을 바꾸면 산만해 보일 수 있으니 처음 자세를 면접이 끝날 때까지 유지하는 것이 좋다

남성지원자의 앉은 자세

여성지원자의 앉은 자세

⑤ 시선처리
- 인상을 형성하는 데 있어서 가장 영향을 미치는 신체 조직은 바로 '눈'이다.
  눈은 외부의 자극을 먼저 처리하는 기관이고 대면 상황에서 상대를 즉각적으로 파악하는데 용이하다.
- 면접 상황에서 면접관과 시선을 맞추지 못하거나 불안정하게 눈동자를 굴리는 모습을 보이면 자신감이 결여되어 보인다
- 자신감과 열정을 보여주기 위해 지나치게 눈을 부릅뜨거나 면접관을 빤히 쳐다보는 경우는 상대를 불편하게 할 수도 있으니 조심해야 한다
- 면접장에 입실해서 인사를 하기 전에 중앙에 위치한 면접관을 중심으로 골고루 눈을 맞추고 인사를 하는 것이 좋다
- 답변을 할 때는 자신에게 질문을 한 면접관에게 중점적으로 시선을 맞추고 다른 면접관들은 가끔 시선을 맞추는 것이 바람직하다(비율은 7 : 3 정도 적당)
- 바로 답변이 생각나지 않아 천장을 바라보거나 눈동자를 굴리는 행동, 고개를 갸우뚱하는 행동은 좋지 않다
- 눈을 너무 자주 깜빡거리거나 고개를 돌려 두리번거리는 행동은 산만해 보일 수 있으니 삼가야 한다
- 토론면접이나 집단면접의 경우 발표자에게 시선을 맞추고, 면접관의 추가 질의에 답변할 경우에는 면접관에게 시선을 맞춰야 한다

⑥ 화법
- 면접에서 말하기는 자신의 생각, 가치관, 신념, 의지 등과 같은 정신적 이미지를 가장 강력하게 보여줄 수 있는 도구이다
- 면접관은 지원자의 시각적 이미지와 행동적 이미지를 통해서 인상을 형성하고 지원자의 답변을 통해서 지원자의 정신적 이미지를 종합하여 조직이 원하는 인재상과 부합하는지를 평가한다
- 자신의 의견과 생각을 효과적으로 전달하고 설득력을 갖추려면 충분한 근거가 있어야 하고 논리적이어야 한다
- 면접관의 질문에 짧고 명확하게 자신의 의견을 피력하기 위해서는 두괄식으로 답변하고 그 이유를 부연 설명하는 것이 좋다
- 답변을 할 때 타인의 생각과 감정에 대해 충분히 공감하고 이해한다는 것을 보여주기 위해 감성이 묻어나는 답변도 때론 필요하다
- 면접관이 딜레마 상황을 제시하고 선택하게 하거나, 불행한 사건이나 결정이 힘든 사례를 제시하면 바로 논리적인 답변을 하는 것보다 '이런 일이 저에게 발생한다면 많이 혼란스럽고 어려울 거 같습니다', '매우 힘든 상황일 거 같아서 마음이 아플 거

같습니다' 등과 같이 자신의 감정을 소탈하게 표현한 후 의견을 논리적으로 풀어나가는 화법이 좋다
- 면접은 공식적인 커뮤니케이션이므로 '~ 했구요', '~ 했거든요', '했는데요' 등과 같이 '해요체'를 쓰면 안되고, '~ 하였습니다', '~해도 되겠습니까?' 등과 같이 '하십시오체'를 사용해야 예의에 어긋나지 않는다
- 면접관에게 올바른 경어를 사용한다. 하지만 사물에게 존칭을 하거나 '우리나라'를 '저희나라'로 표현하는 것은 어법에 맞지 않으니 주의해야 한다
- 인터넷이나 SNS 채팅에 사용하는 언어를 사용하면 안되며 줄임말을 쓰지 않도록 주의한다.(예시 : 알바, 현타, 대박, 내돈내산, 인싸)
- 답변 시 강조하고자 하는 단어 앞에는 잠시 멈춤(pause) 후 억양을 높여서 또박또박 말하면 면접관을 집중시킬 수 있다
- 말의 속도를 조절하여 천천히 말하는 것이 좋다. 답변하기 전에 1~2초의 여유를 가진 후 "네, 답변 드리겠습니다" 하고 답변하는 습관을 가지는 것이 좋다
- 말을 빨리하다 보면 발음이 부정확해져서 제대로 전달이 되지 않고, 차분해 보이지 않으며 긴장감이 배가될 수 있다
- 질문을 제대로 이해하지 못했거나 알아듣지 못했을 때는 어림잡아 답변하지 말고 반드시 면접관에게 "죄송합니다만 제가 알아듣지 못했습니다. 다시 한번 말씀해주시겠습니까?" 또는 "제가 이해하기로는 ~~ 라고 질문해주셨는데 맞습니까?" 등과 같이 확인을 하고 답변을 해야 한다
- 긴 호흡으로 답변하는 것이 좋다. 호흡이 짧으면 듣는 사람도 불편하고, 말하는 사람도 더욱 긴장되어 보일 수 있으니 단어 마다 짧게 끊어가며 말하지 말고 연속해서 한 문장을 말하는 것이 좋다
- 준비하지 않았던 돌발 질문을 받으면 지원자는 당황하게 되고 자신감이 떨어져 끝말을 흐리거나 흐지부지 답변하는 경우가 있다. 아는 것만큼 최선을 다해서 명료하게 말하고 모르는 부분에 대해서는 솔직하게 "모르겠습니다"라고 인정하는 태도가 바람직하다

제11절 면접의 종류

1. 1 : 1 개별면접

- 응시자와 면접관이 일대일로 마주하는 형태의 면접으로, 면접관 주도로 질문이 이루어지고 일정한 진행 형태 없이 면접관의 성향에 따라 질문의 내용이 다를 수 있으며, 응시자의 개인 신상에 관한 질문이나 상황제시 질문, 최근 이슈가 되고 있는 시사질문 등 자유로운 화제를 가지고 응답이 이루어지는 면접이다.
  - 장점 : 응시자 한명에게 오로지 집중하여 성품이나 역량을 파악할 수 있고, 응시자도 한명의 면접관에게 집중하여 답변을 하기 때문에 긴장감이 덜할 수 있다.
  - 단점 : 면접관의 주관이 작용하여 객관성을 보장하기 어려울 수 있어 면접의 오류나 편향이 반영될 수 있다. 또한 일반적인 평가에 그칠 수 있고 한명 한명 면접이 진행됨에 따라 시간이 오래 걸린다.

2. 다대일 면접

- 면접관 2명~4명에 응시자 한명으로 이루어지는 면접으로, 면접관이 다각도로 질문하여 응시자에 대한 다면적인 평가가 가능하고 정보를 여러 관점에서 얻을 수 있다.
  - 장점 : 다양한 관찰과 평가가 가능하고 여러 면접관의 의견을 취합하여 합격여부를 판가름 할 수 있으므로 객관적인 평가가 가능하며, 한 명의 면접관이 답변 내용에 대해 평가하는 동안 다른 면접관이 응시자의 비언어적인 태도와 자세를 평가할 수 있어 용이하다.
  - 단점 : 응시자에게 정신적 압박과 긴장감을 줄 수 있고 여러 명의 면접관에게 신경을 쓰게 되고, 질문한 면접관에게 집중하지 못하고 주변을 살피게 되는 등 다소 산만해질 수 있다. 따라서 위압감에서 벗어나고 지나친 긴장감을 없애는 응시자의 마인드콘트롤이 무엇보다 중요하다.

> **참고** **개별면접 대응법**
> - 1:1면접은 분위기가 편안하다고 생각하여 긴장을 풀고 실수를 하기 쉬우므로 면접장 입장부터 퇴실까지 예의를 갖추는 것이 중요하다.
> - 다대일면접의 경우 지나치게 긴장하여 위축되기 쉽다. 답변 시 면접관들에게 시선을 골고루 주어야 하며, 직접 질문한 면접관에게 시선을 고정하고, 가끔 다른 면접관도 응시하며 답변하는 것이 좋다.
> - 질문은 끝까지 경청한 후 답변은 두괄식으로 간결하게 하되, 추가 질문이 나오면 좀 더 부연 설명을 하는 것이 좋다.
> - 한번의 질문에 너무 오랫동안 답변을 하게 되면 집중력이 떨어질 수 있으므로 모든 답변은 30~40초 이내로 하는 것이 적당하다.(1분을 넘기지 않도록 주의)

3. 집단면접

- 한정된 시간에 많은 지원자들을 평가하기 위하여 다수의 지원자를 다수의 면접관이 대면하는 면접방식으로서 지원자들끼리 비교·평가가 가능하다. 피면접자 입장에서 개별면접보다 덜 긴장 될 수도 있으나, 타 지원자들과 비교하여 경쟁하기 때문에 부담감은 더 클 수도 있다.
  - **장점** : 짧은 시간에 효율적으로 면접을 진행 할 수 있으며, 응시자끼리 비교 평가가 가능하고 평가의 객관성과 신뢰성을 높일 수 있으며 타 응시자들과 함께 면접에 임하기에 긴장감이 다소 해소될 수 있어 심리적 안녕감을 느낄 수 있다. 또한 타 응시자의 답변에 대한 면접관의 태도나 방식을 반영하여 자신의 차례가 왔을 때 답변을 수정하는 등 자신에게 유리하게 기회를 활용할 수 있다.

- **단점** : 응시자가 답변하는 순서에 따라 유리할 수도 있고 불리할 수도 있다. 지원자 입장에서 개별면접보다 덜 긴장 될 수도 있으나, 타 지원자들과 비교하여 경쟁하기 때문에 부담감은 더 클 수도 있다.

  또한 응시자 개인에 대한 심층 질문을 하는데 제약이 있으며, 타 응시자의 답변에 대해서도 집중해야 한다. 가끔 'A의 답변에 대해 본인의 생각은 어떠한가?' 와 같은 기습질문을 받을 수 있기 때문에 본인의 답변을 어떻게 할 것인가에만 집중하다 보면 제대로 된 답변을 할 수 없어 낭패를 볼 수 있으니 유의해야 한다.

> **참고 ▼ 집단면접 대응법**
> - 타지원자와 비교 평가되므로 자신의 의견을 명확히 해서 집단 속에 묻히거나 밀려나지 않도록 주의한다.
> - 면접관의 질문을 최대한 경청하고 질문의 요지를 잘 파악한 후 답변한다.
> - 2~3개의 질문을 중복해서 던질 경우 기억이 나지 않을 수 있으므로, 답변할 때 먼저 면접관이 했던 질문을 그대로 복기해서 먼저 말한 후 하나씩 답변하는 것도 좋은 방법이다.
> - 답변은 항상 결론부터 간결하게 두괄식으로 말하고 그 이유에 대해서 부연설명하는 방식이 바람직하다.
> - 타 지원자가 답변 할 때에도 고개를 살짝 끄덕이며 경청하는 모습을 보여주도록 한다.
> - 동일한 질문을 받았을 때 "방금 A씨가 답변한 내용과 OO라는 점에서 비슷하지만, OO라는 부분에 대해서는 저는 이렇게 생각합니다"라는 식으로 답변하여 타지원자의 발언을 경청하고 있었다는 것을 보여주는 것이 좋다.

4. 토론면접

- 최근 일반기업과 공무원(경찰공무원 등) 면접전형에서 실시하고 있는 토론면접은 역할이 없는 자유토론면접과 찬성·반대 역할이 있는 토론면접이 있다.

- 역할이 없는 토론은 팀 전체에 공통적인 주제가 주어지고, 참가자들이 주제와 관련하여 찬성 또는 반대 구분 없이 자유롭게 토론을 하는 방식으로 결론을 내는 것보다 토론과정에 각각의 지원자가 어떻게 참여하는가가 더 중요하다. 지원자 중에서 한 명이 사회자 역할을 하고 나머지는 자유롭게 의사발표를 하면 되는데, 사회자 역할은 진행에 자신이 있고 준비가 되어 있는 경우에만 지원하는 것이 좋다.
- 역할이 있는 토론은 주제에 대한 찬성과 반대 역할 등 참가자 개개인에게 구체적인 역할이 주어지거나 시나리오에 따라 발표할 내용까지 정해주는 경우도 있다.
  - 장점 : 지원자들이 토론을 진행하는 과정을 보면서 각 지원자의 의사소통 능력과 논리적 사고능력, 설득력, 공감능력 등에 대해 다각적인 비교평가가 가능하다.
  - 단점 : 일부 지원자가 발언을 독점하거나 원활하게 토론이 진행되지 않을 수도 있고, 자신의 의견과 반대되는 역할이 주어졌을 경우 자신 있게 발언을 하지 못할 수 있다. 또한 전혀 준비하지 못한 토론 주제가 제시되었을 경우 토론에 참여하기 어려워 좋은 평가를 받기 어려울 수 있다.

> **참고** ▼ **토론면접 대응법**
> - 평상시 사회현상과 이슈에 대하여 정리하고 찬성하는 입장과 반대되는 입장의 논지를 파악해보는 습관을 가진다.
> - 문제의 해결방안을 제시해야 하는 경우에는 자신이 알고 있는 사실과 앞서 발표된 주장 등을 예로 들면서 자신의 입장을 표명한다.
> - 토론 주제에 대하여 머릿속으로 찬성 또는 반대 의견을 미리 정리하고 토론에 참여한다.(준비가 되지 않을 때는 절대 먼저 발언을 하지 말 것)
> - 발표 시 극단적인 결론은 피하되, 너무 중간자적인 입장을 취해 자신의 주장이 분명하지 못한 인상을 주지 않도록 유의한다.
> - 다른 사람의 의견을 존중하면서 자신의 의견을 피력한다.

참고 ▼ **토론면접 평가표(예시)**

- 토론면접에서 주요한 세 가지 평가요소는 주도성, 협동성, 공헌성이다.
- 주도성 : 지원자의 발언이 토론 전체를 이끌어 가는데 주도적인 역할을 할수록 좋은 점수를 받을 수 있고, 의견 개진을 못하거나 타 지원자의 발언을 따라하거나 동의 의사만 표명하면 낮은 점수를 받을 수밖에 없다.
- 협동성 : 토론이 원활하게 이루어지도록 독려하고 소외되는 사람 없이 모두 적절하게 발표를 하며 서로를 공격하거나 배제하지 않는 것이 중요하며 협조를 하면서도 자신의 주장을 유연하게 펼치면 좋은 점수를 받을 수 있다.
- 공헌성 : 지원자의 발언이 토론의 논점에서 벗어나지 않고 논점 해결에 도움이 되는 지식이나 자료를 제공하여 결론에 도달하는 데 공헌도가 높을수록 좋은 점수를 받을 수 있다.
- 토론에서 좋은 점수를 받는 것도 중요하지만 절대 해서는 안되는 행동과 발언을 하여 오히려 점수를 잃는 경우도 있으니 유의해야 한다.

평가요소		토론면접 평가표 세부 내용	평가점수	
주도성	(+)	토론에 영향을 끼친 발언을 했는가?	주도적	+4
		논점사항에 대한 적절한 의견을 제시하였는가?		+3
		적절한 단계에서 다음 단계로 토론을 진행하였는가?	비교적 주도적	+2
		모두에 나서서 발언을 하였는가?		+1
			보통	0
	(−)	뒤를 좇아 의사를 발표하였는가?	비주도적	−1
		의견 개진이 주목을 받지 못했는가?		−2
		묻기 전에는 발표를 하지는 않았는가?	주도성 결여	−3
		남의 의견을 묻지 않고 자기만 말했는가?		−4
협동성	(+)	토론이 단절되지 않도록 노력했는가?	협동적	+4
		남에게 좋은 의견을 끌어냈는가?		+3
		감정대립 또는 타인 공격 없이 잘 설득하였는가?	비교적 협동적	+2
		집단의 목표를 우선시 하였는가?		+1
			보통	0
	(−)	자기주장만 앞세웠는가?	협동적이지 못함	−1
		남의 의견이나 감정을 배려하지 않았는가?		−2
		목표에 어긋나는 방향으로 비판하였는가?	협동성 결여	−3
		자기 논조에 의거하고 목표를 잃었는가?		−4
공헌성	(+)	적절한 논점을 제시했는가?	공헌적	+4
		핵심사항에 핵심의견을 제시했는가?		+3
		논점해결에 도움이 되는 지식을 제공하였는가?	비교적 공헌적	+2
		난상토론을 해결하고 의견을 하나로 모았는가?		+1
			보통	0
	(−)	논점에서 벗어나는 의견이 나왔는가?	공헌하지 못함	−1
		주제와 다른 의견이 나왔는가?		−2
		나왔던 논조나 주장을 반복하지 않았는가?	공헌도 결여	−3
		핵심을 벗어나 엉뚱한 방향으로 토론을 이끌었는가?		−4

PART
02

경찰면접 총론

올인경찰면접

CHAPTER 02 경찰면접 총론

제1절 경찰 면접의 개요

- 경찰 채용은 필기시험이 50점, 체력시험이 25점, 면접시험 20점, 가산점 5점으로 총 100점 만점으로 구성되어 있다.
- 소수점 단위에서 당락이 좌우되는 경우가 많기 때문에 면접의 비중이 매우 중요하며, 가산점에서는 5점 만점을 받을 수 있도록 필요한 자격증을 미리 취득하는 것이 좋다.
- 인·적성검사 결과는 면접 시 참고용 자료로만 활용하지 점수화 되지 않는다. 대신 특이지표에 대해서는 확인을 하기 위해 추가질문을 할 수 있고, 부적격자를 걸러내는 데 활용한다.
- 사전조사서는 지역청별로 차이는 있으나 인·적성검사 시 작성하여 제출하고, 면접 시 사전조사서에 대해 추가적으로 심층질문이 이루어진다.
- 기 제출한 고교생활기록부, 신원조사서 등 개인종합자료에 대해 추가 질문을 할 수 있는데 문제가 있을 경우 반드시 소명해야 한다.
- 경찰채용시험에서 2021년부터 고교 생활기록부 제출에 대해서 국민권익위원회의 권고를 받아들여 '경찰업무 특성과 무관하고 응시자 대부분이 전문대 졸업 이상의 학력을 갖춘 상황에서 굳이 제출 할 필요가 없다'는 지적을 수용하여 의무적으로 제출해야 했던 고교생활기록부는 필요한 경우에만 제출하는 것으로 변경되었다.
- 면접은 1단계(집단면접 또는 토론면접), 2단계(개별면접)으로 이루어진다.
- 면접시험의 합격자 결정은 각 면접위원이 평가한 점수를 합산하여 총점의 40% 이상의 득점자를 합격으로 한다. 다만, 면접위원의 과반수가 어느 하나의 평가요소에 대하여 2점 이하로 평가한 경우에는 불합격 처리된다.

> **참고** **동점자가 발생할 경우 합격자 결정**
>
> 동점자가 발생할 경우 아래의 순위에 따라 합격이 결정된다
> 1. 취업보호대상자(국가유공자 등 예우 및 지원에 관한 법률, 독립유공자 예우에 관한 법률에 의함)
> 2. 필기시험 성적
> 3. 면접시험 성적
> 4. 체력검사 성적

제2절 경찰 면접 평가 요소

1. 의사발표의 정확성, 논리성 및 전문지식

의사발표의 정확성과 논리성은 면접의 전과정을 통해서 평가가 이루어진다. 면접관 질문의 요지를 빨리 파악하고 정확한 답변을 하는지가 중요하다. 지원자의 문장이해력과 커뮤니케이션 능력을 평가하고, 질문에 대해 적절하고 합당한 논리적 증거를 제시할 수 있는가가 평정에 영향을 미친다.

답변을 할 때는 두괄식으로 의사발표를 명확하게 하고 그에 대한 이유와 근거로 활용할 수 있는 사례나 통계데이터를 덧붙이면 좋은 평가를 받을 수 있다. 따라서 자신의 의견이나 주장을 뒷받침 할 수 있으려면 해당분야에 대한 전문지식을 갖추도록 노력해야 한다.

2. 품행, 예의, 봉사

면접의 평정 요소에서 품행, 예의, 봉사성을 살펴보는 이유는 지원자의 인성을 중시한다는 뜻이다. 지원자를 채용하였을 때 경찰조직에 잘 적응할 수 있는 인물인지, 동료들과 어울려서 함께 일할 수 있는 인물인지가 중요하기 때문이다.

지원자의 인지적 능력은 필기시험을 통해서 일차 검증이 되고, 신체능력에 대해서는 체력검사를 통해서 검증이 되었기에 인·적성검사와 면접을 통해서 지원자의 인성을 파악할 수 있다.

면접에 임하는 태도와 자세를 통해 지원자의 평소 품행과 예의를 파악할 수 있고 다양한 질문들을 통해서 지원자가 경찰조직에 순응할 수 있는지, 동료와 팀워크를 잘 이뤄낼 수 있는지, 솔선수범 하고 타인을 먼저 배려하는 등 봉사정신이 투철한가를 평가한다.

3. 정직성, 도덕성, 준법성

　면접에서 정직성, 도덕성, 준법성을 평가하는 이유는 경찰공무원으로서 조직에 대한 충성심과 윤리의식을 갖추고 있는지를 파악하기 위해서다. 경찰공무원은 법집행을 하는 사람으로서 국민의 생활과 안전을 책임지는 역할을 수행한다.

　따라서 경찰이 도덕성과 준법성이 부족하게 되면 국민들은 경찰을 신뢰하지 않게 되고, 국가 행정 전반에 대한 신뢰도도 떨어질 수밖에 없다. 면접관은 지원자에게 과거의 법규 위반 경험을 묻거나, 상황제시 질문을 하여 대처하는 능력을 평가함과 동시에 공직윤리와 법규에 대한 이해력, 청렴성 등을 평가한다.

경찰공무원 채용 면접시험 평정표			
응시분야	응시지구	응시번호	성명

평정항목	배점
1. 의사발표의 정확성·논리성 및 전문지식	10(1~10점)
2. 품행, 예의, 봉사성, 정직성, 도덕성. 준법성	10(1~10점)
3. 무도, 운전, 전산 등 기타 경찰업무관련 자격증	5(0~5점)
25점	

제3절 경찰청에 대한 정보수집 방법

　면접전형을 앞둔 시점에서 어떤 것을 먼저 준비해야 할까? 대부분 서류전형과 필기시험, 인·적성검사를 마치고 면접에 참석하라는 통보를 받고 나서 준비하는 경우가 많다. 자신이 지원하는 조직에 대한 철저한 정보수집이 면접 성공의 절반을 좌우할 만큼 중요하다. 따라서 서류전형 단계에서부터 조직에 대한 정보를 수집하고 철저하게 분석하여 조직이 요구하는 인재상에 자신을 맞춰가는 노력이 필요하다.

　조직에 대한 정보수집보다 우선되어야 하는 것은 자신에 대한 이해이다. 자신의 현재 상태를 객관적이고 명확하게 알고 있어야 하며 면접관에게 자신에 대해 편안하게 이야기할 수 있을 정도로 철저한 자기분석이 되어야 한다. 그래야만 조직이 요구하는 인재상에 자신이 부합한다는 것을 설명할 수 있고 면접관에게 확신을 줄 수 있기 때문이다.

　조직에 대한 정보수집 방법은 다음과 같다.

1. 홈페이지를 활용하는 방법

경찰청 홈페이지에 들어가면 기관소개, 법령/정책, 정보공개, 소통/공감, 알림/소식, 신고/지원 등의 상위 탭이 있고 각각 클릭하여 상세보기를 하면 경찰청이라는 조직에 대해 자세하게 알 수 있다.

특히 관련 법령이나 국가 정책에 대해 정보수집을 하고 정리를 해두면 면접 때 활용할 수 있으며, 공공데이터에서 경찰통계자료는 집단토론면접에서 자신의 주장을 뒷받침 할 수 있는 근거 자료로 활용할 수 있으므로 반드시 읽어보기를 권한다.

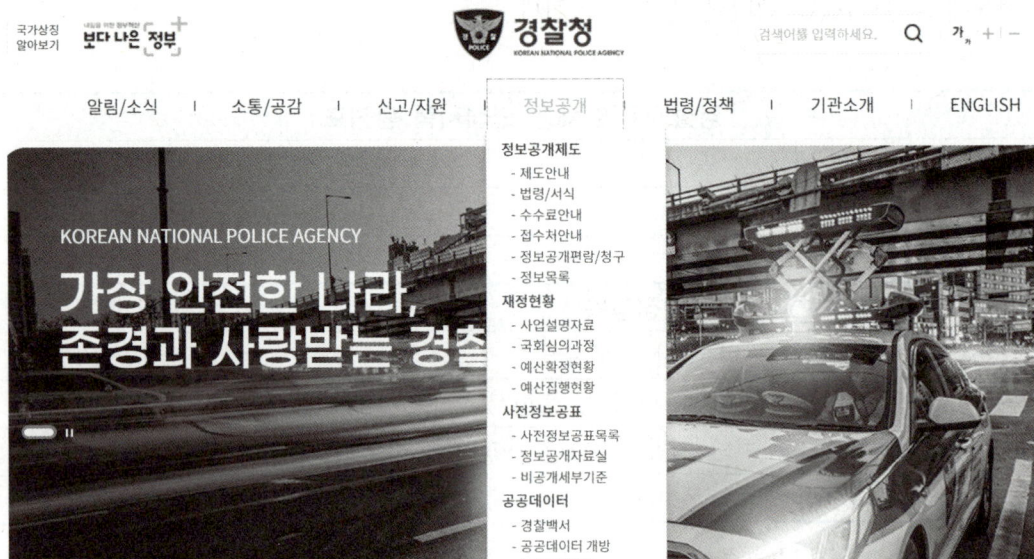

경찰청 홈페이지

2. 경찰청 공식 블로그를 활용하는 방법

블로그에는 경찰청 이야기와 경찰청 정책기자단의 활동이 자세하게 나와 있고, 주요 정책에 대해서는 카드뉴스나 웹툰으로 제작하여 실시간으로 업로드 되고 있으며, 정책기자단이 이슈가 되는 사건이나 사회적인 문제에 대해 취재한 자료들이 많이 수록되어 있으니, 경찰공무원을 준비하는 지원자에게 현장의 생생한 목소리를 전달해 줄 수 있고 면접에서도 유용하게 활용할 수 있다.

[interview.busancambus.com]

경찰청 공식 블로그

3. 경찰청 정책방송 유튜브를 활용하는 방법

'친절한 폴리씨'라는 캐릭터가 다양한 경찰 정책에 대해서 소개하고, 접근성을 높이기 위해 동영상으로 제작하여 대한민국 국민이라면 누구나 친근하게 경찰 정책과 바뀐 법령에 대해 알 수 있다. 구독을 신청하고 알림 설정을 하여 새롭게 업로드 되는 영상을 꾸준히 본다면 면접을 준비하는데 많은 도움이 될 것이다.

이 외에도 국민과 소통하기 위해 경찰청은 다양한 SNS 채널을 열어두고 있으니 활용하기 바란다.

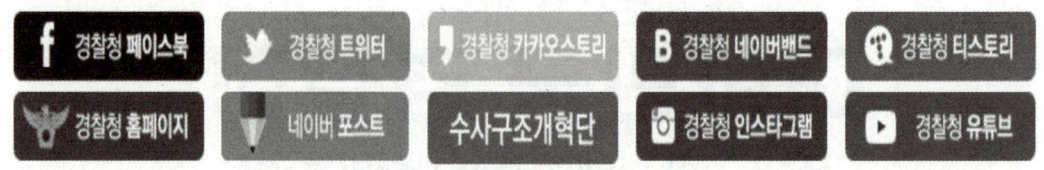

경찰청의 다양한 소통 채널 활용(2021 대한민국 SNS 공공 정부부처 대상 수상)

제4절 경찰공무원에게 요구되는 인성과 적성

1. 경찰공무원에게 요구되는 인성 특징

- 인성이란 사람들로 하여금 일관되게 행동하도록 하는 개인의 내적 속성을 모두 지칭하는 개념으로, 성격, 동기, 흥미, 태도, 가치관 등이 포함되며, 인성과 조직의 적합성이 높을수록, 직무수행을 발휘하는데 유용한 인성을 갖출수록 조직적응성과 직무만족도가 높아진다.
- 경찰공무원이 갖추어야 할 인성으로는 책임감, 정직(청렴성), 자기이해(자기수용, 자기조절), 대인공감능력, 사명감, 공무원으로서의 소명의식 등이 있다. 자신이 이러한 인성을 갖추고 있는지 면밀히 검토해봐야 한다.

인성하위 요소	내용
직업정체성	공직을 자신의 삶의 일부로 받아들이고, 성공적인 업무수행을 통해 자아를 실현하고 삶의 목적을 달성하며 부여된 일에 책임감을 갖는 직업태도
전문성지향	자신이 속한 직무에 관련된 기술, 법, 규정에 대한 학습을 통해 자기개발에 정진하는 성향
청렴성	직무 내외에서 경찰공무원에게 보편적으로 기대되는 성품과 도덕적 기준의 준수 정도
자기수용	자신의 사고, 감정, 행동을 객관적으로 인식하며 자신을 있는 그대로 받아들이고 인정하는 태도
자기조절	자신이 지향하는 목표나 기준에 도달하기 위해 자신의 생각, 감정, 충동, 행동을 조절하고 관리하는 능력

(참고문헌 : 김정민, 박규미, 재직 경찰공무원의 역량 탐색을 위한 델파이 연구- 인적성영역 중심으로, 2019)

2. 경찰공무원에게 요구되는 적성 특징

- 적성이란 직무에서 적절한 기능을 수행하기 위해 요구되는 개인의 역량과 잠재력으로, 직무 활동이나 학업에서의 성공 가능성을 예측할 수 있는 자질, 흥미 등의 직업적 성격을 말한다.
- 자신과 적성이 맞지 않다고 인식하게 되면 이직, 역할모호성, 역할갈등, 낮은 직무만족에 의한 높은 직무스트레스를 겪을 가능성이 높아진다.
- 직무와의 적합성이 높을 경우에는 감정소진이 덜하고 직무스트레스가 낮아져 자발적 이직이 감소하게 되어 경력개발과 조직에 더욱 몰입하게 된다.
- 경찰에게 요구되는 적성으로는 협업능력, 상황판단능력, 분석적사고, 경찰 업무 특성상 긴급하고 위험한 상황에 노출되는 경우가 많아 불안과 긴장 등 직무스트레스에 노출되는 경우가 많기 때문에 불확실성을 감내하는 능력 등이 필요하다.

적성하위요소	내용
상황대응능력	업무, 민원 상 문제가 발생했을 때 빠르게 판단하고 지휘할 수 있는 역량
협업	구성원 간 공동 목표, 가치를 공유하고 서로 상호작용하며 조화롭게 활동을 수행하는 능력
분석적 사고	내근/외근 업무에 대한 상황판단, 문제해결, 의사결정을 위해 체계적으로 정보를 분석할 수 있는 역량
직무스트레스	직무를 수행함에 있어 역할, 대인관계, 사명감, 조직 환경 등으로 인하여 겪는 스트레스 정도
외상후 스트레스	외상성사건 경험 후의 정신적 충격으로 인해 공포감 또는 불안 증세가 지속적으로 나타나는 정도(ex) 주변 동료의 사고, 피습, 해상사고 등)
불확실성에 대한 인내	불확실한 상황이나 사건에 대한 지각, 해석, 반응에 영향을 주는 인지적 편향(감내하는 능력)

> **참고 ▼ 국민 중심 책임수사**
>
> 출처 : '국민 중심 책임수사'로 경찰수사의 패러다임 전환
>
> - '21년 경찰 수사체제 대변화의 시대를 맞이하여 '피해자 보호 및 '범죄자에 대한 엄정하고 일관된 법집행' 등 '국민과의 약속' 발표 경찰청브리핑(보도일시 : 2021. 1. 4.(월) 조간)에서 발췌함
> - 경찰수사가 책임성·독자성이 결여된 사법구조의 한계 속에 범죄 진압에 중점을 두고 이루어져 본질적 가치인 '국민의 권익보호'를 상대적으로 소홀하였던 경향에서 벗어나, '국민으로부터 주어진 권한이 국민을 위해 온전히 행사'될 수 있도록 경찰수사의 패러다임을 '국민 중심'으로 전환하는 실현 의지를 담은 '국민과의 약속'을 마련

국민으로부터 존경과 사랑을 받는 경찰상 확립

"국민 중심 책임수사"로 경찰수사의 패러다임 전환

I 공감	II 공정	III 인권	IV 책임	V 전문
공감받는 경찰수사	공정하고 청렴한 수사경찰	인권친화적 경찰수사	책임 수사체제 구축	수사 전문가 양성
■ 회복적 경찰활동	■ 수사 공정성 제고	■ 탄탄한 인권보호 장치 마련	■ '국가수사본부' 지휘체제 도입	■ 수사관 자격관리제 도입
■ 예방적·선제적 경찰활동	■ 반부패 종합대책 지속 추진	■ 인권친화적 수사 인프라 구축	■ 촘촘한 사건 심사체제 구축	■ 수사경찰 교육체계 개편

[국민중심책임수사 실천 약속]

① 시민의 지지와 협력 속에 공감 받는 수사경찰
- 피해자보호·피해회복을 최우선 책무로 인식하고, 수사단계별로 명확하고 종합적인 안내, 신속하고 전문적인 상담과 수사진행, 즉결심판·훈방 등 현장 중심의 간결한 형사 절차를 적극적으로 하는 등 회복적 경찰활동 전개
- 전화금융사기 등 사기범죄와 생활주변폭력 등 서민을 괴롭히는 범죄와 노인·여성 등 사회적 약자 대상 범죄에 대한 대대적인 단속을 전개하는 등 예방적·선제적 경찰활동을 통해 서민의 일상생활 안전을 최우선 할 수 있도록 엄정하고 일관된 법집행 추진

② 공정하고 청렴한 수사경찰상 정립
- 사건접수부터 종결까지 수사단계별로 공정성과 국민의 편익을 제고할 수 있는 제도적 장치를 마련하고 내실화

접수·배당	범죄첩보 본인배당 금지	수사민원 상담센터	사건배당 표준화
수사	제척·기피·회피 도입	영상녹화 확대	진술녹음 도입
수사지휘	서면수사지휘 활성화	영장심사관	수사심사관
수사종결	수사부서 과·팀장 수사지휘 역량평가	'경찰 사건심사 시민위원회' 도입	

③ 인권친화적 경찰수사 활동 전개
- 수사과정에서 피해자·피의자 등 사건관계인의 인권을 보장하기 위한 탄탄한 인권보호 장치 마련

- 조사과정·환경에서 발생할 수 있는 인권침해를 원천적으로 차단하기 위해 인공지능 음성인식 기술을 활용한 조서작성 체계 등 기반시설을 조성하고, 수사부서 환경개선 등을 지속 추진

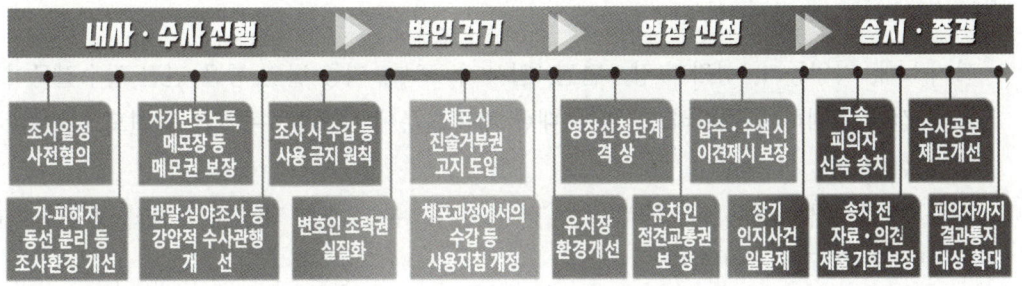

④ 책임수사체제 구축
  - 경찰수사의 총괄·조정기구인 국가수사본부 체제를 도입하고, 시도경찰청 중심의 수사체계 및 수사지휘 내실화를 통해 중요 사건에 대한 경찰의 대응 역량 강화
  - 심사관·책임수사지도관을 확대 배치하여 강제수사 절차와 수사 전반에 대한 엄격한 심사제도 마련, 수사의 완결성 제고

⑤ 수사 전문가를 양성하여 경찰수사 역량 제고
  - '역량'과 '경력' 중심의 체계적인 인사관리로 자질 있는 수사관을 책임있는 수사지휘자로 양성하기 위해 '수사관 자격관리제도'를 도입, 수사관부터 수사부서장까지 보직과 연계하는 방안 추진
  - 수사관 자격관리제도와 연계하여, 경찰수사연수원 시설 확충 및 교육학과 확대·개편 등 수사분야별 전문화된 교육과 연구 강화

"경찰은 국가수사본부 출범을 계기로 '공감'·'공정'·'인권'을 최우선으로 삼고, 지속해서 추진해온 수사의 '책임성'·'전문성'을 바탕으로 한층 강화된 '피해자 보호와 피해 회복', '범죄자에 대한 엄정하고 일관된 법 집행'으로 「국민 중심 책임수사」를 실현"

제5절 경찰면접 준비 전략

1. 면접 필수질문 준비하기

- 자기소개, 지원동기, 성격의 장·단점, 입사 후 포부, 최종 발언 등은 면접 필수질문이므로 사전에 철저하게 준비하고, 이에 대한 후속질문에 대응할 수 있는 답변도 마련해 두어야 한다.
- 특히, 자기소개는 짧은 버전(약30초), 긴 버전(약 1분) 2개를 작성해서 면접 상황에 따라 활용할 수 있도록 준비한다.

2. 사전조사서 예상 질문과 답변 만들기

- 사전조사서는 개인신상에 관한 질문, 직무상황 제시질문, 경찰관련 이슈나 사회문제에 대한 지원자의 과거경험과 의견 등을 작성하도록 되어 있다.
- 면접관은 지원자가 제출한 사전조사서에 대해서 추가질문을 하여 사실 여부를 확인하고 진정성을 평가한다. 따라서 사전조사서에 작성했던 내용을 숙지하여 예상질문을 만들고 그에 대한 답변을 준비해야 한다.

3. 인·적성검사 답변 중 특이사항 정리하기

- 경찰의 인·적성검사는 성격검사, 직무적합성 검사 그리고 인재상 검사 등으로 구성되어 있다. 검사를 통하여 지원자의 전반적인 정신건강 상태를 파악할 수 있고 정신병리적인 요소가 있는지 사전에 걸러낼 수 있다.
- 또한 지원자가 경찰조직에서 요구하는 인재상에 부합하는지 여부를 파악할 수 있고 입사 후 적응력을 예측할 수 있다.
- 경찰 채용에서 인·적성검사는 점수 배점에 포함되지는 않지만 특이한 반응을 보이거나 특정 척도가 정상범주를 넘어 높거나 반대로 낮은 점수가 나오면 면접 과정 중에 사실 여부를 검증한다.
- 따라서 검사에서 특이한 답변을 했거나 애매했던 질문이 있었다면 정리를 하고 소명할 수 있도록 준비해야 한다.

4. 경찰청과 경찰직무 관련 기사와 전문지식에 대한 정리

- 앞서 기술했던 경찰청 홈페이지, 블로그, 유튜브, 각종 경찰청 SNS 등을 통해 경찰청에서 추진하고 있는 업무에 대해서 최신 자료들을 검색하고 요약하여 정리해 둔다.

- 만약 새로운 법이 시행된다면 국가법령정보센터(www.law.go.kr)에 들어가서 전문을 확인해 보거나, 구글(Google) 검색 창에 키워드를 입력하여 관련된 최신 기사, 서적, 논문 등을 찾아본다면 집단면접 시 논리적 근거의 기초자료로 활용할 수 있다.

5. 최근 이슈가 되고 있는 사회적 문제에 대해 스크랩

- 경찰의 주된 임무는 국민의 생명과 신체 및 재산을 보호하는 업무와 개인의 자유와 권리를 보호함과 동시에 침해하지 않는 선에서 공공의 안녕과 질서를 유지하는 업무를 수행하고 있다.
- 따라서 모든 경찰 업무는 국민과의 대면 관계에서 이루어질 수밖에 없으며 사건이 발생할 경우 다양한 이해관계자가 발생하게 되고 이슈화 되는 경우가 허다하다.
- 사회적인 공분을 일으키는 사건의 경우 TV방송과 뉴스, 인터넷 기사를 통해 실시간으로 증폭되고 경찰의 초동조치나 수사 관행에 관심이 집중되는 경향이 있음을 명심하고 최근 (대략 1년 이내) 이슈가 되었던 사건과 문제들에 대해 스크랩을 하고 자신의 생각을 정리하고 모니터링 하는 습관을 가지는 것이 좋다.
- 추후 상황제시형 질문이나 집단토론 시 유용하게 쓸 수 있으니 반드시 정리하자.

6. 자기분석을 위한 영상 촬영·녹음하기

- 대부분의 지원자들은 자신의 목소리를 들어보거나 자신의 행동이나 표정을 집중해서 살펴보지 않는다.
- 본인이 자기자신을 가장 잘 알고 있기 때문에 굳이 보려고 하지 않거나 혹은 자신의 모습을 보는 것이 쑥스러워서 시도하지 않기 때문이다.
- 다른 사람 앞에서 면접 연습을 하기 전에 자신의 모습을 휴대전화 카메라로 동영상 촬영을 해보고 자신의 목소리와 얼굴표정, 태도 등을 분석해보는 것이 훨씬 도움이 된다.
- 촬영한 영상을 분석해보면, 평소 때 자신이 어떤 표정을 짓는지, 특이한 습관은 없는지, 시선처리는 제대로 하는지, 목소리가 명확하고 발음이 분명한지, 음~, 저~, 그~, 에~ 와 같은 군더더기 말을 하는지 등을 파악할 수 있다.
- 촬영이 부담된다면 목소리 녹음을 해서 녹취록을 작성해보는 것도 좋은 방법이다.
- 같이 공부하는 동료나 지인에게 보여주면서 피드백을 받아보기를 권한다. 자신이 발견하지 못한 부분들을 찾아낼 수 있고 수정할 수 있는 기회를 마련할 수 있을 것이다.

7. 면접스터디 구성하기

- 합격자 수기를 보면 혼자 면접을 준비했다는 사람보다 면접스터디를 구성해서 함께 했다는 사람이 훨씬 많은 것을 볼 수 있다.
- 혼자 준비하다보면 교재를 읽어보거나 자료를 찾아 정리는 해두지만 정작 말하기 연습을 게을리 하는 경우가 많다.
- 면접에서 중요한 것은 다른 사람에게 자신의 생각과 의견을 설득력 있게 전달하는 역량을 갖추는 것인데 혼자서는 자신의 준비 정도를 파악하기 어렵다.
- 면접스터디 그룹을 구성하여 함께 준비하고, 모의면접을 해보면 자신의 실력도 향상되고 타지원자의 모습을 보면서 서로 모니터링과 피드백을 해줄 수 있기 때문에 준비에 많은 도움이 될 것이다.

8. 기출문제의 예시 답변을 그대로 외우지 말 것

- 면접을 준비하는 과정에서 완벽한 답변을 찾고 싶은 욕심에 여러 교재를 구입하고 전문가들의 유튜브 영상을 보거나 합격자의 예시 답변을 통째로 외우는 준비생들을 많이 접할 수 있다.
- 전혀 준비하지 않는 것보다는 참고하는 것은 좋지만 그대로 외워서 답변하는 것은 좋은 대안이 아니다.
- 면접관들은 오랜 기간 면접을 진행해왔고 교육을 받아온 전문가이기 때문에 지원자가 하는 답변을 듣자마자 '00교재에서 나온 말이구나', '000강사가 가르쳐 준 말이구나', '바로 앞 지원자와 똑같은 얘기를 하는구나', '00학원에서 컨설팅을 받았구나' 등 바로 파악을 할 수 있다.
- 특히 과거 특별한 경험이 없는 지원자의 경우 합격자 수기에 나와 있는 사례를 자신의 사례인 것처럼 거짓말을 하게 되면 면접관의 심층질문에 말려서 들통 나는 경우가 발생하고 이는 곧 불합격 통지로 이어지게 된다.
- 따라서 다른 의견이나 답변은 참고는 하되, 절대 그대로 외우지 말고 자신만의 답변을 만들어야 한다.

PART

03

사전조사서 작성법

올인경찰면접

03 사전조사서 작성법

제1절 사전조사서 작성 개요

- 사전조사서는 면접을 실시하기 이전에 지원자의 전반적인 인성과 가치관을 파악하기 위한 채용의 과정이다.
- 사전조사서를 요구하는 목적은 다음과 같다.
1) 인재를 선발하는 입장에서 지원자의 지원동기와 장래성을 파악하기 위해서다. 사전조사서에서 제시하는 주제에 따라 작성한 내용을 살펴보면 지원자의 역량을 파악할 수 있기 때문이다.
2) 지원자의 글을 통해 성장배경과 성격, 가치관 등을 파악할 수 있다. 다양한 주제를 제시하여 지원자의 과거 경험을 탐색할 수 있고 다양한 개인적 특성을 살펴볼 수 있다.
3) 사전조사서를 통해 지원자의 문서작성능력과 논리적사고력을 파악할 수 있다. 사전조사서의 전개방식이나 형태를 살펴보면 지원자의 논리성과 글쓰기 역량이 드러나기 때문이다.
4) 사전조사서는 면접의 기초자료가 된다. 지원자의 사전조사서를 보고 면접관은 추가 질문을 통해 평가하고 확인한다. 따라서 자신이 작성한 자료를 잘 기억하고 정리하였다가 추가 질문이 나올 만한 내용들을 사전에 준비하여야 한다.
- 특히 자신을 잘 드러낼 수 있는 경험이나 장점을 극대화 할 수 있는 경험이 있다면 사전조사서에 담아서 면접관이 그와 관련된 추가 질문을 하도록 유도하는 방법을 활용하길 권한다.
- 사전조사서는 보통 인·적성검사일에 작성하거나 면접 당일에 자필로 작성하여 제출하여야 하며 참고자료를 열람할 수 없다는 점을 명심하자.
- 보통 A4 용지 한 장 분량(약 20줄~25줄 내외의 분량)의 양식에 작성하고 약 20분 내외로 작성해야 한다.
- 사전조사서의 질문 유형은 개별면접과 유사하며, ① 개인의 성품, 도덕성, 봉사정신 등 인성이 드러날 수 있는 경험 ② 조직이나 집단에서의 친화력, 협동심, 리더십 등을 발휘했던 성취 경험 ③ 가치관, 국가관, 윤리관, 공직윤리, 국가 정책이나 법령 등 경찰과

관련된 사안에 지원자의 생각 ④ 경찰업무 중에 발생할 수 있는 상황을 제시하고 그에 따른 지원자의 의사결정과정 ⑤ 현재 사회적 이슈가 되고 있는 사건이나 사안에 대한 지원자의 의견 등으로 구성되어 있다.
- 사전조사서는 배점은 없지만, 면접과 직결되므로 성의 없이 작성하거나 자신의 의도와 다른 방향으로 작성하게 되면 면접에서 진위를 파악하기 위해 압박면접으로 이어질 수 있으므로 유의해야 한다.

제2절 사전조사서 작성을 위한 활용 기법

- 사전조사서는 공식문서라고 생각하고 논리적으로 서술하는 것이 중요하다. 서론, 본론, 결론의 형태로 문서를 구성하고 서론은 짧게 자신의 생각을 요약하거나, 과거의 경험에 대한 상황배경을 설명하는 것이 좋고, 본론은 가장 강조하여 자신의 생각과 행동을 구체적으로 서술하는 것이 좋다. 마지막 결론에서는 느낀점이나 배운점, 개선방안 등을 작성하거나 자신의 주장을 한번 더 요약해서 마무리 하는 것이 좋다.

1) STAR기법
- 과거의 경험을 토대로 한 사전조사서의 경우는 앞서 기술한 STAR기법을 활용하는 것이 좋다. 자신의 과거의 경험이 발생한 상황에 대해 기술하고, 그 당시 자신에게 주어진 도전과제나 목적을 밝히고, 과제를 달성하기 위해 자신이 행한 행동에 대해 구체적으로 서술하고, 행동의 결과로 인해 얻은 정량적 성과와 정성적 성과를 기술한 후, 경험을 통해 배운점이나 느낀점을 기술하고 마지막에 입사 후 조직에 어떻게 기여하겠다는 포부를 밝히면 된다.

2) PREP기법
- 지원자의 생각이나 의견을 묻는 상황제시형 사전조사서의 경우 PREP기법을 활용하여 작성하는 것이 바람직하다. 먼저 질문에 대한 자신의 의견을 두괄식으로 밝힌다. 그리고 '왜 그렇게 생각하는지'에 대한 이유를 논리적 근거와 사례를 들어 기술한다. 주어진 상황에 대해서 각각 어떻게 생각하는지와 어떤 문제점이 있는지 서술하고 그에 따른 해결방안은 무엇인지에 대해서 서술한다. 만약 실제 과거 유사한 경험이 있었다면 그 경험에 대해서 서술하는 것도 좋은 방법이다. 논리적 근거가 없이 무작정 자신의 의견과 생각만 나열해서는 좋은 평가를 받을 수 없다. 마지막으로 한번 더 자신의 생각을 요약하여 밝히고 마무리 하면 된다.

구분	경험형 사전조사서	상황제시형 사전조사서
내용	- 개인의 경험에 기초한 내용 - 응시자의 공직가치, 인성, 직무역량 평가 - 구체적인 사례에 대한 추가질문	- 특정 업무 상황을 제시하고 어떻게 행동할 것인가 파악 - 다양한 딜레마 상황 제시하고 의사결정 및 문제해결 역량 파악 - 응시자의 대처요령과 자세 평가 - 후속질문을 통해 압박면접 형태도 가능
활용 기법	STAR기법 situation(상황) task(과제) actions(행동) results(결과)	PREP기법 point(요점) reasons(이유) example(예시, 근거) point(요점)
작성팁	① 상황설명은 간단하게 하고, ② 그 당시 본인에게 주어진 과제가 무엇이고 목적이 무엇인지 명확하게 말한 후, ③ 이를 달성하기 위해 했던 구체적인 행동을 2~3개 정도 말한 후, ④ 경험을 통해 얻은 성과(실질적 성과가 아니라도 깨달은바(생각, 감정 등)를 이야기해도 됨)로 마무리	① 먼저 결론부터 정확하게 밝힌 후 (두괄식) ② 그 이유에 대해 1~3개 이내로 답변하고, ③ 이를 뒷받침할 수 있는 객관적인 근거나 예시, 사례, 경험 등을 제시 한 후 ④ 처음에 말했던 요점을 한 번 더 언급하며 마무리 ※ 반대의견을 포함시켜 폭넓은 이해도를 어필해도 됨

제3절 성공적인 사전조사서 작성을 위한 팁 6

1. 솔직하게 써야 한다.

- 사전조사서는 객관적이고 논리적으로 작성하되, 솔직하게 작성하는 것이 가장 중요하다. 제시받은 주제에 대해 전혀 준비하지 못했거나 경험이 없을 경우 작성하는 데 어려움이 있을 수 있다.
- 실제 경험하지 않았던 일을 경험한 것처럼 거짓말을 하거나, 주제와 맞지 않은 이야기를 늘어놓으면 결국 면접에서 드러날 수밖에 없다.

- 약간의 포장은 괜찮으나 허위사실을 쓰면 절대 안되며, 모르는 주제가 나왔을 경우에는 자신이 준비한 유사한 사례나 경험을 바탕으로 최대한 작성하려는 노력을 보이는 것이 좋다.

2. 표현을 명료하게 하자.

- 사전조사서는 지면이 한정되어 있고 시간도 20분으로 제한되어 있다. 제한된 상황에서 자신의 의사를 분명히 작성해야 하기 때문에 미사여구나 군더더기가 많을 경우 핵심을 파악하기 어렵다.
- 면접관이 사전조사서의 첫줄만 읽어봐도 지원자의 의견을 파악할 수 있도록 두괄식으로 작성하는 것이 좋고 근거와 사례를 명시하여 논지를 흐리지 않는 것이 중요하다.

3. 경찰조직과 직무에 맞추어 작성하자.

- 사전조사서에서 제시하는 주제는 지원자가 추후 경찰조직에 적합한지, 경찰의 인재상에는 부합하는지를 알아보기 위한 것이다.
- 자신의 경험과 장점이 추후 경찰조직에 보탬이 되는 것이어야 하며, 막연하게 자신에 대한 이야기를 나열하여서는 안된다.
- 따라서 경찰조직과 연관된 에피소드를 삽입한다든지, 추후 경찰이 되고 나서 어떻게 역량이 발현될 수 있는지에 대해서 작성하는 것이 좋다.

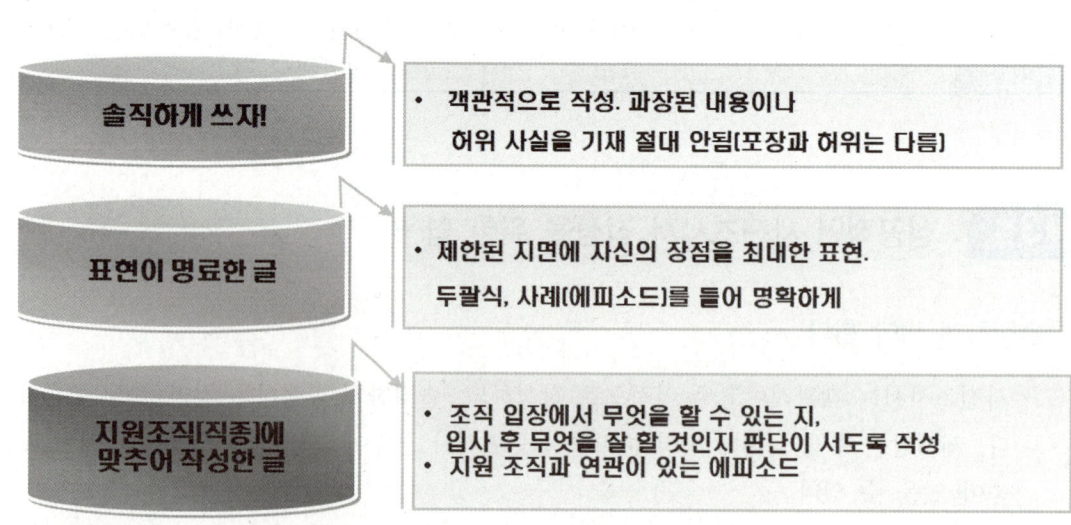

4. 장점이 드러나는 에피소드를 찾아라.

- 자신의 과거의 수많은 경험 중에서 장점이 가장 많이 드러날 수 있는 경험을 찾아서 조리

있게 작성하는 것이 중요하다.
- 대부분 상황을 설명하는데 많은 시간과 지면을 할애하는 경우가 많은데, 면접관은 상황을 궁금해 하는 것이 아니라, 그 상황에서 지원자가 어떤 행동을 했고, 어떤 역량을 발휘했는가가 궁금한 것이다.
- 상황은 육하원칙에 맞게 기술하고 자신이 어떻게 했는가를 구체적으로 작성하여 '지원자가 OO행동을 했던 것을 보니 OOO 장점과 OOO 역량이 있구나'를 파악할 수 있도록 한다.

5. 찾아낸 에피소드에 대한 좋은 결과를 작성하라.

- 장점이 드러날 수 있는 에피소드를 찾아냈다면, 그 결과 자신에게 어떤 영향을 미쳤는지를 구체적으로 기술하는 것이 좋다.
- 결과는 정량적인 것과 정성적인 것 모두 가능하다. 정량적인 성과는 '학점이 평균 1.5점 올랐다', '등수가 100등 향상되었다', '장학금을 총 4회 수령하였다', '대회에서 2등 우수상을 받았다' 등과 같이 수치화 할 수 있는 것들을 말하고, 정성적인 성과는 '협의를 통해 문제해결을 할 수 있었다', '타인을 도움으로서 나 자신도 행복할 수 있다는 것을 깨달았다', '상은 못 받았지만 과정 속에서 새로운 관점을 터득했다' 등과 같이 자신이 배운점과 느낀점 등을 말한다.

6. 좋은 결과를 지원 조직 또는 직무와 연결하라.

- 에피소드를 통해서 얻은 결과를 단지 그 경험에서 끝나는 게 아니라 경찰이 되고 나서 자신이 맡은 직무에도 확장할 수 있다는 것을 보여줘야 한다.
- 과거의 성취경험, 봉사경험, 리더십경험, 후회했던 경험 등을 통해서 얻은 성과를 바탕으로 경찰이 되고나서 어떻게 기여할 수 있는지를 어필한다면 좋은 평가를 받을 수 있다.

자신의 장점을 부각시킬 수 있는 에피소드를 찾아라
- 언제, 어디서, 무엇을, 어떻게(구체적인 사건, 육하원칙에 맞게)

위의 일로 일어난 좋은 결과를 기술하라
- 구체적인 성과(정량, 정성)를 제시하여 신뢰감 확보

위의 결과를 직무(조직)와 연결하여 기술하라
- 구체적인 성과와 더불어 입사 후 자신이 기여할 수 있는 부분을 기술

제4절 사전조사서 작성을 위한 자기분석맵 완성하기

- 사전조사서에서는 지원자에 대한 다양한 특성을 파악하기 위해 과거의 경험을 묻는 질문들이 많이 포함되어 있다. 지원자가 자신의 과거 경험을 연대기로 정리해 놓지 않은 상태에서 갑자기 경험을 물어보면 답변하기가 매우 어렵다.
- 사전조사서를 작성할 때나 면접을 준비하기 위해서 먼저 해야 할 일은 자기분석지도를 그려보는 것이다. 자기분석맵은 나의 성격, 가치관, 능력 등을 형성하는데 영향을 미쳤던 과거의 경험들을 '나'를 중심으로 방사형으로 펼쳐놓은 그림을 말한다.
- 자기분석맵에는 성장과정, 성격, 역량, 학창시절, 대외활동, 꿈 등 다양한 요소들을 포함시킬 수 있으며 구체적으로 작성할수록 유용하게 쓸 수 있다.
- 예를 들어, '살아오면서 가장 힘들었던 경험과 이를 극복해낸 과정을 기술하시오'라는 주제를 받았을 때 성장과정 중 고등학교를 졸업하고 대학입학을 앞둔 시점을 정하고, 등록금 마련이 어려워 입학을 포기해야 하는 상황에서 아르바이트를 통해 등록금과 생활비를 마련했던 과정 속에서 식사를 거르거나, 친구들과 만나서 커피 한잔 할 여유조차 없었던 상황을 찾아낼 수 있다.

자기분석맵 예시

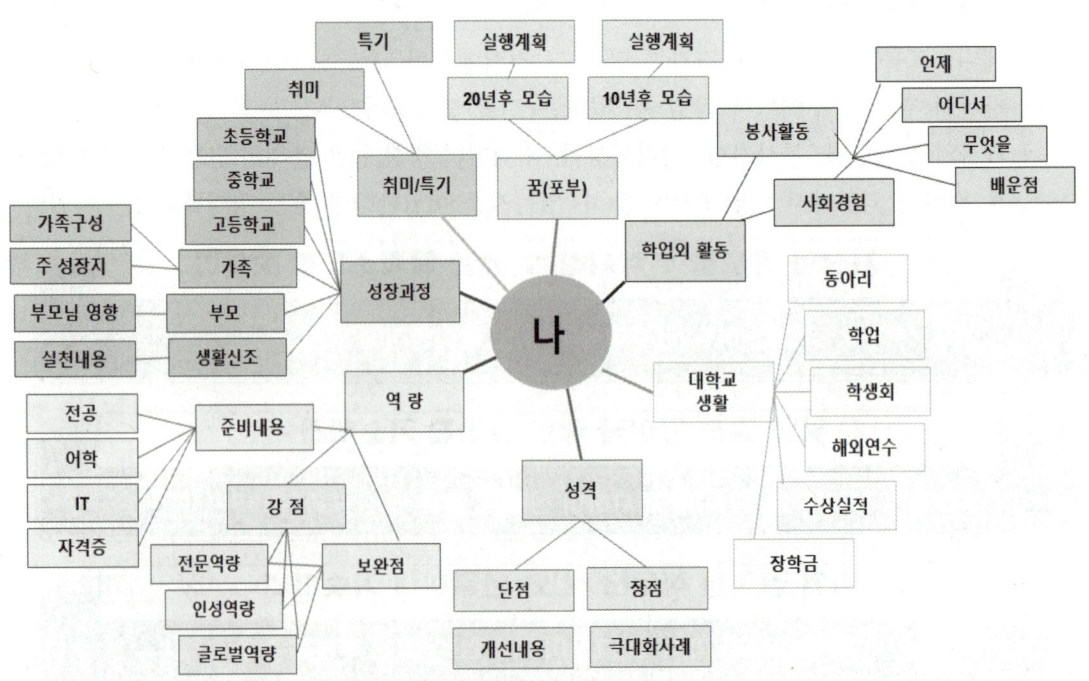

> **참고** ▼ **자기분석맵에 포함되어야 할 요소**
>
> 1. **전공/학점/어학/자격증 등 기본 스펙**
>   - 전공/부전공/복수전공 여부, 학점 수준(전공과목 학점 수준), 어학능력, 보유 자격증, 직무 관련하여 수강한 과목 등
> 2. **장점(강점)과 단점(보완점)**
>   - 자신의 핵심역량(전문역량, 인성역량 등)
>   - 약점/단점으로 보완이 필요한 부분과 개선노력
> 3. **성장과정, 생활신조, 가치관, 인생관**
>   - 초/중등학교, 고등학교/대학교 시절 자신에게 영향을 끼쳤던 주요한 경험과 느낀 점
>   - 부모님과의 관계, 형제자매와의 관계, 부모님의 직업, 가정분위기
>   - 가훈, 중요한 가치관, 인생관이 형성되게 된 경험
> 4. **성격적 특성**
>   - 성격의 장/단점, 단점에 대한 개선내용
>   - 장점을 드러낼 수 있는 경험들
>   - 단점을 극복하고자 했던 노력들
> 5. **학교생활 외 대외활동 경험**
>   - 동아리, 아르바이트, 인턴십, 봉사활동, 공모전, 경진대회, 해외유학, 어학연수, 교환학생 등 다양한 경험
>   - 남자의 경우 군 경험 포함
>   - 직장생활 경험이 있는 경우는 이전 직장에서 맡은 직무와 역할 등
>   - 구체적인 활동내용 및 자신의 역할, 성과/교훈, 배운점 및 느낀점

제5절 경험형 사전조사서 작성 실전

- 개인의 경험에 기초한 내용을 바탕으로 지원자의 공직가치, 인성, 직무적합도를 파악하기 위한 주제로 구성되어 있다. 사전조사서를 토대로 심층적인 추가 질문이 이루어지므로 예상질문을 만들고 그에 대한 답변을 반드시 준비해둔다.

1. 경험형 사전조사서 기출 유형

1) 응시자의 인격과 성품, 사회 경험, 희생과 봉사성에 대한 질문

예) 자신의 손해를 감수하면서 남을 도와준 경험, 희생정신을 발휘한 경험

2) 리더십, 협동심, 친화력, 창의력 등 개인의 능력을 묻는 질문

예) 자신이 속했던 조직의 문화 형태로 인하여 곤란함을 겪었던 경험과 그것을 해결했던 경험, 목표달성에 실패한 사례를 들어 실패의 원인과 결과를 작성하고 그로 인해 얻은 교훈

3) 동료나 타인을 배려하면서도 조직에 융화될 수 있는 가에 대한 질문

예) 남을 도와주기 힘든 상황에서 도와준 경험, 다른 사람의 의견을 취합하여 일했던 경험, 신뢰를 잃기 쉬운 상황에서 신뢰를 지킨 경험

2. STAR기법을 활용한 사전조사서 작성 예시

(주제) 지금까지 살아오면서 가장 기억에 남는 성취경험을 기술하시오.

(작성팁) 학창시절을 포함하여 최근 사례 또는 3년 안의 사례가 가장 좋으며, 각 영역에서 성취한 경험을 몇 가지 나열하고, 그 중에서 가장 중요한 경험을 마지막에 말할 것, 자신의 이력에 부정적 영향을 미칠 만한 치명적 결함은 쓰지 않는다.

(답변) 대학시절 성적우수장학금을 받기 위해 단기간에 성적을 올린 경험, 동아리대표로 경진대회에서 수상한 경험, 아르바이트로 모은 돈으로 등록금을 마련한 경험 등 다양한 성취를 이루었으나 가장 기억에 남는 성취 경험은 타인을 도와 함께 성과를 낸 경험입니다. 대학교 2학년 때 학업부진아동 멘토링프로그램에 참여하여 3명의 중학생을 1학기 동안 예습과 복습, 오답노트 등을 만들고, 학습법을 가르침과 더불어 고민을 들어주고 작은 선물과 칭찬으로 동기부여한 결과 3명의 성적이 반에서 평균 10등이 향상되는 성과를 얻었습니다. 저의 성과보다 타인을 도움으로서 얻는 성취경험이 가장 보람되고 값진 경험이었습니다.

※ 한가지 사례에 대해 구체적 행동을 자세하게 설명, 입사 후 이 경험을 통해 어떻게 기여할 것인가 어필하는 것이 중요!

3. STAR기법을 활용하여 작성할 수 있는 최다 기출 문항

- 남을 돕다가 손해를 본 경험
- 학창시절에 아르바이트 경험
- 학창시절에 봉사활동을 해 본 경험
- 지금까지 살면서 가장 기뻤던 일
- 살면서 가장 좌절했던 경험
- 창의력을 발휘해 성과를 낸 경험

- 인생에서 가장 잘한 일
- 직무와 관련된 경험
- 살면서 가장 후회가 되었던 일
- 자신이 리더로서 성과를 냈던 경험
- 살면서 가장 힘들었던 경험
- 팀워크 발휘하여 갈등을 해결한 경험
- 누군가를 설득했던 경험
- 규율(벌, 지침, 규정)을 어긴 경험 또는 타인에게 피해를 준 경험

제6절 상황제시형 사전조사서 작성 실전

- 공직가치(공직윤리)와 연관된 특정 업무 상황을 제시하고 어떻게 행동할 것인지를 묻는 유형으로 응시자가 대처하는 행동과 자세를 관찰하고 평가한다.
- 면접위원이 의도적으로 후속질문을 통해 압박을 가하기도 한다. 다양한 딜레마 상황의 사례를 제시하고 이에 대한 합리적 의사결정과 해결방안을 제시하는지를 평가하는 질문들로 구성되어 있다.

1. 상황제시형 사전조사서 기출 예시 문항

- 개인의 업무역량은 뛰어나지만 동료들과 마찰이 많아 팀 분위기를 저해하는 직원이 있는 경우, 팀장으로서 어떠한 조치를 할 것인지 서술하시오.
- 자신의 상관이 살인 피의자를 함께 검거하였는데 상관이 혼자서 한 것처럼 공을 인정받아 혼자 표창장을 받았다. 이러한 경우 당신은 어떻게 대처할 것인가? 그리고 이러한 상황의 경우 '공정'에 대해 서술하시오.
- 상사의 부정한 행위 또는 비위 사실을 알게 되었을 경우 어떻게 처리하겠는가?
- 본인의 인사고과를 평가하는 상급자가 개인적인 업무(세차, 커피, 담배) 등 심부름을 시킬 경우 어떻게 대처하겠는가?
- 상사가 부당한 지시를 내린다면 어떻게 하겠습니까?
- 악성 민원인을 만났을 때 본인만의 대처법은 무엇입니까?
- 상사 두 명의 지시가 중첩된다면 어떤 지시를 따라야 한다고 생각합니까?
- 계속해서 본인에게만 과중한 업무가 맡겨진다면 어떻게 할 것입니까?
- 전임자의 실수를 본인에게 책임을 따져 묻는다면 어떻게 하겠는가?

- 중요한 사적인 약속과 야근이 겹치는 상황이라면 어떻게 할 것인가?
- 동료의 업무실수로 계속해서 민원이 발생된다면 어떻게 할 것인가
- 우리 부서와 타 부서의 일이 충돌되는 상황이라면?
- 민원인이 업무처리가 늦다고 화를 내면 어떻게 하겠는가?
- 민원인이 법령에 위반됨을 알면서도 막무가내로 따지고 조치를 취해달라고 요구하면 어떻게 대처할 것인가?

2. PREP 기법을 활용한 사전조사서 예시 문항

(주제) 강력범죄예방을 위해 CCTV 설치를 확대하는 것에 대해 어떻게 생각하는지 기술하시오.

(작성팁) 먼저 자신의 생각을 두괄식으로 밝히고, 그 이유에 대해서 합리적이고 객관적인 근거나 경험 등을 제시한 후 다시 결론을 요약하고 마무리 한다. 추가로 반대 입장에서 나올 수 있는 의견을 '그러나', '반면에', '하지만', '다만' 등을 사용하여 언급해주면 반대의견에 대한 폭넓은 이해도를 어필할 수 있다.

(답변)

(P) 날로 증가하는 강력범죄를 예방하기 위한 CCTV 설치에 대해서는 반대 의견입니다.

(R1) 그 이유로는 첫째, 범죄예방 효과보다 개인의 사생활 보호가 우선이라고 생각합니다.

(E) 우리나라 CCTV는 현재 300만대가 넘으며, 수도권 거주시민의 경우 하루 평균 83차례 CCTV에 포착된다고 합니다. 무분별한 CCTV 노출은 헌법이 보장한 개인의 인권을 심각하게 침해하는 것으로 볼 수 있습니다.

(R2) 둘째, CCTV에 담긴 자료에 대한 보관, 용도, 권리에 대한 정확한 규정이 없고 내용 유출로 인해 악용될 수 있다는 심각한 문제점을 갖고 있습니다.

(P) 따라서, 개인의 인권보호와 사생활 침해 예방을 위해 무분별한 CCTV 설치에 대해서는 반대합니다.

(B) 하지만, CCTV는 국민의 안전과 사회질서를 확립하는 등 범죄 예방효과가 있고, 범죄 수사에 결정적 증거가 되기도 하므로, 반드시 설치해야 한다면 법과 규정을 명료화 하는 것이 우선되어야 할 것입니다.

> **참고** ▼ **사전조사서 이것만은 피하자**
>
> - 용지의 절반도 채우지 못하여 성의가 없어 보이는 사전조사서(X)
> - 두괄식으로 작성하지 않아 결론이나 요지를 찾을 수 없는 사전조사서(X)
> - 글씨를 알아볼 수 없을 정도로 형편없는 글씨체(X)
> - 맞춤법과 띄어쓰기가 제대로 되지 않은 사전조사서(X)
> - 한 문장이 길어서 주어와 서술어가 연결이 되지 않는 사전조사서(X)
> - 작성이 잘못되었을 때 수정 형식을 지키지 않은 사전조사서(X)
> - 추가 질문을 하고 싶은 내용이 없는 사전조사서(X)
> - 다른 사람의 답변을 그대로 베껴 쓰기 한 사전조사서(X)
> - 제시한 주제와 전혀 다른 내용의 사전조사서(X)

제7절 사전조사서 기출문제 의도와 답변요령

질문	출제의도와 답변요령
Q 팀의 이익보다 개인의 이익을 우선하는 동료가 있다. 어떻게 해결할 것인지 극복방안 기술하시오	의도 : [공익성] - 사익보다 공익을 우선 시 해야 한다는 의지 - 경찰공무원의 직무와 역할 강조 - 경찰 중 사익을 추구하는 사람이 거의 없다는 점 피력 - 사익을 우선하는 이유에 대해서 먼저 확인하고 도움
Q 자신을 희생하여 남을 도운 경험이나 봉사경험에 대해 기술하시오	의도 : [희생정신과 봉사정신] - 상황(시기, 장소, 계기나 배경) 설명 - 자신의 행위가 희생이라고 생각하지 않고 당연하게 해야 할 의무로 인식한 점을 강조 - 구체적인 행위 작성 - 희생과 봉사활동으로 배운 점과 느낀점 작성
Q 법규를 위반하거나 비윤리적이었던 상황을 서술하고 어떤 영향을 미쳤는지 기술하시오	의도 : [준법성, 윤리의식, 정직성] - 면접관도 이해할 수 있는 위법사항 또는 누구나 한번쯤 위반할 수 있는 사례 표현 - 위법한 행위를 할 수 밖에 없었던 상황과 그로인한 피해 발생에 대한 뉘우침 - 경찰이 되고자 마음먹기 전과 후의 다른 모습 표현

Q 조직 내 어울리지 못하는 사람을 어떻게 도울 것인지 자신의 경험을 바탕으로 기술하시오	의도 : [대인관계능력, 의사소통능력] - 조직구성원의 어려움이 무엇인지 먼저 파악하여 공감하고 이해하는 태도 보여줄 것 - 먼저 다가가서 대화를 시도하는 적극성과 타인이 자신을 드러낼 수 있도록 배려하고 독려하는 모습 - 자신의 과거 경험(예, 팀과제, 동아리활동, 군대 관심병사 사례 등)에서 실제 했던 행위 부연설명 - 입사 후 기여할 수 있는 부분 피력
Q 본인의 장점 3개를 쓰고 그것이 공직에 어떤 영향을 미칠 것인지 기술하시오	의도 : [공직관, 경찰공무원 인재상과 부합여부] - 막연한 성격적 장점이나 능력을 나열하지 말고, 조직에서 요구하는 역량 위주로 작성 - 경찰헌장을 참고하여 자신의 장점과 연계할 것 - 성실함, 책임감, 따뜻함, 정의로움, 불의와 타협하지 않음, 배려심, 준법정신, 소통능력, 배우려는 자세 등 - 3개를 쓰라고 하면 반드시 3개를 쓰고 그 이유에 대한 근거를 제시할 것
Q 싫어하는 상사나 동료의 유형과 극복방안을 기술하시오	의도 : [사회성, 조직적응력, 문제해결능력] - 자신이 싫어하는 사람에 대한 특징을 자세하게 나열하는 것은 좋지 않음 - 대부분의 사람들과 원만한 관계를 유지하고 있음을 강조 - 누구나 싫어할 만한 성격과 행동을 보이는 사람에 대해서 간략하게 작성(무책임, 이기주의, 공사 구분 안되는 사람 등) - 타인을 먼저 배려하는 모습과 대화로 해결해가려는 의지 피력
Q 리더십을 발휘한 경험을 기술하시오	의도 : [리더십, 협업능력] - 자신이 생각하는 리더십에 대한 정의 내림(공공의 목표 설정, 역할 분담, 협업과정, 목표 달성에 이르는 과정에서 발현되는 것이 리더십) - 카리스마리더십보다는 소통하는 리더십, 변화를 이끌어내는 리더십 강조 - 혼자 모든 것을 다 이루었다는 자기자랑보다는 팀원들과의 협업으로 이루어낸 경험 제시

PART
04

경찰면접의 유형 분석

올인경찰면접

CHAPTER 04 경찰면접의 유형 분석

제1절 개별면접

1. 개별면접 개요

- 면접관 구성 : 보통 2명 이상의 면접관(간부직 : 경감, 경정, 총경, 외부위원 등)이 지원자 1명을 상대로 질문과 응답을 하는 다대일 면접방식
- 면접소요 시간 : 10분 내외
- 면접 평가 내용 : 직무수행에 필요한 능력, 태도, 예의, 품행, 봉사정신, 정직성, 성실성, 자신감, 적극성, 협동심, 윤리의식, 지원업무에 대한 열정과 발전 가능성 등을 종합적으로 평가
- 면접 진행 방식 : 일정한 진행 방식 없이 면접관의 관점에 따라 질문의 내용이 다를 수 있고, 개인신상질문, 상황제시질문, 시사이슈질문 등을 하고 지원자의 답변을 통해 다양한 역량을 평가
- 면접 평가 방법 : 1~10점 사이의 점수 부여, 면접관의 과반수 이상이 2점 이하로 평가할 경우 불합격 처리
- 면접관의 주관이 개입될 단점이 있지만, 면접관으로서는 지원자 각자의 특성을 자세히 살필 수 있다는 장점이 있다.
- 편안한 마음으로 면접에 응한다면 집단면접에 비해 자신의 장점을 가장 잘 어필할 수 있으니 긴장을 풀고 차분하게 대응하는 것이 중요하다.
- 지원자의 신원조회 결과, 생활기록부 내용(필요시), 인·적성검사 결과의 정보를 바탕으로 특이사항에 대해서 심층질문을 하고 지원자의 답변을 통해 인성을 면밀히 평가한다.
- 기 제출한 사전조사서, 인·적성검사에서 응답한 내용과 가급적 동일하게 답변해야 한다. 불일치 할 경우 압박질문을 받을 수 있으니 유의해야 한다.

2. 개별면접 대응전략

- 인성면접의 질문은 지원자가 경찰조직의 문화와 인재상에 부합하는 인재인지, 가족관계나 성장배경 등을 파악하여 인격형성에 문제가 없는지, 조직구성원과 어울릴 수 있는지, 열정을 가지고 함께 일할 수 있는 기본자세를 갖추었는지 등을 파악하기 위한 질문들로 구성되어 있다.
- 면접을 통해서 조직에 부적합한 지원자를 제대로 걸러내지 못한다면 입사 후 조직에 적응하지 못하고 문제를 일으키거나 이직을 하는 등 비용을 발생시키기 때문에 입사의지가 확고한 지원자인가를 확인하는데 많은 공을 들인다.
- 개별면접에서 예의와 품행을 주로 평가하기 때문에 답변 내용만큼 진지하게 답변하는 태도가 중요하다. 절대로 면접관이 긴장을 풀어준다고 농담을 던지는 경우에도 농담으로 맞받아치면 안된다.
- 면접장에 입장할 때부터 마치고 나가는 순간까지 예의를 갖춰야 한다는 점을 잊지 말자.
- 답변할 때는 면접관들에게 시선을 골고루 주어야 하며, 특히 직접 질문한 면접관에게는 자주 시선을 고정하여 답변한다.(7 : 3 법칙)

3. 개별면접 말하기 기법

- 면접은 쌍방의 의사소통이다. 면접관의 질문을 잘 듣지 않으면 제대로 된 답변을 할 수 없으니 적극적으로 경청하는 태도를 보이자.
- 처음부터 끝까지 침착한 태도를 유지해야 한다. 적절한 상황에 미소를 짓고 면접관과 눈을 맞추고, 손동작은 산만하게 양손을 쓰지 않는 것이 좋으며, 면접관의 말에 호응을 할 때는 적당하게 머리를 끄덕여 주는 것이 좋다. 다음은 상황별로 답변 가능한 예시이니 참고하길 바란다.

1) 대답 잘못했을 때

: "죄송합니다. 제가 긴장하여 답변을 잘못하였습니다. 정정해서 다시 말씀 드려도 되겠습니까?"

2) 모르는 내용 질문 받을 때

: "죄송합니다만 그 질문에 미처 준비하지 못했습니다", "죄송합니다. 잘 모르겠습니다. 돌아가서 반드시 숙지하겠습니다.", " 질문에 대해 답변 드리지 못해 죄송합니다. 다른 질문을 해주신다면, 다시 한번 답변해보겠습니다."(의지를 보여주어야 할 때 활용)

3) 질문을 못 들었거나, 질문의 요지가 이해 안 될 때

: "죄송합니다만 잘 듣지 못했습니다. 다시 한번 말씀해주시면 감사하겠습니다.", " 제가 긴장해서 질문을 잘 이해하지 못했습니다. 죄송합니다만 다시 말씀해주실 수 있습니까?"

4) 너무 긴장해서 더듬거릴 때

: "면접관님. 제가 너무 긴장해서 그러는데, 심호흡 한번 크게 하고 다시 시작해도 되겠습니까?", "면접관님. 죄송합니다만 생각을 정리해서 다시 말씀 드려도 되겠습니까?", 면접관이 허락하면 반드시 " 감사합니다"라고 말하고 다시 시작한다.

제2절 집단면접

1. 집단면접 개요

- 면접관 구성 : 면접위원(경장, 경사, 경위, 외부위원 등) 두 명 이상이 3~5명의 지원자를 면접하는 방식으로 면접시간을 단축해 주고 지원자에게 심리적 안정감을 줄 수 있다.
- 면접시간 : 토론주제 1개 제시하고 약20 ~ 40분간 토론 후 추가질문으로 이루어짐
- 면접 평가 내용 : 일반적인 업무수행 능력, 현장감각, 돌발 상황에서의 업무판단능력과 문제해결능력, 의사발표의 논리성과 정확성, 정보 분석 능력, 타인에 대한 공감과 배려 역량 등을 종합적으로 평가한다.
- 면접 진행방식

1) **토론식** : 토론의 주제를 제시하고 찬성과 반대로 나누어 토론을 진행한다. 사회자는 지명하거나 자발적으로 선출하여 진행한다. 주로 서울, 인천, 경기도 등에서 토론식 집단면접이 이루어진다.

2) **발표식** : 토론의 주제를 주고 지원자 개인의 의견을 묻는 방식으로 진행하며, 사회자는 없이 순서대로 또는 서로 지명하여 답변하거나 거수를 통해 답변 순서를 정한다. 주로 서울, 경기도 지역을 제외한 지역에서 발표식 집단면접이 이루어진다.

※ 토론식과 발표식을 병행하기도 하고, 지역마다 차이가 있을 수 있으니 두 가지 방식 모두 준비하는 것을 권한다.

- 지원자 간의 비교평가가 가능하고 지원자 간의 경쟁을 유발하여 더욱 적합한 인재를 선발하는데 용이하다.
- 하나의 주제를 놓고 토론을 하기 때문에 지원자 개인에 대한 심층적인 평가는 어려울 수 있고, 답변 순서에 따라 상대적으로 불리한 평가를 받을 수 있다.

2. 집단면접 대응전략

- 면접관은 타지원자와 상대적인 비교를 통해 지원자의 표현력과 논리력, 인성을 평가하고 조직적응력과 지원한 직무를 수행할 기본지식을 보유하고 있는지를 파악한다.
- 집단면접은 모든 평가가 상대평가라는 것을 명심해야 한다. 1 : 1 면접과는 달리 타지원자와 즉석에서 비교 평가되므로 자신의 의견을 명확히 하지 않으면 집단 속에 묻히거나 밀려날 수 있음을 명심해야 한다.
- 토론의 주제로 나올 수 있는 경찰 관련 이슈와 정책에 대해 사전에 세밀하게 분석하고 준비를 해야 한다.
- 토론을 마치고 나면 면접관이 후속질문을 하게 되는데, 면접관의 질문을 최대한 경청하고 질의 요지를 잘 파악하여 답변해야 한다. 토론 때 말하지 못했던 부분에 대해서 추가적인 근거를 제시한다든지, 향후 구체적 대안에 대해서 물어 볼 수 있다.
- 자신만의 논리로 타지원자를 지배하려 하지 말고, 타지원자와 협력하거나 배려하는 모습 보이는 것이 중요하다.
- 타 지원자에게 질문한 내용을 기습적으로 자신에게 되물을 수 있기 때문에 유의해야 하며, 다른 지원자가 답변할 때에도 고개를 살짝 끄덕이며 경청하는 모습을 보여주는 것이 좋다.
- 발표자의 발언에서 핵심 키워드를 꼭 기억해 두어야 한다. 추후 반론을 하거나 부연을 하거나 요약을 할 때 활용할 수 있기 때문이다.
- 답변의 순서에 따라 불이익을 받을 수 있으므로 자신 있는 주제일 경우에는 먼저 발언을 하는 것이 유리하고, 자신이 없는 주제일 경우에는 타 지원자의 발언을 들어보고 앞에 나왔던 내용들을 종합적으로 정리하고 마지막에 자신의 의견을 덧붙여 발언하는 방법도 유용하다.
- 토론식의 경우 사회자를 자청하여 능숙하게 진행한다면 좋은 평가를 받을 수 있다. 단, 자신이 있을 때 사회자 역할을 하는 것을 권하며, 욕심에 맡았다가 진행이 매끄럽지 못하면 오히려 감점이 될 수 있으니 유의해야 한다.
- 논리적 근거를 위해 구체적인 통계수치나 예시와 같은 자료를 제시할 때는 출처를 정확하게 명시하는 것이 설득력이 있어 보인다.
- 자신이 있다면 타 지원자의 답변에서 모순을 찾거나, 핵심적인 질문을 던지는 방법을 사용하여 자신의 주장을 어필하는 것도 유용하나, 자칫 공격적으로 비춰질 수 있으니 유의해야 한다.

3. 집단면접 말하기 기법

1) 의견 일치 시 : "앞서 발표한 지원자의 의견에 (전적으로) 동의합니다. 한 가지 제 의견을 덧붙이자면~", " 아주 좋은 의견이라고 생각합니다. 여기에 제 의견을 보태자면~" 라는 식으로 발언을 시작하자.

2) 의견 불일치 시 : "앞선 발표자의 의견도 일리가 있습니다만, 조금 다른 입장에서 제 의견을 피력하자면~", "그 의견도 일부 공감합니다. 하지만 다른 관점에서 보자면~", " 찬성입장에서 말씀하셨는데, 저는 반대 입장에서 말씀드리고자 합니다."
   ※ 절대로 타지원자의 발언이 틀렸다, 잘못됐다, 그건 아니다, 모르고 하는 소리다, 준비가 전혀 안된 것 같다 등의 부정적인 평가를 하면 안된다.

3) 자신의 발언을 시작 할 때 : "좋은 말씀 감사합니다. ~ 부분에 대해 답변 드리겠습니다"

4) 질문을 할 때 : "~에 대해 질문 하나 드려도 되겠습니까?", "방금 말씀하신 주장에 대해 구체적인 근거(통계, 자료, 예시)를 들어 주실 수 있습니까?"

5) 마무리 발언을 할 때 : 자신의 의견에 대해 정리하고 전체 토론에 대해서 "새로운 관점을 얻을 수 있었습니다", "토론을 통해 ~를 배울 수 있어 유익한 시간이었습니다" 등의 말로 마무리 하는 것이 좋다.

> **참고** 토론면접 dos & don'ts

dos(가점행동)	don'ts(감점행동)
- 적극적인 발언(발언의 양) : 많이 알수록 적극적으로 말하게 되고, 발언 횟수와 양도 많아짐 - 논리성이고 독창적인 핵심 발언 : 말의 양이 적어도 핵심 발언을 할 경우 가점 - 타인을 배려하는 행위 : 대인관계능력이 뛰어나고 협업을 잘하는 사람으로 인식되어 가점 - 발언 기회 조율 및 양보 : 팀워크 능력 강조로 가점 - 타지원자의 발언에 적극적 공감 반응 : 공감 이해능력과 감수성 강조 - 타지원자의 발언을 발전시켜 더 나은 방향 제시 : 창의적 사고능력	- 핵심 빠진 긴 발언 : 의사표현능력 부족 - 중언부언하는 발언 : 언어표현의 비효과성 - 타지원자의 발언을 반복하는 무임승차형 : 자신감과 창의성 부족, 준비성 부족 - 타지원자의 발언기회를 묵살하거나 가로채는 행위 : 이기적인 행위 - 타지원자의 공감을 전혀 얻지 못하는 발언 : 발언내용의 논리성, 타당성 부족 - 타지원자를 공격하는 발언 : 이기적이고 타인을 무시하는 행동 - 방어적이고 중립적 발언 : 토론에 기여도가 없는 소극적 행위

제3절 경찰면접 필수 질문 Top 4

1. 자기소개

- 면접관이 지원자들에게 가장 많이 하는 질문은 '자기소개를 해보라'는 것이다. 면접관에게는 지원자의 신원조사 관련 서류와 인·적성검사 결과, 사전조사서가 주어진다.
- 면접관이 짧은 시간 안에 모든 지원자의 서류를 검토하기는 어렵다보니, 개별면접 시 자기소개를 해보라는 질문을 하고 지원자의 답변을 듣고 추가로 후속질문을 해나가는 형태로 이루어지는 경우가 많다.
- 따라서 자기소개는 반드시 준비를 해야 하며, 짧은 형식과 긴 형식 두가지 버전을 준비해 두면 상황에 따라 응용하여 사용할 수 있다.
- 자기소개는 보통 가정환경, 성장과정, 자아표현(성격의 장점, 특기, 역량), 지원동기 및 입직 후 포부 등으로 구성하면 된다.
- 가정환경에는 부모 또는 형제·자매에게 영향을 받은 부분이나 가족애, 가훈, 좌우명 등을 어필하여 곧은 성품과 인성을 갖춘 인재라는 것을 보여주면 된다.
- 성장과정에는 학창시절에 있었던 중요한 에피소드, 남성의 경우 군 복무 경험, 사회생

활, 아르바이트 경험, 동아리 활동 경험, 봉사활동 경험, 공모전 등과 같은 대외활동 경험, 교환학생 프로그램이나 어학연수 등과 같은 해외 유학 경험, 학업과 관련하여 성취한 경험, 자격증 취득 경험 등 중에서 자신의 역량을 가장 잘 보여줄 수 있는 에피소드를 찾아 경찰로서 업무를 잘 수행 할 수 있다는 점을 어필하면 된다.
- 자신의 특성을 한마디로 표현할 수 있는 수식어를 넣어서 이름을 소개하면 면접관에게 더욱 각인시킬 수 있다.
 (예 : 남들이 소확행을 얘기할 때 소확봉을 실천해온 OOO입니다)
- 지원동기는 경찰과의 접점이 있는 실제 경험이 있다면 더 좋지만, 없을 경우에는 영화, 드라마, 책, 전공, 간접체험을 통해서 경찰이라는 직업에 관심을 가지게 된 계기와 감동 받은 부분들을 연결하여 어필하는 것이 좋다.
- 실제 자기 경험이 없다고 억지로 지어낸 이야기나 꾸며낸 이야기를 할 경우 신뢰감을 줄 수 없으므로 절대 거짓말을 하면 안된다.
- 경찰의 업무를 수행하는데 도움이 될 수 있는 다양한 경험(이전직장 경험, 아르바이트, 팀별과제, 봉사활동, 동아리, 전공, 자격) 중 강조하고 싶은 에피소드를 근거로 제시하고, 경찰이 되기 위해 자신이 얼마나 노력해 왔는지를 어필하도록 한다.
- 입직 후 포부에 대해서는 거창한 목표나 직급에 대해서 말하는 것보다 국가와 국민을 위해 일하겠다는 열정과 패기, 선배님들의 가르침을 성실하게 배우고 따르겠다는 자세와 다짐을 보여주는 것이 좋다.

> **참고** 자기소개 예시 답변 1
>
> 안녕하십니까? 모두가 소확행을 꿈꿀 때 소소하지만 확실한 봉사를 해온 지원자 OOO입니다. 저는 사회복지사로 35년 째 근무하시는 어머님 덕분에 초등학생 때부터 14년간 매주 토요일마다 OO복지시설에서 꾸준히 봉사활동을 해왔습니다.
> 저 혼자의 노력으로 성적우수장학금을 받거나 토론대회에서 우수상을 수상한 것도 기쁜 일이었지만 남을 도움으로서 느끼는 성취감과 자부심은 그 무엇과도 바꿀 수 없었습니다. 이에 평생 다른 사람을 도우면서 스스로도 떳떳하고 존경받을 수 있는 직업에 대해 고민하다 경찰이 되겠다는 다짐을 하게 되었습니다.
> 저의 투철한 봉사정신과 성실함을 바탕으로 국민으로부터 주어진 권한을 온전히 국민을 위해 행사할 수 있는 존경받고 사랑받는 경찰이 되도록 최선을 다하겠습니다. 감사합니다.

> **참고** **자기소개 예시 답변 2**
>
> 안녕하십니까? 도움이 필요한 일이면 어디든지 달려가는 수험번호 000입니다. 저는 군복무 중 부대 생활에 적응하지 못하는 병사들에게 상담을 해준 공로로 포상휴가를 받은 경험과 지하철에서 갑작스럽게 발작을 일으키고 쓰러진 여성분에게 응급조치를 하고 119소방대원이 올 때까지 안전하게 인계한 경험이 있습니다.
> 또한 대학시절 학교 밖 청소년들이 나쁜 길로 빠지지 않도록 상담해주는 멘토링프로그램에 참여한 경험이 있습니다. 저에게 경찰이 될 수 있는 기회가 주어진다면, 적극성과 타인을 배려하는 마음으로 약자를 보호하고 시민들이 부르면 언제든 달려가는 든든한 경찰이 되겠습니다. 감사합니다.

2. 지원동기

- 자기소개와 마찬가지로 면접에서 빠지지 않고 나오는 단골질문으로 자기소개에서 지원동기 부분만 따로 떼어내서 좀 더 구체적으로 준비하면 된다.
- 면접관이 자기소개와 지원동기를 동시에 질문하지 않고 둘 중에 하나만 질문하는 경우가 많다.
- 경찰 업무는 국민의 안전과 생명·재산을 보호하는 업무가 우선이기 때문에 시민의 공복으로서 투철한 사명감과 희생정신이 요구된다.
- 단순하게 경찰이 멋있어서, 공무원으로 안정적이어서, 승진의 기회가 넓어서, 연금을 받을 수 있어서 경찰이 되려는 게 아니라는 것을 보여줘야 한다.
- 경찰 업무가 직무스트레스가 많고, 업무 처리가 잘못되었을 때 어느 집단보다 가혹할 정도로 비판을 받는다는 것을 충분히 인식하고 있다는 점과 동시에 그럼에도 불구하고 경찰이 반드시 되고자 하는 강력한 의지를 어필하여야 한다.
- 앞서 자기소개에서 언급한 바와 같이 지원동기는 경찰과 연관이 있는 본인만의 경험이 있다면 그 사례를 담으면 되고, 없을 경우에는 영화, 드라마, 책, 전공, 간접체험 등을 통해서 경찰이라는 직업에 관심을 가지게 된 계기와 감동받은 부분들을 연결하여 답변하는 것이 바람직하다.
- 또한 지원자의 성격(강인함, 정직성, 봉사정신, 헌신, 성실성, 책임감 등)과 적성(스트레스 감내성, 논리적 사고, 상황판단능력, 의사소통능력, 해박한 법률 지식, 사회문제에 대한 관심 등)을 고려하여 지원자의 지인들이 경찰이라는 직업을 추천하게 되었다는 내용도 유용하다.
- 지원동기는 구체적일수록, 신념이 확고할수록, 경찰과의 연관성이 높을수록 좋은 인상을 줄 수 있다는 점을 명심해야 한다.

> **참고** **지원동기 답변 예시**
>
> - 저는 의경 생활을 하면서 경찰이 되겠다는 꿈을 구체적으로 가지게 되었습니다. 시위를 진압하고 교통통제 활동 등을 하면서 언제나 흔들림 없이 공정하게 법을 집행하면서도 시민의 안전과 인권을 중시하고 단한명의 억울한 피해자가 생기지 않도록 애쓰시는 경찰관들을 보면서 존경하게 되었고, 항상 일선에 나서서 성실히 일하는 저를 보고 경찰시험을 쳐보라는 경사님의 조언에 따라 지원하게 되었습니다.

3. 성격의 장점과 단점

- 면접관이 성격의 장점과 단점을 질문하는 이유는 경찰이라는 직무에 지원자의 성격이 적합한지 개인특성과 직무적합도를 알아보기 위한 것이다.
- 자신의 성격에 대해 좀 더 자세하게 알고 싶다면, MBTI(성격유형검사), MMPI(다면적인성검사), HOLLAND(적성탐색검사) 등의 심리검사를 해보기를 권한다.
- 무료로 할 수 있는 사이트
  - 사람인(www.saramin.co.kr)- 로그인- 인적성검사- 결과보기
  - 워크넷(www.work.go.kr)- 로그인- 직업진로- 성인용직업심리검사- 직업선호도검사(L형), 성인용 직업적성검사- 결과보기
- 자신을 가장 적극적으로 어필할 수 있는 특성을 찾고 그 근거로서 구체적인 사례를 제시하여 답변을 준비하는 것이 좋다.
- 막연하게 여러가지 장점들을 무차별하게 나열하거나, 경찰의 인재상과는 관련이 없는 막연한 장점을 말하는 것보다는 1~2개라도 임펙트 있는 장점을 어필해야 한다.
- 단점을 말할 때는 경찰 조직에서 동료와 함께 일하는 데 치명적인 결함을 말하지 않도록 유의해야 한다.
  (예 : 사람들과 어울리는 것이 불편하다. 극도로 소심한 편이다. 혼자 일하는 것을 좋아한다. 스트레스를 받으면 오래가는 편이다 등은 피하자.)
- 성격도 직무 역량이 될 수 있기 때문에 아래의 제시된 역량군을 참고하여 지식을 습득할 때 요구되는 지식역량군, 관계를 형성할 때 요구되는 관계역량군, 실제 행동으로 옮길 때 필요한 실행역량군을 살펴보고 자신이 갖추고 있는 역량을 발췌하여 장점으로 활용하면 좋다.
- 자신이 역량을 발휘했던 에피소드를 예를 들어 설명한다면 최고의 답변이 될 수 있다.

지식역량군	관계역량군	실행역량군
• 계획수립 • 문서작성 • 핵심파악 • 전략적사고 • 분 석 력 • 독 립 성	• 대인친밀성 • 관계구축 • 적응력 • 협동력 • 고객지향 • 대인이해	• 의사결정 • 추진력 • 결단력 • 타인육성 • 도전정신 • 자기주도
지식역량군	관계역량군	실행역량군
• 시간관리 • 철저한 확인 • 책임감 • 성실성 • 조직헌신 • 자기절제	• 의사소통 • 발표력 • 설득력 • 대면영향 • 성과지향 • 자기확신	• 업무조정 • 협상력 • 갈등관리 • 공정성 • 스트레스내성 • 삶의 균형
지식역량군	관계역량군	실행역량군
• 신속성 • 정보관리 • 문제해결 • 비전제시 • 긍정적사고 • 혁신주도	• 권한위임 • 전문가의식 • 동기부여 • 유연성 • 감수성 • 창의력	• 목표관리 • 손익관리 • 위기대처 • 리더십 • 솔선수범 • 정직성

> **참고** 경찰헌장을 통한 인재상 찾기
>
> 경찰헌장에는 경찰조직에서 요구하는 인재상이 담겨져 있다.
> 경찰이라면 반드시 갖춰야 할 덕목과 자신의 성격적 특성들을 연계하여 장점으로 소개하고 장점을 어필할 수 있는 과거의 경험들을 부연설명 한다면 좋은 답변이 될 수 있다.
>
> 우리는, 모든 사람의 인격을 존중하고 누구에게나 따뜻하고 봉사하는 친절한 경찰이다.
> ⇨ 인격 존경(타인배려), 따듯(온화함, 자비), 봉사(헌신, 타인에 대한 관심), 친절(예의 바름)
>
> 우리는, 정의의 이름으로 진실을 추구하며, 어떠한 불의와 불법과도 타협하지 않는 의로운 경찰이다.
> ⇨ 진실 추구(양심, 도덕, 윤리), 의로운(원리원칙, 공익추구, 의협심, 불의와 맞섬)
>
> 우리는, 국민의 신뢰를 바탕으로 오직 양심에 따라 법을 집행하는 공정한 경찰이다.
> ⇨ 신뢰(신의, 믿음직함, 일관성), 공정한(공명정대, 원칙추구, 치우침이 없음)
>
> 우리는, 건전한 상식 위에 전문지식을 갈고 닦아 일을 성실하게 수행하는 근면한 경찰이다.
> ⇨ 성실(부지런함, 책임감, 솔선수범), 근면(계획성, 할 일을 먼저 찾음, 지구력, 체력)
>
> 우리는, 화합과 단결 속에 항상 규율을 지키며, 검소하게 생활하는 깨끗한 경찰이다.
> ⇨ 규율을 지킴(준법정신, 질서유지, 흐트러짐 없음), 깨끗한(청렴결백, 양심적, 무소유 정신)

4. 마지막 발언

- 면접의 마무리 단계에 이르면 "마지막으로 하고 싶은 말이 있으면 해보세요" 라는 질문을 자주 한다.
- 이 질문은 지원자에게 '한 번 더 자신을 어필할 기회를 주겠다' 라는 의도가 숨겨져 있다.
- 일반적으로 면접관이 합격시키기로 이미 확정한 지원자에게는 마지막 질문 등의 추가 질문을 많이 하지 않는 반면에, 합격시키기에는 확신이 잘 서지 않는 지원자에게 마지막 발언 기회를 줘서 평가에 활용하기 위해 질문하는 것이다.
- 면접에 영향을 미치는 요인으로 '최신효과'에 대해서 앞서 설명한 바와 같이 지원자의 마지막 발언은 면접관의 평가에 지대한 영향을 미친다.
- 면접 내내 발언한 내용을 다 기억하지 못하지만 마지막 발언이나 태도가 기억에 오래 남기 때문에 좋은 평가를 받기 위해서는 마지막 발언 기회를 살려야 한다.

- 열심히 하겠다, 최선을 다하겠다, 훌륭한 경찰이 되겠다. 충성을 다하겠다, 뼈를 묻는 각오로 임하겠다 등의 식상한 표현은 감동을 주지도 못하고, 대부분의 지원자들이 똑같은 말을 하기 때문에 면접관의 뇌리에 남기 어렵다.
- 세 번이나 떨어지고 이번이 마지막이다, 돌아가신 어머님의 평생소원이 아들이 경찰이 되는 것이다, 경찰이 되기 위해 모든 걸 포기했다, 4년이나 준비했다 등 측은지심이 느껴지도록 감정에 호소하는 마지막 발언도 좋은 평가를 받기는 어렵다.
- 마지막 발언에는 면접관에게 감사의 마음과 면접의 기회를 얻게 된 것에 대한 고마움을 전달하고, 이번 면접을 어떻게 준비했는지 노력한 점과 준비하면서 배우고 느낀 점을 포함시키는 것이 좋다.
- 앞서 자기소개의 짧은 버전을 활용하여 자신을 한번 더 소개하고 어필하는 방법도 괜찮다.
- 마지막으로 경찰관이 되면 어떤 마음가짐과 자세로 임하겠다는 굳은 의지와 열정을 보여주고, 자신의 구체적인 목표나 계획 등과 같은 포부를 밝히면 된다.

※ 감사표현 → 면접을 위한 노력과 배운 점 → 합격에 대한 의지 표현

> **참고** **마지막 발언 예시 답변 1**
>
> 네 말씀드리겠습니다. 먼저 저의 이야기를 경청해 주신 면접관님께 진심으로 감사드립니다. 경찰이 되기 위해 1년간 하루 16시간 씩 공부하고 준비하여 이렇게 면접의 기회가 주어진 것에 대해 기쁩니다.
> 또한 면접 준비를 하면서 법 관련 지식뿐만 아니라 사회적 이슈에 대해서 관심을 가지고 다양한 관점을 가질 수 있게 되어 좋았습니다. 오늘 면접에서 다 보여드리지 못한 부분은 경찰이 되어서 직접 보여드리고 말로만 끝나지 않고 증명해 보이겠습니다. 감사합니다.

> **참고** **마지막 발언 예시 답변 2**
>
> 우선 긴 시간 동안 저의 이야기를 들어주셔서 감사합니다. 경찰이 되고자 결심한 순간 이후부터 사소한 위법도 저지르지 않으려고 노력했고, 심폐소생술을 배우고, 주기적으로 헌혈을 해왔습니다.
> 또한 전문성을 갖추기 위해 정책과 법 관련 지식을 꾸준히 공부를 해왔습니다. 제가 경찰이 된다면 늘 배우는 자세로 선배님들의 말씀에 귀를 기울이고 국가와 국민을 위해 헌신하고 봉사하는 든든한 후배가 되겠습니다. 현장에서 면접관님들을 다시 뵐 수 있기를 바랍니다. 감사합니다.

PART
05

경찰 개별면접 각론

올인경찰면접

CHAPTER 05 경찰 개별면접 각론

제1절 경찰 개별면접 기출문제 분석

- 경찰개별면접은 다수의 면접관과 한명의 지원자와의 면담으로 이루어진다. 면접관은 지원자가 편안하게 자신의 기량을 마음껏 발휘할 수 있도록 우호적인 분위기를 조성하려고 노력한다.
- 지원자 입장에서는 다수의 면접관 앞에서 답변을 해야 하고, 평가를 받는 입장이기 때문에 주눅이 들고 긴장을 할 수 밖에 없다.
- 관건은 긴장감을 낮추고 편안하면서도 자신감이 드러날 수 있도록 면접을 이어갈 수 있느냐와 입사하고자 하는 강한 의지 및 열정을 보여주는 것이다.
- 개별면접은 사전조사서에 기반하여 추가 질문들이 이루어지므로 제출한 내용을 복기하여 예상질문과 답변을 준비하도록 한다.
- 개별면접 질문 분야는 크게 4개의 분야로 나눌 수 있다. 기출문제가 방대하여 모두 답변을 준비한다는 것은 사실상 불가능하다. 하지만, 주요 기출문제에 대해 의도와 답변 요령을 파악하면 유사질문에 대해서도 답변을 하는데 도움이 될 것이다.

〈지원분야 관련〉

- 자기소개(지원동기/직무경력)
- 경찰의 이미지에 대한 생각(경찰 브랜드 가치 향상방안)
- 조직생활 경험(동아리, 학생회, 군대, 대외활동 등)
- 경찰에 합격하면 하고 싶은 일, 불합격 시 재응시 여부
- 아르바이트나 직장경험(직무경험)

〈인성관련〉

- 성장배경, 성장과정 중 주요한 경험들
- 성격의 장점과 단점(강점과 보완점), 직무와 연관된 성격적 특성파악

- 봉사활동 경험(타인에 대한 배려, 헌신, 봉사정신, 사회에 대한 관심)
- 인생관, 가치관, 중요하게 생각하는 덕목(긍정성, 애국심, 국가관)
- 존경하는 인물, 감명 깊게 읽은 책
- 스트레스 해소방법(화가 났던 순간과 해결방안)

〈직무관련 지식 및 사회적 이슈 문항〉

- 살인죄 공소시효 폐지
- 성범죄자의 신상공개
- 경찰의 수사권 독립(검,경 수사권 분리)
- CCTV설치와 개인의 인권보호
- 자치경찰제 도입
- 촉법소년 나이 하향조정
※ 직무관련 전문지식이 포함되며 개별·집단면접 모두 출제가능

〈직무와 관련된 상황제시 문항〉

- 상사의 부당한 업무 지시(불법적 사항)
- 직장내 괴롭힘에 대한 대처(상사 또는 동료와의 갈등해결)
- 성희롱, 성폭력 사건에 대한 예방과 대응전략
- 시민의 요구나 난동에 대한 대응자세
- 공익과 사익 추구에서의 갈등

제2절 인성분야 기출문제 및 답변 요령

Q1. 인생에서 가장 가치 있는 것은 무엇이라고 생각하는가?

- **의도** : 지원자의 가치관(직업가치관 포함)을 묻는 질문
  자신의 인생에서 가치 있는 것이 무엇인지 파악 "돈", "명예", "화목", " 건강", "정직", "성실", "봉사", "애국" 기타 등등.
- **포인트** : 예를 들어 "화목"이라고 한다면 면접관이 듣고자 하는 것은 왜 그렇게 생각하느냐가 질문의 핵심이다. 중요하다고 생각하는 이유에 대해 사례를 들어 답변할 것. 여러 개의 가치를 말했다면 우선순위를 언급하고 그 중에 가장 중요한 것에 대해서 이유를 설명할 것

Q2. 로또에 당첨되면 무엇을 하고 싶은가?

- 의도 : 지원자의 금전(재산, 부)에 대한 개념과 돈을 대하는 자세 파악
- 포인트 : 실제 면접에서 지원자 중 어떤 사람은 '해외여행을 가겠다', '유학을 가겠다', '00를 구입하겠다' 등의 대답을 하는데 적절하지 않다.(나는 돈이 많으면 여기를 떠날 사람임을 암시)

  행운으로 생긴 돈이기 때문에 먼저 기부를 하거나, 주변에 베풀고, 효율적으로 운용하여 자산을 증대하겠다는 답이 더 바람직함(주식, 코인, 금, 연금, 보험 등 자산증식의 구체적 내용 말할 필요 없음). 로또에 당첨 되도 경찰은 나의 꿈이기 때문에 계속 일하겠다는 의지 피력

Q3. 우리나라의 부유층에 대해서 어떻게 생각하는가?

- 의도 : 빈부격차에 대한 생각, 부유층이 전체 부의 많은 부분을 차지하는 것에 대한 가치관 파악(자본주의 사회에 대한 이해)
- 포인트 : 이 질문의 핵심은 부유층이라고 하면 자칫 정상적인 방법으로 재산을 형성하기 보다는 편법을 많이 동원했을 것이라는 생각을 갖기 쉬운데, 부유층에 대한 반감을 갖고 있는 것처럼 말하는 것은 좋지 않다.

  가끔 자신의 처지와 비교해서 부유층에 대한 부정적 생각을 가지고 있는 사람처럼 대답 하는데, 그것보다는 부유층 중에서 많은 사람들은 남들 보다 더 많은 노력과 아이디어로 지금의 부를 형성했다고 생각하고, 자신도 성실히 자신이 맡은 바를 다하고 창의적인 아이디어를 통해 변화를 추구 한다면 충분히 성공할 수 있고 부를 축적할 수 있다는 의사를 전달할 것

  부를 사회에 환원한다면 더 좋은 결과를 낼 수 있을 것이라고 생각한다는 답변이 바람직함
- ※ 유사질문 : 우리나라가 빈부격차가 심한 편인가? 헬조선이라는 말에 대해 어떻게 생각 하나? 이민을 갈수 있다면 가겠는가?

Q4. 친구들은 당신을 어떤 사람이라고 생각하는가?

- 의도 : 지원자의 주변 인물을 통해서 지원자의 인성과 대인관계역량 파악
- 포인트 : 이와 같은 질문을 받는 지원자는 면접에서 지나치게 자신이 주위의 사람들에게 모범이 되는 사람처럼 말하고 있거나, 가식적인 대답을 하고 있는 것 같은 상황, 즉 확신이 잘 서지 않을 때 하는 질문(지원자의 사회적 바람직성 높을 때 질문)

  자신의 장점을 어필할 수 있도록 답변. 예를 들어 "주위 친구들이 붙임성이 좋다는 이야기를 많이 합니다." 라고 대답하고 사례를 언급하는 것이 좋음(한번 본 사람들의 이름을

잘 기억한다든지, 모임을 먼저 제안하고 누구와도 친구가 된다든지). 근거가 없으면 면접관에게 확신을 줄 수가 없으니 반드시 사례를 들어 부연설명 할 것
- 유사질문 : 친구들이 붙여준 별명은? 주변사람들에게 어떤 사람으로 비춰지고 싶나?

Q5. 이상적인 상사란 어떤 모습인가?

- 의도 : 장래 지원자가 조직에서 어떤 리더십을 발휘할 것인가를 우회적으로 알아보기 위한 질문
- 포인트 : 부하에게 잘해주는 상사, 공사가 분명한 상사, 부하에게 기회를 많이 주는 상사 등 여러 답변이 가능하나, 조직에서의 상사는 조직구성원들이 팀워크를 발휘할 수 있는 분위기를 조성하고, 개개인이 성과를 창출할 수 있도록 기회를 제공하며, 상사로서의 리더십을 발휘하여 조직의 목표를 달성할 수 있는 상사라는 것을 강조하고 자신도 이상적인 상사가 되기 위해 노력하겠다는 의지 피력
- 유사질문 : 어떤 상사가 되고 싶은가? 어떤 상사와 일하고 싶은가?

Q6. 사람을 대할 때 가장 중요하다고 생각하는 것은 무엇인가?

- 의도 : 소통, 역지사지, 대인관계 능력(상대를 대하는 자세 파악)
- 포인트 : 사람마다 가지고 있는 가치관의 차이에 의해 다른 대답은 할 수 있는데, 질문하고 있는 의도는 일반적인 관계에서가 아니라 사회생활이나 조직이라는 울타리 속에서 만나는 사람과의 관계에서 중요한 부분을 언급하는지를 파악하려는 것임
예시로 역지사지의 마음가짐, 진심과 진솔성, 타인에 대한 신뢰, 소통을 통한 지속적이고 우호적인 관계 유지하는 것이 조직과 공익에 더 많은 기여 할 수 있을 것으로 생각한다는 식의 답변이 바람직함(관련 경험 섞어서 답변)

Q7. 존경하는 인물이나 본받고 싶은 인물은 누구인가?

- 의도 : 지원자의 가치관 파악(그 인물을 존경하는 이유가 어떤 가치 때문인가가 핵심) 경찰로서 필요한 자질과 일맥상통
- ※ 경찰이 갖춰야 할 자질 : 충성심, 준법정신, 희생, 봉사, 공정성, 책임감, 성실성, 배려심, 이타심, 신의, 도덕, 정직, 소통, 타인존중, 전문성 등
- 포인트 : 대부분의 지원자가 본받고 싶은 인물에 대해 역사 속의 위인이나 부모님을 존경한다는 답변을 많이 함. 이런 대답은 너무 평이하고 즉흥적으로 답변한 것으로 보일 수 있음. 부모님을 본받고 싶다는 것은 잘못된 답은 아니지만 너무도 당연한 것이고, 그 이유도 부모님의 성실함과 사랑 등 다른 응시자와 차별화되지 못함

자신이 책 속에서 본 역사 속의 인물이든 현존하는 인물이든 자신이 잘 알고 있고, 많은 사람이 인생에 성공한 사람이라고 인정할 수 있는 인물은 말하는 것이 좋다. 하지만 그 인물에 대해 자세히 알지 못하면서 막연하게 훌륭한 사람이기에 존경한다는 느낌이 면접관에게 들게 한다면 오히려 역효과 낼 수 있음.

존경하는 인물에 대해 본받을 만한 점이 무엇인지, 자신은 어떤 인물이 되겠다는 포부를 밝힐 것.

※ 정치적 성향(현재 정치인), 종교적 특성(특정 종교인)을 드러낼 수 있는 인물은 배제하는 것이 좋음, 무조건 부모님이라 답하는 것도 조심할 것

- 유사질문 : 위인전기를 읽어본 적 있는가? 감명 깊게 읽었던 책은 무엇인가?

Q8. 고민이 있을 때 주로 누구와 의논하는가?

- 의도 : 지원자의 인적네트워크와 활용 수준, 가족관계 및 가정분위기 파악
- 포인트 : 지원자의 인적네트워크가 잘 구축되어 있는지와 더불어 주로 어떤 고민을 갖고 있는지를 파악하기 위한 질문으로, 문제를 적극적으로 해결하고자 하는 자세도 파악. 지원자가 스스로 해결하기 어려운 문제에 직면했을 때 상담을 할 수 있는 사람이 있다는 사실은 평소 대인관계를 잘하고 있는 것으로 볼 수 있고, 고민이 무엇인지를 알아봄으로써 지원자의 수준도 동시에 파악 가능.

혼자 해결한다는 답변보다는 넓고 깊은 인간관계를 보여주는 것이 좋음

※ 의논 대상 : 부모님, 형제자매, 직장 상사, 선배, 친구, 연인, 선생님, 아르바이트 사장 등 주변에서 찾을 수 있음

Q9. 아르바이트를 한 경험이 있는가?

- 의도 : 직장생활, 사회생활 경험 유무 파악. 아르바이트의 종류와 기간이 궁금한 것이 아니라 경험을 통해 무엇을 얻었는가를 파악하고자 함
- 포인트 : 지원자가 안 해본 것 없이 많은 아르바이트를 했다고 자랑 하듯이 답변하는데, 아르바이트 목적이 분명한 것이 좋음(단순히 돈 벌려고 보다는 그 돈으로 무엇을 하기 위해서가 중요)

많이 했다는 게 중요한 게 아니라 무엇을 배웠는가에 중점을 두고 대답하는 것이 좋음 (단기알바, 주점, 폰영업, 사행성 알바 경험은 배제)

아르바이트 경험이 있는 경우에는 무엇을 어떤 이유에서 하게 되었는지 간략하게 말하고, 아르바이트를 통해서 배운 것이 무엇인지를 말하고, 향후 직장 생활을 하는데 어떻게 기여할 것인가 답변

Q10. 봉사활동 경험이 있는가?

- 의도 : 봉사정신, 조직구성원으로서의 자세나 팀워크 능력파악
- 포인트 : 육하원칙에 맞게 대답해야 신뢰성이 높아짐. 언제 지원자가 어떤 목적으로 얼마의 기간 동안 봉사활동을 하였는지, 그리고 이러한 활동을 통해서 얻은 것이 무엇인지를 말할 것.

  동아리활동이나 봉사활동 경험도 없고, 자기소개 시 특별한 인상도 주지 못하며, 학업성적, 어학성적, 자격증을 제대로 갖추지 못한 지원자의 경우 더 이상 면접관의 관심을 끌 수 없다(공부에도 관심이 없고, 봉사활동에도 관심이 없다면 학창시절 무엇을 하였는가를 의심하게 됨)

  반대로 대외활동이 많은 경우 그동안의 경험을 나열하듯이 많은 경험이 있다고만 말하고, 특별히 자신에게 도움이 된 내용, 그리고 그런 경험이 자신이 하고자 하는 직무와의 연관성 등을 제대로 말하지 못하는 경우에는 부정적 평가 받을 수 있음.

  나열보다는 한 두 사례에 대해 언제 어떤 목적으로 활동을 했고, 이런 활동에서 자신은 어떤 역할을 했으며, 활동을 통해 배운 것이 무엇이었는지 구체적으로 말할 것

- ※ 의무적으로 한 봉사활동, 짧은 기간의 봉사활동 보다는 자발적으로 장기간 꾸준히 한 봉사활동일 경우 좋은 평가 받음
- ※ 내세울 봉사활동이 전혀 없다면 평소에 일상생활에서 매일 행하는 소소한 봉사활동이라도 언급(짐 들어주기, 자리양보, 길안내, 길거리 쓰레기 줍기, 어린이 보호 등)

Q11. 함께 근무 중인 동료가 PTSD를 겪고 있고, 극단적 선택을 할 수도 있는 상황에 처해 있다고 가정하고 동료차원에서 어떠한 방법으로 관리를 할 것이며, 필요한 조치는 무엇이라고 생각하는 지 말해보라.

- 의도 : 조직적응력과 스트레스 감내성 파악하는 질문
- 포인트 : 경찰은 국민의 안전과 재산을 보호하고, 악을 처벌하여 사회정의를 구현하는 업무를 수행한다. 업무를 수행하며 각종 스트레스 상황에 직면할 수 있음. 외상후스트레스장애의 위험성을 자각하고 있음을 언급하고 주요 증상에 대한 지식을 숙지함과 동시에 동료의 고통에 대해 공감하는 모습과 함께 해결하려는 노력을 보여주는 것이 중요.

  전문적인 도움을 받을 수 있도록 안내하고, 자신은 스트레스 감내성이 높다는 점도 강조하고 업무에 의한 스트레스 보다는 보람과 사명감이 더 크다는 점을 어필할 것

  자신만의 스트레스 관리방안 정리할 것(운동, 산책, 명상, 일기쓰기, 영화보기 등)

> **참고 ▼ 읽어보기**
>
> - 직무스트레스 : 경찰직무를 수행함에 있어 역할, 대인관계, 사명감, 조직 환경 등으로 인하여 겪는 스트레스 정도
> - 외상후스트레스 : 외상성사건 경험 후의 정신적 충격으로 인해 공포감 또는 불안 증세가 지속적으로 나타나는 정도로 심각하면 PTSD(외상후스트레스장애)
>
> - 외상후스트레스장애의 주요 증상 알아보기
>
> A. 실제적이거나 위협적인 죽음. 심각한 부상 또는 성폭력에의 노출이 다음과 같은 방식 가운데 한 가지(또는 그 이상)
>   1. 외상성 사건(들)에 대한 직접적인 경험
>   2. 그 사건(들)이 다른 사람들에게 일어난 것을 생생하게 목격함
>   3. 외상성 사건(들)이 가족, 가까운 친척 또는 친한 친구에게 일어난 것을 알게 됨
>   4. 외상성 사건(들)의 혐오스러운 세부 사항에 대한 반복적이거나 지나친 노출의 경험
>
> B. 외상성 사건(들)이 일어난 후에 시작된 외상성 사건(들)과 관련이 있는 침습 증상의 존재가 다음 중 한 가지(또는 그 이상)
>   1. 외상성 사건(들)의 반복적, 불수의적이고 침습적인 고통스러운 기억
>   2. 꿈의 내용과 정동이 외상성 사건(들)과 관련되는 반복적으로 나타나는 고통스러운 꿈
>   3. 외상성 사건(들)이 재생되는 것처럼 그 개인이 느끼고 행동하게 되는 해리성 반응 (예, 플래시백)
>   4. 외상성 사건(들)을 상징하거나 닮은 내부 또는 외부의 단서에 노출되었을 때 나타나는 극심하거나 장기적인 심리적 고통
>   5. 외상성 사건(들)을 상징하거나 닮은 내부 또는 외부의 단서에 대한 뚜렷한 생리적 반응
>
> E. 외상성 사건(들)이 일어난 후에 시작되거나 악화된 외상성 사건(들)과 관련이 있는 각성과 반응성의 뚜렷한 변화가 다음 중 2가지(또는 그 이상)
>   1. (자극이 거의 없거나 아예 없이) 전형적으로 사람 또는 사물에 대한 언어적 또는 신체적 공격성으로 표현되는 민감한 행동과 분노폭발
>   2. 무모하거나 자기파괴적 행동
>   3. 과각성
>   4. 과장된 놀람 반응
>   5. 집중력의 문제
>   6. 수면교란(예, 수면을 취하거나 유지하는데 어려움 또는 불안정한 수면)
>   출처 : 정신질환의 진단 및 통계편람 DSM- 5 외상 후 스트레스 장애(PTSD
>   : Post Traumatic Stress Disorder)

제3절 인성분야 기출문제 답변 Dos and Don'ts

질문	Dos	Don'ts
Q. 이번 면접에서 떨어진다면?	- 경찰이 되기 위해 노력한 부분에 대해 어필 - 부족했던 부분에 대해 겸허하게 수용하고 준비하여 재도전 의사 표명 - 그래도 합격하기를 간절하게 바란다는 의지, 열정 어필	- 억울하고 속상한 마음만 강조 - 떨어질 이유가 없다는 자만심만 드러냄 - 운이 없었다고 생각함 - 패기 없는 모습
Q. 마지막으로 하고 싶은 말은?	- 자신을 어필할 수 있는 마지막 기회임을 놓치지 말 것(미처 말하지 못했던 부분 최대한 어필) - 반드시 합격하여 면접에서 다 보여드리지 못했던 것들을 증명해 보이겠다는 강력한 의지와 포부 피력	- 없습니다. 뽑아만 주시면 열심히 하겠습니다 등 준비되지 않거나 간절함이 보이지 않는 말 - 앞서 답변 잘못했던 부분에 대해서 변명이나 해명하는 것 - 복리후생제도나 근무지, 급여수준 질문
Q. 감명 깊게 읽은 책은?	- 책의 제목과 저자에 대해 명확하게 말함 - 감명 깊게 느껴졌던 문장을 직접 말하거나, 책을 통해 배운 점 소개 - 책을 읽고 난 이후 변화된 모습이나 실천한 행동, 입사 후에 미칠 영향 피력	- 읽은 책이 없다고 말하거나 기억이 안난다고 말함 - 책의 대략적 줄거리만 설명하고 교훈이나 느낀점에 대해 이야기 안함 - 읽지 않은 책을 읽었다고 거짓말
Q. 군 생활은 어디서 했나? 힘들지 않았나?	- 구체적인 군생활 부대명, 보직을 밝히고, 어려움을 극복한 사례 소개 - 당연한 의무라 힘든 것보다 보람 있던 사례 언급 - 군 생활의 경험이 경찰이 되었을 때 어떻게 도움이 될 수 있을지 어필	- '예', '아닙니다' 등 단답형으로 답함 - 힘들었던 이야기를 구구절절 소개 - 군대의 문제점에 대해 설명

제4절 직무상황제시 분야 기출문제 및 답변요령

- 경찰공무원으로서 직무에 임하는 자세, 공직적격성, 직무관련 지식을 검증하기 위해 어떤 상황을 가정하여 어떻게 할지 질문하거나, 결정 내리기 곤란한 딜레마 상황을 제시하고 의사결정을 하도록 압박하는 형태의 질문이 많음
- 실제로 경찰 업무를 수행하며 다양한 가치관이 충돌되는 상황이 많이 발생하며, 국민의 안전과 생명을 책임지는 경찰로서 올바른 가치관과 신속한 상황판단능력, 논리적 사고력, 민원인을 대하는 의사소통능력은 매우 중요함
- 딜레마 상황에서 하나를 선택하면 선택하지 않는 것에 대해 압박질문이 이루어지고, 면접관이 기대한 답변과 상반될 경우 꼬리질문이 이어짐
- A를 선택했을 때와 B를 선택했을 때 일어날 수 있는 상황과 결과에 대해 둘 다 설명하고, 어떤 것이 더 국민의 안전과 생명, 권익, 법규 등에 있어서 우위에 있는지 파악하고 답변 할 것
- 공직윤리, 공직가치, 공무원 헌장, 행동강령, 법령 등을 사전에 숙지 할 것

> **참고** **PREP 스피치 기법 활용하기**
>
> - PREP 스피치 기법은 '처칠식 말하기 기법'이라고도 하는데, 영국 수상인 처칠이 대중 연설을 할 때 사용한 방법으로 상대방을 설득시키는데 가장 효과적인 말하기 기술로 알려져 있다.
> - 자신의 생각이나 의견을 묻는 질문이나 어떤 특정 상황에서 의사결정을 내려야 할 때 활용하면 좋은 방법이다.(상황제시형 개별면접, 발표식 or 토론식 집단면접에 활용)
>
> ## PREP 스피치 기법
>
> | 단계 | 내용 |
> |---|---|
> | Point | • 결론부터 두괄식으로
• 핵심 메시지 전달 |
> | Reason | • 답변의 이유
• 주관적으로 생각하는 근거 |
> | Example | • 이유를 뒷받침 할 수 있는 객관적 근거
• 통계수치, 관련기사, 경험사례 등 데이터 |
> | Point | • 한번 더 요점을 각인, 감동주기 |
>
> - Point : 자신의 견해를 두괄식으로, 핵심이 되는 메시지를 전달하여 면접관의 관심을 이끌어 낸다. 끝까지 들어야 주장을 알게 하는 미괄식은 면접에선 금물이다.
> - Reason : 자신이 왜 그렇게 생각하는지에 대한 이유를 설명하는 단계이다. '왜냐하면', '그렇게 생각하는 이유는' 등으로 시작하여 개인적 견해를 밝힌다.
> - Example : 자신의 주장을 뒷받침 해줄 수 있는 객관적인 통계수치, 관련기사, 경험, 지식 등의 근거를 제시하여 설득력을 높인다.
> - Point : 앞서 언급한 견해를 각인시킨다는 의미로 한번 더 요약해서 답변하고, 진중한 자세와 마음가짐 등을 어필하며 마무리 한다.
> - ※ But : 양자택일의 딜레마 상황질문이나 찬성-반대 질문의 경우에 자신의 의견과 상반된 견해에 대해서도 추가 설명을 덧붙여서 다양한 시각을 갖추고 있음을 보여주고 싶을 때 활용

Q1. 본인과 직속 상사만이 인지하게 된 비리 사건에 대해 상사는 이 사건을 외부에 유출할 경우 지역사회뿐만 아니라 조직에도 악영향을 줄 수 있으니 함구하라는 지시를 내렸다. 본인이라면 상사의 지시를 따르겠는가? 아니면 외부에 알리겠는가?

- <u>의도</u> : 지원자의 공직윤리, 복종의 의무에 대한 한계점, 불법·불의와 싸워 이기고 거짓과 위선 없이 공명정대하게 의사결정을 할 수 있는 능력 평가
- <u>포인트</u> : PREP기법에 따라 어떤 선택을 할 것인지 두괄식으로 말하고, 딜레마 상황에서 상사의 지시를 따를 경우 발생할 문제의 장단점, 따르지 않을 때 발생할 문제의 장단점을 구체적으로 설명하고, 어느 쪽이 더 공익을 위하고 윤리적인가를 파악하여 하나를 선택하여 답변

- <u>답변예시</u> : 저는 사실을 고지해야 한다고 생각합니다. 실제 이런 상황이 생기면 결정하는 데 어려울 거 같습니다. 만일 상사가 함구하라면 그렇게 지시한 타당한 이유가 있을 거라고 생각하고, 지역사회나 조직에 위해나 불안을 조성하지 않을 테고, 상사와의 관계도 원만하겠지만, 추후 더 큰 문제나 혼란에 빠질 수 있고 나중에 이 사실을 알고도 묵과한 것이 문제가 될 수 있습니다. 물론, 공무원의 복종의 의무를 어기고 외부에 고지하게 된다면, 저는 의무를 다할 수 있으나 상사와는 불편해질 수 있고, 만일 사실 관계를 파악하지 않고 판단했을 경우 혼란을 일으켰다는 질책을 받을 수 있습니다.

그럼에도 불구하고, 저는 이 사실을 고지해야 한다고 생각합니다. 가장 중요한 것은 국민의 생명과 안전을 지키는 것이고, 고지하지 않았을 시 더 큰 피해가 발생될 수 있으므로 상사분과 논의하여 고지하도록 하겠습니다.

참고 ▾ 직무상황제시형 최다기출문제

- 딜레마상황에서 최종의사결정도 중요하지만, 의사결정과정도 중요하다.
- 의사결정과정은 상황인지- 판단- 판단의 근거제시- 최종의사결정으로 이루어지는데, 논리적이고 합리적으로 상황을 판단하는 능력을 보여줘야 설득력이 드러난다는 것을 명심하자.
- 어떤 선택을 해도 그 이유가 명확하면 설득할 수 있고, 좋은 평가를 받을 수 있다.

1) 상사가 부당한 지시를 내린다면 어떻게 하겠습니까?
2) 본인 직속 상사의 비리를 목격한다면 어떻게 하겠습니까?
3) 악성 민원인을 만났을 때 본인만의 대처법은 무엇입니까?
4) 상사 두 명의 지시가 중첩된다면 어떤 지시를 따르겠습니까?
5) 계속해서 본인에게만 과중한 업무가 맡겨진다면 어떻게 할 것입니까?
6) 계속해서 상사가 허드렛일만 시킨다면 어떻게 하겠습니까?
7) 전임자의 실수를 본인에게 책임을 따져 묻는다면?
8) 중요한 사적인 약속과 야근이 겹치는 상황이라면?
9) 동료의 업무실수로 계속해서 민원이 발생된다면 어떻게 할 것인가?
10) 우리 부서와 타 부서의 일이 충돌되는 상황이라면?
11) 민원인이 업무처리가 늦다고 화를 내면 어떻게 하겠는가?
12) 민원인이 법령에 위반됨을 알면서도 막무가내로 따지고 조치를 취해달라고 요구하면 어떻게 대처할 것인가?
13) 본인보다 나이가 적은 상사를 만나게 된다면?
14) 상사와 성격이 전혀 다르다면 어떻게 할 것인가?
15) 조직에서 이유 없이 왕따를 당하게 되면 어떻게 해결 할 것인가?
16) 회식하고 귀가했는데 긴급출동 하라는 명령 떨어진다면 어떻게 할 것인가?
17) 워라벨(work- life balance) 일과 가정 중 무엇이 더 중요 한가?
18) 회식 중 직장상사의 성추행 장면 목격 한다면 대처방법은?
19) 성추행 피해 동료가 재판에서 증인신청을 하는데 증인신청을 응해줄 것인가?
20) 민원업무 약속했는데 집에 다급한 일이 생겼다면 어떻게 하겠는가?

Q2. 민원인이 업무처리 늦다고 화를 내면 어떻게 하겠는가?

- <u>의도</u> : 스트레스감내성, 의사소통능력, 상황대처능력 파악
- <u>포인트</u> : 너무 창의적인 답변을 하려고 하지 말고 보다 상식적인 차원에서 답변을 하는 것이 좋음. 민원인과의 업무는 스트레스가 많고, 감정적 소모가 크기 때문에 매뉴얼대로만 임하는 경향이 있다. 무엇보다 민원인의 이야기를 경청하고 늦어진 부분에 대해 감정을 최대한 절제하며 사과하고 성의껏 업무를 완수하려는 적극적 자세를 보여주는 것이 좋음

- <u>답변예시</u> : 먼저 민원처리가 늦어진 것이 사실이라면 기다리게 해서 죄송하다고 진심으로 사과의 말씀을 드리고, 늦어진 이유에 대해서 민원인이 이해할 수 있도록 상세하게 설명을 드리겠습니다. 민원인이 하나의 이유로 화를 내지는 않았을 것이기 때문에, 업무 절차상 어느 부분에서 불만을 가지게 되었는지 파악하여, 제가 해결 할 수 것은 바로 해결해드리고, 만약 그렇지 않다면 좀 더 자세히 알아보고 추후 연락을 드리도록 하겠습니다. 민원업무 처리에 있어서 가장 중요한 것은 신뢰라고 생각합니다. 민원인이 경찰공무원을 신뢰할 수 있도록 최선을 다할 것이며, 빈번하게 발생하는 민원업무 지연에 대해 검토하여 수정하도록 하겠습니다.

> **참고** ▼ **불만 고객(민원인) 응대 프로세스8단계(대인관계능력)**
> 1. 경청 : 민원인의 불만을 끊지 않고 적극적으로 듣는 자세와 태도
> 2. 감사와 공감표시 : 직접 불만을 의사표현 해준 것에 대해 감사하고 민원인의 감정을 공감
> 3. 사과 : 잘못된 부분에 대해서 진심으로 사과
> 4. 해결약속 : 지적한 문제를 반드시 해결하겠다는 의지 표명과 약속
> 5. 정보파악 : 업무처리 절차상의 문제점에 대한 정보 취합과 면밀한 검토
> 6. 신속처리 : 신속하게 문제를 처리하는 적극행정 자세
> 7. 처리확인, 사과 : 민원인에게 처리되었음을 고지하고 한번 더 사과
> 8. 피드백 : 추후 민원인의 만족도를 점검하고 모니터링, 재발방지방안 마련

Q3. 업무상 상사의 부정 또는 비위 사실을 알게 되었을 때 어떻게 하겠나?

- <u>의도</u> : 지원자의 윤리의식 파악, 의사소통능력, 문제해결능력
- <u>포인트</u> : 먼저 사실 유무와 규정 상 비위에 해당하는지 파악하고, 묵인할 경우 발생할 문제점에 대해 설명한 후 상사에게 자수를 먼저 권하는 것이 우선되어야 함.
  상사의 부정은 조직의 이미지에 치명적일 수밖에 없다. 따라서 많은 조직들이 자체 윤리

강령을 제정하고 내부에 행동강령책임관제도를 운영하고 있다. 또한 동료나 상사의 부정행위를 제보할 수 있는 경로를 만들어 놓고 있다. 이러한 질문에 당당하게 조직이 정한 윤리규범의 위반 여부를 확인하고 내규와 절차에 따라 제보를 하겠다고 대답하는 것이 현명함.

무조건 신고하겠다는 답변보다는 위반 여부 확인, 매뉴얼 준수 여부 확인 후 상담하고 상사에게 자수를 권하고 적절한 조치

- 답변예시 : 경찰은 법집행자로서 어떤 직업보다 높은 도덕성과 청렴성을 갖춰야 한다고 생각합니다. 대부분의 경찰은 묵묵히 원칙을 지키고 국가와 국민을 위해 헌신하고 있기에 이런 일은 거의 발생하지 않는다고 생각합니다. 하지만 이런 일이 발생한다면 먼저 신중하게 상황을 살펴보고 위법한 행위가 확실하다면 제가 알고 있다는 것을 상사분께 말씀드리고 적극적으로 자수를 권하겠습니다. 그래도 해결되지 않는다면 더 윗선의 상사나 행동강령책임관(청문감사관)에게 알리고 원칙과 절차에 따라 해결하도록 하겠습니다.

> **참고 ▼ 경찰직무상 절대 해서는 안 되는 행위**
>
> 1. 부조리행위, 일탈행위 : 금품수수, 향응수수, 청탁, 불공정 업무처리, 음주운전, 성범죄, 성매매, 부적절한 이성교제, 허위보고, 보고지연 등
> 2. 인권침해, 가혹행위 : 민원인 또는 사건당사자에 대한 폭행, 욕설, 불친절, 심야조사 등
> 3. 변칙적, 편법적 업무처리 : 문제의 허위, 과장, 축소보고, 늑장 대응, 관할 미루기
> 4. 정보유출 : 단속 정보 누설, 수사상 기밀 누설

Q4. 상사가 규정에 어긋나지는 않지만 부당한 업무를 시킬 경우 어떻게 하겠는가?

- 의도 : 공무원의 의무 이해, 공직윤리, 의사소통능력
- 포인트 : 공무원은 상관의 직무상 명령에 대해 복종의 의무가 있다. 단 불법적인 것이거나 직무와 무관한 사적인 명령에 대해서는 복종할 필요가 없다. 간혹 부하직원에게는 부당하게 느껴지더라도 규정에 어긋나지 않으며, 본인이 수용할 수 있는 업무라면 따르는 것이 원칙이다. 단 상사가 어떤 사유로 이 업무를 시키는지 면밀히 검토하고 불법적인 부분이 있거나 국가와 국민에게 피해를 주고 양심의 가책을 느낄 부당한 지시라면 따를 수 없다는 점을 명확하게 알리는 것이 중요하다.

- 답변예시 : 먼저 상사의 지시가 부당한 지시에 해당한지를 파악한 후 위법한 지시가 아니라면 공무원에게는 '복종의 의무'가 있으므로 당연히 따라야 합니다. 상사에게 일의 취지나 목적에 대해 구체적으로 여쭤보고, 조직에 피해가 가는 일이 아니라면 지시사항을 따르겠습니다. 하지만, 상사의 지시내용이 법과 규정에 위배된다면 위법, 부당함을 설명하고 거부하겠습니다. 그럼에도 불구하고 계속 지시를 한다면 공무원은 법령을 준수해야 하므로 청문감사관(행동강령책임관)에게 상담하도록 하겠습니다. 무엇보다 중요한 것은 모든 공무원은 법령에 따라 공정하게 업무를 해야 하며 공무원행동강령을 준수해야 한다고 생각합니다.
- ※ 상사 비리여부 확인 : 상사가 비리를 저지르고 있는 경우 법령상 위법한 사항인지 판단하는 것이 우선
- ※ 해결하려는 적극적 태도 : 상사에게 비리의 위법성과 중단할 것을 요청하고, 그래도 비리를 중단하지 않는다면 한 번 더 요청하고, 비리를 중단하지 않을 시 상부에서 보고하고 적절한 조치가 이루어지도록 함

> **참고** ▼ **공무원행동강령 읽어보기**
>
> 공무원 행동강령 제2장 공정한 직무수행 제4조
> 공정한 직무수행을 해치는 지시에 대한 처리
> 공무원은 상급자가 자기나 타인의 부당한 이익을 위하여 공정한 직무수행을 현저하게 해치는 지시를 하였을 때에는 그 사유를 그 상급자에게 소명하고 그 지시에 따르지 않거나, 행동강령책임관과 상담할 수 있다.
> 같은 지시가 반복될 때에는 즉시 행동강령책임관과 상담하고, 소속기관의 장에게 보고, 적절한 조치 이행하여야 한다.

Q5. 상사와 본인 중에 한 명은 사무실에 근무를 해야 하는 상황에서 처음으로 부모님과 여행을 하기 위해 준비한 휴가기간과 상사의 휴가일정이 겹쳐졌다면 어떻게 하겠는가? 또는, 휴일 날 선약이 있는데 상사가 출근 지시를 한다면 어떻게 할 건가?

- 의도 : 경찰업무의 특수성 파악정도, 책임감, 주인의식 파악
- 포인트 : 일과 가정의 양립이 매우 중요하다. 근무시간에는 최선을 다해서 일하고 근무시간 이외에는 가정에 충실한 것이 옳다는 원칙을 먼저 언급하고, 그 지시가 당장 처리하지 않으면 공익을 저해하거나, 국민의 안전과 직결되는 사항일 경우 당연히 업무가 우선이기에 출근하겠다고 답변하는 것이 바람직

- 답변예시 : 휴가계획을 정할 때는 상사와 미리 상의하기 때문에 겹치는 일은 없을 것이라고 생각합니다만 부득이 겹치게 된다면 상사와 대화를 통해 이해를 구하겠습니다. 저는 부모님과 여행을 오래 전부터 계획해 왔고, 부모님이 연로하시어 적극적으로 상사의 이해를 구하겠습니다. 그러나 상사 역시 부득이한 상황이라면 대안으로 대체근무자를 지정하거나 외부에서도 업무를 처리할 수 있는 상황인지 대안을 마련해보겠습니다. 이 모든 것이 불가능하다면, 선공후사의 원칙에 따라 저의 휴가 일정을 연기하겠습니다.

> **참고** **일과 가정의 양립(Work Life Balance)**
> - 출산과 육아를 전담하기 위해 경력단절이 올 수 밖에 없는 사회구조적인 문제점 때문에 여성에게는 유리하고 남성에겐 불리한 제도로 생각하는데 그렇지 않다. 실제 가족이 행복해야 일터의 구성원도 안심하고 일을 할 수 있고 행복한 조직구성원이 탁월한 성과를 내고 조직경쟁력도 강화되는 것이다. 따라서 일과 가정의 양립은 남성과 여성 모두를 아우르는 개념으로 인식해야 한다.
> - 경찰업무는 타 직업들과 달리 예측할 수 없는 상태에서 갑자기 발생하는 경우가 많고 당장 해결하지 않으면 피해가 극대화되는 시급한 경우가 많다. 또한 언제 어떤 위험이 도사리고 있을지 모르는 위급한 경우가 비일비재하므로 일과 가정의 균형을 맞춘다는 것이 쉽지 않다.
> - 일과 가정은 수평적 개념이고 균형을 이루는 것이 중요하지만 의사결정의 순간이 올 때는 항상 공무가 우선임을 명심해야 한다.
> - 남녀고용평등과 일·가정 양립 지원에 관한 법률 (약칭 : 남녀고용평등법) 읽어볼 것

Q6. 근무하면서 자신이 실제 수행한 것보다 근무평정이 낮게 나와 승진이 늦어진다면 어떻게 할 것인가?

- 의도 : 조직공정성에 대한 지원자의 신뢰와 자세 파악
- 포인트 : 본인이 볼 때 잘한 것과 평가자가 볼 때 잘한 것은 다르다. 평가 결과가 기대수준보다 낮다고 불평불만을 표현하거나, 근무평정의 공정성을 의심하는 모습을 보여서는 안된다. 스스로 부족했던 점이 없었는가를 검토해보고, 앞으로 어떻게 하면 더 잘할 수 있을까를 고민하고 노력하는 모습, 그리고 평정점수를 받아들이는 신입으로서의 자세를 보여줄 것

- 답변예시 : 근무평정이 낮게 나왔다면 먼저 제가 업무를 성실히 수행하였는지 돌이켜 보고, 부족한 점은 무엇인지 분석하여 앞으로 어떻게 개선할지를 생각해 보겠습니다. 상사께서는 조직의 목표 달성을 위해 직원들에게 업무를 지시하고 실행 결과에 따라 공정하게 평가하셨을 거라 생각하고 겸허하게 받아들이겠습니다.(즉 상사의 입장에서 생각해 보는 것이 중요)

Q7. 인간성이 좋다는 평가와 일 잘한다는 평가 중 어느 것이 더 좋은가? (유사문항 : 본인이 상관이 되었을 때 인성 좋은 직원을 뽑겠는가? 아니면 업무능력이 탁월한 사람을 뽑겠는가?)

- 의도 : 조직생활에서 필수역량인 직무역량과 대인관계능력을 모두 갖추고 있는지, 둘의 조화를 이룰 수 있는지 파악하고자 함

- 포인트 : 업무수행을 위해서는 업무에 대한 해박한 지식과 전문성, 빠른 의사결정능력과 상황판단능력을 갖춰야 함과 동시에 동료와의 유대감과 소통능력, 분위기를 밝게 만드는 긍정적인 태도와 배려하는 자세 등을 두루 갖춰야 한다. 자신이 두 가지 모두 잘 갖추고 있다는 점을 피력하거나 갖추려고 노력한다는 점을 강조할 것

- 답변예시 : 저는 두 가지 모두 갖춘 사람으로 인정받고 싶습니다. 경찰로서 일을 잘한다는 것은 전문지식을 갖추고 법을 집행함에 있어 공정하게 처리한다는 뜻이고, 인간성이 좋다는 것은 주변 사람들을 배려하고, 국민에게 봉사와 희생을 하며 친절하다는 뜻이라 생각합니다. 경찰은 전문적인 업무처리 능력도 필요하지만, 다양한 민원인과 대면해서 문제를 해결해야 하는 직업이기 때문에 대인관계능력 또한 매우 중요하기 때문입니다.

> **참고** 당신은 누구와 함께 일하고 싶은가?
>
> - 대부분의 사람은 자신에 대한 평가는 관대하고, 타인에 대한 평가는 냉철한 경향이 있다. 스스로가 좋은 사람이라고 생각하고, 주변인들도 나와 함께 일하고 싶어할 거라고 기대하지만 실제 상대방은 절대로 같이 일하고 싶지 않을 수도 있다는 것을 인지해야 한다.
> - 자신이 '함께 일하고 싶은 사람'의 특성을 갖추고 있는 지 살펴보자.
>
> | 함께 일하고 싶은 상사/동료 | 절대 같이 일하고 싶지 않은 상사/동료 |
> |---|---|
> | - 업무전반에 대해 해박한 지식을 갖춘 전문가
- 타인의 의견을 적극적으로 경청하는 사람
- 실수 했을 때 자신의 잘못은 바로 시인하는 사람
- 긍정적인 마인드를 갖춘 사람
- 주변인에 대해 관심과 배려를 가진 사람
- 책임과 권한을 함께 짊어지는 사람
- 공과 사가 분명한 사람
- 조직 분위기를 밝게 만드는 사람
- 행동으로 옮기는 실천력을 갖춘 사람
- 명확한 업무지시를 하는 사람 | - 업무 지시가 일관성이 없는 사람
- 전문성이 떨어지는 사람
- 권위적인 사람
- 타인의 실적을 가로채는 사람
- 업무를 떠넘기는 사람
- 책임지지 않는 사람
- 갑질을 하거나 직장내 괴롭힘을 행하는 사람
- 자신의 배경을 거들먹거리는 사람
- 실수가 잦아서 일의 진행이 더딘 사람
- 말로만 하고 행동하지 않는 사람
- 공과 사 구분이 안되는 사람
- 매사에 불평불만인 사람 |

Q8. 범죄예방이 중요한가? 아니면 공공서비스가 중요한가?

- <u>의도</u> : 경찰 직무에 대해 숙지하고 있는가와 업무의 중요도에 대한 이해 수준 파악
- <u>포인트</u> : 경찰의 다양한 업무 모두 중요하다는 점을 언급하고 둘 중에 더 중요하다고 생각하는 것을 말하고, 그 이유에 대해 근거를 제시한다. 이후 다른 업무에 대해서도 중요성을 부여한다.(PREP- But기법 활용)

- <u>답변예시</u> : 범죄예방과 공공서비스는 경찰의 기본 업무로 모두 중요하지만, 저는 범죄예방이 더 중요하다 생각합니다. 우리 경찰의 비전은 '가장 안전한 나라, 존경과 사랑받는 경찰'입니다. 가장 안전한 나라를 위해서는 범죄로 인한 인명과 재산 피해를 막는 것이 우선되어야 하기 때문입니다. 하지만 경찰은 공공을 위한 서비스를 제공하는 직업으로 범죄예방, 치안유지, 국민의 생명보호라는 큰 줄기로 본다면 둘 다 중요한 업무라고 볼 수 있습니다.

> **참고** 경찰관 직무집행법을 통해 경찰의 직무 알아보기

☞ 경찰관 직무집행법을 통해 경찰의 직무 알아보기

경찰관 직무집행법 제 2조 : 직무의 범위
[시행 2021. 10. 19.] [법률 제18488호, 2021. 10. 19., 일부개정]

제1조(목적) ① 이 법은 국민의 자유와 권리 및 모든 개인이 가지는 불가침의 기본적 인권을 보호하고 사회공공의 질서를 유지하기 위한 경찰관(경찰공무원만 해당한다. 이하 같다)의 직무 수행에 필요한 사항을 규정함을 목적으로 한다.〈개정 2020. 12. 22.〉
② 이 법에 규정된 경찰관의 직권은 그 직무 수행에 필요한 최소한도에서 행사되어야 하며 남용되어서는 아니 된다.
제2조(직무의 범위) 경찰관은 다음 각 호의 직무를 수행한다.〈개정 2018. 4. 17., 2020. 12. 22.〉
 1. 국민의 생명·신체 및 재산의 보호
 2. 범죄의 예방·진압 및 수사
2의2. 범죄피해자 보호
 3. 경비, 주요 인사(人士) 경호 및 대간첩·대테러 작전 수행
 4. 공공안녕에 대한 위험의 예방과 대응을 위한 정보의 수집·작성 및 배포
 5. 교통 단속과 교통 위해(危害)의 방지
 6. 외국 정부기관 및 국제기구와의 국제협력
 7. 그 밖에 공공의 안녕과 질서 유지
[전문개정 2014. 5. 20.]

Q9. 공무원들이 비리에 연관되거나 부패하는 이유가 무엇이라고 생각하는가?

- 의도 : 공직자로서의 자세 및 공무원 조직에 대한 이해도 파악
- 포인트 : 본인의 소신에 맞게 명확하게 답변하되, 공무원의 명예를 실추하지 않는 범위에서 표현하는 것이 중요하다. 대부분의 공무원은 국민의 세금으로 보수를 받고 공공의 업무를 처리하는 국민의 '공복'으로서 국가와 국민을 위해 희생하고 봉사하는 심부름꾼으로 맡은 바 소임을 하고 있다. 따라서 공무원을 비리와 부패한 집단으로 인식하고 있다는 뉘앙스를 보이면 절대 안된다. 내부·외부의 압력과 유혹에도 타협하지 않고 원칙을 바로 세워야 한다는 점을 강조하는 것이 좋다.

- 답변예시 : 대부분의 공무원은 공복으로 맡은 바 소임을 묵묵히 하고 있기에 공무원들이 비리에 연관되거나 부패되어 있다는 의견에는 동의하지 않습니다.

  간혹 대민서비스를 하다보면 각종 이권과 밀접할 수 있고, 조직의 내부와 외부에서 끊임없는 압력이 있거나 유혹이 있을 수도 있다고 생각합니다. 일부 부도덕한 공무원이 비리에 연루되는 경우가 있다고 생각하며, 공무원은 일반인보다 훨씬 높은 도덕적 수준을 요구하기에 일반 기업에서도 발생할 수 있는 비위사건이지만 공무원이 연관된 사건에 대해서는 국민들이 더 분노하고 공무원에 대한 이미지가 나빠질 수 생각합니다.

  공무원의 비리를 근절하기 위해서는 공무원 개인의 도덕성 함양과 청렴을 실천하는 것도 중요하며, 공직윤리가 바로 설 수 있는 제도적 개선이 필요하다고 생각합니다.

> **참고** **우리나라 공무원 정원은 몇 명일까?**
>
> 출처 : 정부조직관리시스템(2020.12.31. 기준)
> 공무원 정원 : 총 1,131,796명(입법부, 사법부, 헌법재판소, 선거관리위원회 포함)
> 경찰직 : 137,455명(행정부의 12.4%)
>
>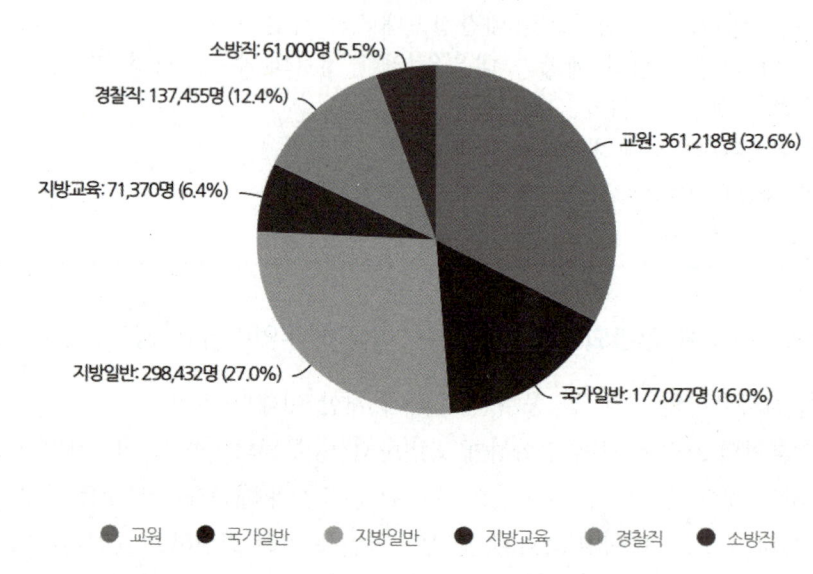

Q10. 공무원의 6대 의무에 대해서 아는가?

(유사문항 : 공무원의 6대 의무 중 무엇이 가장 중요하다고 생각하는가?)

- 의도 : 공무원으로서 의무 숙지와 정신자세 파악

- 포인트 : 6대 의무를 언급하고, 그 중에서 경찰공무원으로서 가장 중요하다고 생각하는 하나의 의무를 말하고 그 이유에 대해 반드시 설명할 것. 본인이 공무원으로서 의무를 다하기 위해 평소에 어떤 노력을 해왔는지 사례를 들어 설명하는 것이 좋다.

> **참고 ▼ 공무원의 6대 의무**
>
> 성실(법령을 준수하여 직무를 성실히 수행)
> 복종(상관의 직무상 명령에 복종)
> 친절공정(국민 전체의 봉사자로서 친절하고 공정하게 집무)
> 비밀엄수(재직 중은 물론 퇴직 후에도 직무상 알게 된 비밀을 엄수)
> 청렴(사례 또는 향응을 수수할 수 없으며, 직무상의 관계 여하를 불문하고 그 소속 상관에게 증여하거나 소속 공무원으로부터 증여를 받아서는 안 된다)
> 품위유지(직무 내외를 불문하고 그 품위를 손상하는 행위를 하여서는 안 된다.)
> * 8대 의무(선서의 의무, 종교 중립의 의무)
> * 10대 의무(직장이탈 금지 의무, 영리업무 및 겸직 금지, 정치 운동 금지, 집단행위 금지)
> - 직장이탈 금지 의무 : 소속 상관의 허가 또는 정당한 사유가 없으면 직장을 이탈하지 못한다.
> - 영리업무 및 겸직 금지 : 공무 외에 영리를 목적으로 하는 업무에 종사하지 못하며 소속 기관장의 허가 없이 다른 직무를 겸할 수 없다
> - 정치운동 금지 : 정당이나 그 밖의 정치단체의 결성에 관여하거나 이에 가입할 수 없다.
> - 집단행위 금지 : 노동운동이나 그 밖에 공무 외의 일을 위한 집단 행위를 하여서는 안된다.

Q11. 공직사회의 갑질 문제에 대한 본인의 생각은 어떠한가?

- 의도 : 공직윤리, 갑질에 대한 이해도 파악
- 포인트 : 갑질에 대한 심각성 이해와 원인이 무엇인지 파악하고 개선책에 대해 본인의 생각과 국가의 정책 등을 답변하는 것이 바람직함

- 답변예시 : 한 기사에서 최근 1년간 갑질을 당했었다는 응답이 39.3%, 갑질을 해본 경험이 있다는 응답이 5.7%로 갑질은 심각한 사회문제로 대두되고 있습니다. 갑질은 권위주의 문화와 직장 내 상하관계가 원인이라고 생각합니다. 우월적 지위를 남용하여 상대에게 행하는 부당한 강요나 폭언, 횡포 등이 있는 조직문화는 개선되어야 하며, 이러한 갑질 문제는 예방정책이 중요하며, 사회전반에 걸친 갑을 구분이 없는 상생관계를 구축해야 된다고 생각됩니다.

> **참고** ▸ 갑질에 대해 알아보기

1. **갑질의 정의** : 사회・경제적 관계에서 상대방(乙)보다 우월적 지위에 있는 갑(甲)이 권한을 남용하여 을에게 행하는 부당한 요구나 처우
   - 위법 또는 재량권 일탈・남용에 해당하는 행위
   - 적법 또는 재량권 내의 행위라도 인격적 모멸감을 유발하는 경우에도 갑질에 해당

2. **갑질 중 법 위반 사항에 대한 대응**
   - 신고・제보에 조사 결과 직권 남용, 뇌물 수수 등 범죄 소지가 있다고 판단되는 경우 적극적으로 수사 의뢰
   - 조사 결과 뇌물 수수, 폭행 등 형법 위반에 해당함이 명백한 경우 반드시 형사 고발
   - 갑질 행위자의 관리자・상급자가 갑질을 은폐하거나 피해자 보호를 소홀히 한 경우 등에는 '성실 의무 위반'으로 징계

3. **직장 내 괴롭힘 판단기준**
   - 지위 또는 관계우위를 이용하였는가?
   - 업무상 적정 범위를 넘는 업무지시를 하였는가?
   - 신체적/정신적 고통을 주거나 근무환경을 악화시켰는가?
   - 행위장소 : 사내뿐 아니라, 외근, 출장지 등 업무수행이 이루어지는 곳, 회식, 행사, 사적공간, 사내 메신저, SNS 온라인상 공간 포함

4. 업무상 상하관계가 아니더라도, 관계의 우위로 볼 수 있는 다양한 요소들을 파악하여 집단 내 괴롭힘 여부를 판단함

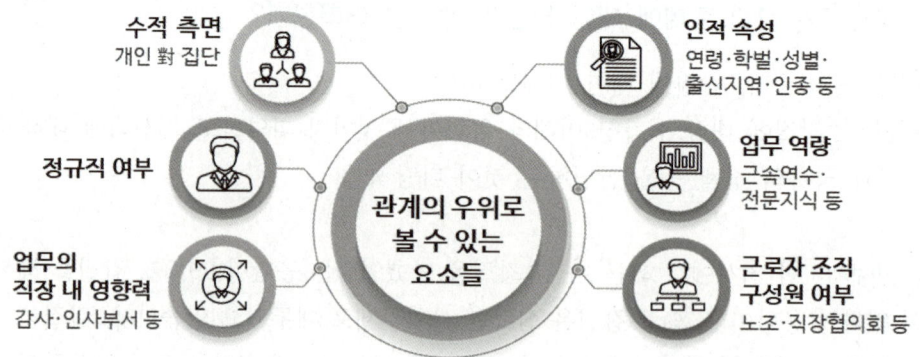

Q12. 회식 중 함께 근무하는 동료 경찰이 상사로부터 성희롱(성추행, 성폭력)을 당하는 것을 목격했다면 어떻게 하겠는가?

- **의도** : 성인지감수성과 성희롱에 대한 개념을 이해하고 대처방안을 잘 알고 있는지 파악하려는 의도

- **포인트** : 성희롱 피해자 보호가 항상 우선임을 명심하고, 행위자의 성적 언동을 못 본 척하지 않는 것이 중요함. 피해자의 의사를 먼저 파악하고 원할 경우 피해자가 거부 의사를 밝히고 불쾌감을 표현할 수 있도록 독려한다.
  추후 신고를 할 경우 증인으로서 도움을 주는 적극적인 태도가 바람직. 피해자와 가해자를 분리할 수 있도록 하고, 피해자가 전문적인 도움을 받을 수 있도록 안내함

- **답변예시** : 네. 답변 드리겠습니다. 실제 이런 일이 발생한다면 피해자 보호가 우선이라고 생각합니다. 먼저 동료 경찰의 의사가 중요하기 때문에 괜찮은지 물어보고, 명백한 성희롱(성추행)이라고 생각하면 상사에게 거부의사를 밝힐 수 있도록 독려하겠습니다. 그리고 상사님이 진심으로 사과할 수 있는 기회를 드리겠습니다. 추후 동료가 고소를 원할 경우에는 증인이 되어주고, 상담이나 의료, 법률지원 등 관계기관에 연계해주어 피해자의 빠른 회복을 위해 적극적으로 돕겠습니다.

> **참고** ▼ **직장 내 성희롱에 대해 알아보기**
>
> 1. **성희롱의 정의** : 직장 내에서 지위와 직위를 이용하여 업무와 관련된 상황에서 성적 언동으로 성적 굴욕감 또는 혐오감을 주고 불응 시 인사상 불이익을 주겠다는 의사표시를 하는 행위
>
> 2. **성희롱의 종류**
>   - 언어적 성희롱 : 야한 농담, 성적비하 발언, 부적절한 관계요구
>   - 시각적 성희롱 : 외설적 사진, 낙서, 그림, 출판물 보여주거나 전송
>   - 육체적 성희롱 : 스킨십, 안마, 원치 않는 신체접촉
>
> 3. **아동 청소년 성보호에 관한 법률(2020.6.2.개정 : N번방사건 관련법률)**
>   - 벌금형이 사라지고 모두 징역형으로 개정
>   - 영리목적으로 배포, 판매 및 광고, 소개할 경우 5년이상 징역
>   - 영리목적이 아닌 배포, 판매 및 광고, 소개할 경우 3년이상 징역
>   - 구입, 소지. 시청 등 1년이상 징역(취업제한)
>   - 아동 청소년 강간 강제추행 등 예비, 음모의 경우 3년이하 징역

Q13. 음주운전에 적발된 사람을 상사가 풀어주라고 한다면 어떻게 하겠는가?

- 포인트 : 먼저 음주측정 수치를 확인하고, 풀어줘야 하는 이유에 대해 상사에게 여쭤보고 합당하다면 상사의 지시에 따름. 음주운전자가 급한 일이 있을 경우에 사고 예방을 위해 대리운전을 이용하도록 조치하거나 직접 데려다 주도록 조치하겠다고 답변 무난

Q14. 음주운전 단속 중에 지인 또는 가족이 걸렸다면?

- 포인트 : 법 적용은 누구에게나 평등하고 공정해야 함을 강조. 경찰 개인의 이익이나, 혈연 등을 이용하여 범법행위를 눈감아 준다면, 전체적인 법질서에 혼란을 초래하게 된다는 점을 설명하고, 지인 또는 가족이라고 하더라도 공평하게 법적용을 할 것이라는 점을 재차 강조할 것.
(본인이 경찰임에도 지인과 가족에게 평소에 음주운전의 위법성을 제대로 알리지 못한 점에 대해서 아쉬워하는 모습을 보여줘도 무난함)

Q15. 오토바이 음주운전 단속에 적발된 사람의 면허를 모두 취소해야 하는가? 아니면 2종 소형면허만 취소해야 하는가?

- 포인트 : 실제 사례를 들어 설명하고, 모두 취소하는 게 적법하다는 점을 강조할 것. 음주운전으로 인한 교통사고 증가와 결과의 참혹성 등을 고려했을 때 음주운전으로 인한 교통사고 방지 등 공익상의 필요가 더 중요함

> **참고 ▼ 오토바이 음주운전 면허 취소 사례**
>
> - 지방운전주사보로 근무하던 황○○씨가 오토바이 음주운전 단속, 혈중알콜농도 0.14(면허취소기준)로 경기남부청은 오토바이 면허뿐만 아니라, 1종 대형, 특수면허 모두 취소하여, 면허취소처분 취소소송을 함
> - 결과 : 1심 황○○씨 패소- 2심 황○○씨 승소- 대법원 황○○씨 패소(2018.2월 판례)
> - '운전면허의 취소에서는 일반적인 수익적 행정행위의 취소와는 달리 그 취소로 인해 입게 될 당사자의 불이익보다는 이를 방지하는 일반 예방적 측면이 강조되어야 한다'는 취지

Q16. 가정폭력, 데이트 폭력 신고 접수 후 출동했는데, 당사자들이 별일 아니라고 가라고 한다면 어떻게 해야 하는가?

- 포인트 : 출동 시 폭행의 흔적이 있는지 정황을 면밀히 살피고, 격리 후에 당사자 조사와 주변 탐문수사를 하는 것이 중요함. 가정폭력과 데이트 폭력은 일반적인 폭행사건보다 심각함(관계에 의한 지속성과 은폐가능성 잠재)

Q17. 가정폭력 신고 접수 후 출동했는데, 문을 열어주지 않는다면 어떻게 할 것인가?

- 포인트 : 가정폭력범죄의 처벌 등에 관한 특례법 제5조(가정폭력범죄에 대한 응급조치)에 따라 조치
  1. 폭력행위의 제지, 가정폭력행위자·피해자의 분리 및 범죄수사
  2. 피해자를 가정폭력 관련 상담소 또는 보호시설로 인도(피해자가 동의한 경우만 해당한다)
  3. 긴급치료가 필요한 피해자를 의료기관으로 인도
  4. 폭력행위 재발 시 제8조에 따라 임시조치를 신청할 수 있음을 통보

Q18. 슈퍼에서 1,000원짜리 물건을 훔친 아이를 주인이 신고하려고 데리고 왔다면 어떻게 처리할 것인가?

- 포인트 : 주인이 아이의 잘못된 버릇을 바로 잡아주기 위해 교육적 목적으로 데려온 건지, 실제로 처벌을 원하는 상황인지 의사를 먼저 확인할 필요가 있음. 교육적 목적이라면 슈퍼 주인에게 감사를 표하고, 아이를 개도한 후 훈방조치 하고, 처벌을 원한다면 아이의 부모님께 연락하여 합의하도록 주선함. 그래도 처벌을 원할 경우에는 원칙대로 법 집행 절차를 진행하겠다고 순차적으로 답변(개도와 처벌 중 어떤 것을 원하는지를 선 파악 후 처리)

Q19. 할머니가 길을 찾아줘서 고맙다고 음료수 한 박스를 준다면 어떻게 할 것인가?

- 포인트 : 먼저 할머니의 마음에 감사함을 표시하고 정중히 거절함. 힘들게 경찰서를 찾아오신 할머니께 역으로 음료수를 대접하겠다는 답변도 무난
어쩔 수 없이 받게 될 경우는 포돌이 양심방에 반납함. 익명의 제공자에게 받았을 경우 일정공고기간이 지나면 복지시설에 기부한다는 점을 언급하며 경찰의 청렴성을 강조

Q20. 범인을 체포하는 도중 본인 때문에 용의자가 상해를 입은 경우 어떻게 하겠는가?

- 포인트 : 먼저 이런 일이 발생하지 않도록 최대한 조심하겠다. 그럼에도 발생했다면 용의자에게 범죄사실의 요지와 체포 이유에 대해 고지하고, 용의자를 안심시켜서 경찰서로 데려오겠다. 도주하려거나 위해가 될 행동을 한다면 공무집행방해와 현행범으로 체포해야지만, 범인도 경찰이 보호해야 할 국민이므로 상해를 입힌 것에 대해 진심으로 사과를 하겠다고 답변

Q21. 교통사고 사망자 발생 신고랑 화재신고가 왔을 때 어디부터 갈 것인가?

- 포인트 : 주변의 순찰차량과 동료들이 가장 빠르게 갈 수 있는 곳에 먼저 가야 함. 만일 혼자 선택해야 하는 상황일 경우 화재신고 쪽으로 먼저 가겠다. 한명이라도 더 구할 수 있는 가능성이 있는 쪽을 선택하겠다는 의지 보여줄 것
  (화재신고는 119에 하고, 교통사고 신고에 간다는 답변은 매우 흔함)

Q22. 80대 폐지 줍는 할머니가 남의 물건 훔쳐서 절도죄 현행범으로 체포됐다. 어떻게 처리하겠는가?

- 포인트 : 할머니께서 남의 물건인지 알고 훔친 건지, 모르고 가져간 건지 확인. 모르고 가져갔을 경우 피해자에게 알리고, 처벌을 원하는지 또는 경고의 목적인지를 먼저 확인. 할머니에게 경고를 할 목적이면 가져간 행동은 범죄가 될 수 있다고 충분한 교육과 경고를 하고 귀가조치 함. 피해자가 처벌을 원하면 피의자로서 적법절차에 의해 조사 실시함. 절도죄(6년 이하, 1천만원 이하), 점유이탈물횡령죄(1년 이하, 300만원 이하)

> **참고 ▼ 형사소송법 제211조 현행범인과 준현행범인 알아보기**
>
> 제211조(현행범인과 준현행범인) ① 범죄의 실행 중이거나 실행의 즉후인 자를 현행범인이라 한다.
> ② 다음 각 호의 1에 해당하는 자는 현행범인으로 간주한다.
> 1. 범인으로 호창되어 추적되고 있는 때
> 2. 장물이나 범죄에 사용되었다고 인정함에 충분한 흉기 기타의 물건을 소지하고 있는 때
> 3. 신체 또는 의복류에 현저한 증적이 있는 때
> 4. 누구임을 물음에 대하여 도망하려 하는 때
>
> 제212조(현행범인의 체포) 현행범인은 누구든지 영장없이 체포할 수 있다.
> 제214조(경미사건과 현행범인의 체포) 다액 50만원 이하의 벌금, 구류 또는 과료에 해당하는 죄의 현행범인에 대하여는 범인의 주거가 분명하지 아니한 때에 한하여 제212조 내지 제213조의 규정을 적용한다. 〈개정 1973. 1. 25., 1980. 12. 18., 1995. 12. 29.〉

제5절 상황제시 분야 기출문제 Dos and Don'ts

질문	Dos	Don'ts
Q. 상사 또는 동료와 의견이 다르면 어떻게 하겠는가?	- 타인과의 의견은 반드시 일치할 수는 없으며 다름을 인정하는 태도 - 의견이 대립하게 된 이유와 원인에 대해 문제점 파악 - 충분한 대화를 통해 해결책을 모색하고 의사결정 이후에는 반드시 따르고 행동	- 상사 또는 동료의 의견을 무조건 따름 - 타인과 별로 마찰이나 대립한 적 없다고 말함 - 자신의 의견이 옳다는 것을 강하게 주장
Q. 상사가 나보다 나이가 어리다면 어떻게 하겠는가?	- 공무원조직(관료제조직)에서는 상명하복과 팀워크가 중요 - 나이가 많고 적음은 문제가 되지 않음 - 먼저 임용된 상사이기에 많은 지식과 노하우가 있을 것이므로 배우는 자세로 임함	- 조금 불편할 것 같다는 의사표현 - 연륜도 무시 못하므로 상사에게 필요할 경우 가르침을 주겠다
Q. 평소에 사이가 안 좋은 사람과 한 팀이 되어 일하게 된다면?	- 사이가 안 좋더라도 한 팀이 된 이상 팀워크가 가장 중요하므로 관계개선을 위해 노력 - 서로 허심탄회하게 대화를 나누는 시간을 가지고 오해가 있었던 부분에 대해 풀겠다 - 먼저 다가가서 상대를 배려하고 이해하려는 노력	- 무조건 사이좋게 지내도록 노력하겠다 - 업무에만 집중하겠다 - 팀워크가 이루어지기 어렵기 때문에 팀을 변경해달라고 요청하겠다
Q. 본인이 감당하기 어려운 능력(역량) 이상의 업무를 맡게 된다면?	- 능력이상의 업무를 본인에게 준다는 것은 본인의 능력을 인정해주는 것일 수도 있음 - 못한다고 미리 말하는 것보다는 업무를 수행하기 위해 여러가지 자료를 찾고 자문과 도움을 받아서 완수할 수 있도록 맡은 바 책임을 다하겠다	- 무조건 최선을 다하겠다 (업무수행 방안에 대한 설명 없이) - 어떤 일이든 맡겨만 주시면 다해낼 수 있다 - 솔직히 못하는 건 못한다고 말하겠다

제6절 경찰 직무관련 전문지식 기출문제 및 답변요령

Q1. 자치경찰제 시행에 대해 어떻게 생각하는가?

- **포인트** : 생활안전, 지역교통, 지역경비, 방범순찰, 사회적 약자 보호, 기초질서 위반 단속, 교통관리, 지역행사 경비 등

장점	단점
- 지역특성에 적합한 경찰활동 가능 - 소속 지역에 대한 귀속감이 높아 지역주민과의 유대 강화 및 친절·봉사정신 제고 - 국가의 재정 부담 경감	- 지자체 장의 통제를 받게 됨에 따라 지방의원들의 선거 목적에 이용되어 공정성 해칠 우려 - 국가 목적적 치안활동을 위한 조정통제 곤란 - 자치단체의 재정부담 증가 - 지자체별 빈부격차에 따른 치안서비스 질의 차이 발생

Q2. 공수처 도입에 대해 어떻게 생각하는가?

- **포인트** : 고위공직자비리수사처는 대한민국에서 매우 필요한 제도적 장치이다. 공직자에 대한 신뢰를 확보하기 위해 공직자 스스로의 자정능력을 보여줄 수 있고, 청렴성을 확보할 수 있을 것이다.(집단면접에서 자세히 다룸)

Q3. 경찰대학교 폐지에 대해 어떻게 생각하는가?

- **포인트** : 현행 경찰대학교는 폐지 가능성 있음. 경찰대학원 등 경찰 전문인력 양성을 위한 교육기관은 필요함. 경찰의 전문성 확보와 경찰조직의 견고함을 위해서 필요함. 일선 경찰에게도 보다 많은 교육기회가 부여되어 전문성을 제고할 수 있도록 지원해야 함

> **참고** ▸ **경찰대 폐지법안 발의(진선미 의원)**
>
> 경찰대학설치법 개정안은 경찰대학을 오는 2022년까지 폐지해 현직 경찰 중심의 경찰대학원으로 개편하는 것을 골자로 하고 있다.
> "현재 경찰 고위직중 총경 이상 57%가 경찰대 출신이고, 경무관 이상은 64%가 경찰대학 출신으로 수사구조 개혁 등 권력기관 개편에 따라 특정대학 출신들의 경찰권 독점에 우려가 높다"며 "국비 전액지원과 졸업 후 별도의 시험 없이 경위 임용 등 지나친 특혜 비판도 있다"
> 경찰대학원이 설치되면 5년 이상 경찰 공무원 재직자는 석사 과정에, 10년 이상 재직자는 박사과정에 입학할 수 있다. 또 석사 과정을 마친 졸업자는 졸업 시험을 거쳐 경위로, 박사과정 졸업자는 경감으로 각각 임명된다.

Q4. 공무원노조에 대해 어떻게 생각하는가?

- 포인트 : 실질적 노무에 종사하는 공무원들의 노동조건 개선, 공무원 복지향상, 그리고 관료주의 부정부패 청산을 목적으로 하는 공무원노조는 필요

Q5. 경찰 노조 설립에 대해 어떻게 생각하는가?

- 포인트 : 경찰공무원의 노조가입이 안됨. 경찰 직장협의회와 같은 경찰공무원의 근로환경개선과 복지를 위한 소통은 필요함. 경찰공무원의 단체행동권 등을 인정하게 되면 노조결성과 파업 등이 가능해져 공공질서 유지와 치안확립에 치명적인 문제 발생

Q6. 경찰직장협의회가 무엇인지 알고 있는가? 본인의 생각은 어떠한가?

- 포인트 : 경찰직장협의회는 이철성 경찰청장이 권고, 울진경찰서 처음으로 경찰직장협회 운영함(2018. 4.19). 공무원 직장협의회의 설립 운영에 관한 법률 일부 개정 법률안 국회 본회의 통과로 경감이하 경찰공무원도 직장협의회에 가입할 수 있게 됨.

  기관장과 직장협의회는 근무환경 개선에 관한 사항, 업무능률 향상에 관한 사항, 소속 공무원 고충에 관한 사항, 기타 경찰발전에 관한 사항을 협의할 수 있고, 이는 공무원에 대하여 사실상의 단결권 및 제한된 범위의 단체 교섭권을 인정하나, 단체행동권은 제한함

찬성(장점)	반대(단점)
- 열악한 근무여건 및 처우 개선 - 경찰관의 권익 향상(상사의 부당지시 거부) - 경찰 내부의 소통 창구 역할 기대 - 수평적 민주적 조직문화 개선 - 경찰공무원의 사기진작 효과	- 노조 성격이 가미된 직장협의회가 정치적으로 변질될 우려 - 상명하복의 경찰조직이나 명령 지시에 불응하는 등 혼란 야기 - 조직 거대화로 노사간 갈등 발생 시 치안 공백 가능

Q7. 경찰 복리후생에 대해 아는 것이 있는가?

- 포인트 : 국내 위탁교육, 해외연수, 노후 생활보장, 주거안정을 위한 임대아파트, 후생복지(경찰병원무료, 신용대출, 중고 자녀 학자금 지원, 대학자녀 장학금 및 학자금대출)에 대해 설명하고, 복리후생제도 보다 국가와 국민을 위해 봉사할 수 있는 기회가 주어진 것에 감사하고 자부심을 느낀다는 점 강조

Q8. 로스쿨 출신 경찰 특채에 대한 의견을 말해보시오.

- 포인트 : 2014년부터 변호사 특별채용 실시, 법률전문가를 채용하여 수사의 신뢰도와 전문성 확보 가능. 법률전문 경찰로서 피해자와 피의자의 인권 수호에 앞장서고, 경찰의 이미지, 신뢰도, 경찰행정의 효율성을 제고할 수 있음

찬성	반대
- 경찰대학 출신이 경찰 간부를 독식한다는 비판에서 자유로우며, 간부의 다양성과 전문성 확보 - 기존의 파벌 관행을 제거할 수 있음	- 순경 출신 승진 적체와 사기저하 - 특채자가 새로운 파벌 형성 - 경찰조직에 대한 충성도 상대적으로 낮음

Q9. 내부고발에 대해 어떻게 생각하는가?

- 포인트 : 내부고발제도에 대한 정의와 필요성 강조. 내부고발 정당화 요건과 같이 모든 내부적 채널을 사용하여 해결하려는 노력이 필요함. 경찰조직은 내부문제에 대해 의사소통으로 해결할 수 있는 자정능력을 갖추고 있음(청문감사관 제도).

Q10. 깨진 유리창 이론에 대해 설명해보시오.

- 포인트 : 유리창이 깨어진 건물을 방치하면 더 큰 범죄가 일어날 수 있다는 범죄학자 조지 켈링의 이론. 즉 사소한 위기관리 부재가 총체적 위기를 가져올 수 있음. 따라서 조그만 불법이나 무질서를 방치하지 말고 제때에 조치를 취해야 함. 기초질서단속의 중요성 강조

Q11. 하인리히 법칙에 대해서 아는가?

- 포인트 : 대형사고가 발생하기 전에 그와 관련된 수많은 경미한 사고와 징후들이 반드시 존재한다는 것을 밝힌 법칙. 하인리히 법칙은 1 : 29 : 300법칙(중상자가 1명 나오면 그 전에 같은 원인으로 발생한 경상자가 29명, 같은 원인으로 부상을 당할 뻔 한 잠재적 부상자가 300명 있었다는 사실)

Q12. 경찰비례의 원칙에 대해서 아는 것이 있다면 말해보라.

- 포인트 : 경찰권의 발동은 사회공공의 질서의 유지를 위하여 참을 수 없는 위해 또는 위해발생의 위험을 제거하기 위하여 필요한 최소한도의 범위 내에 국한되어야 한다는 원칙. 국민의 기본권을 제한함에 있어서 국가 작용의 한계를 명시한 것으로 크게 목적의 정당성, 수단의 적합성, 침해의 최소성, 법익의 균형성 등을 들 수 있음.

> **참고 ▼ 대한민국 헌법 제37조 제2항 읽어보기**
>
> 대한민국 헌법 제37조 제2항 (② 국민의 모든 자유와 권리는 국가안전보장·질서유지 또는 공공복리를 위하여 필요한 경우에 한하여 법률로써 제한할 수 있으며, 제한하는 경우에도 자유와 권리의 본질적인 내용을 침해할 수 없다)은 과잉금지의 원칙을 '필요한 경우에 한하여' 법률로써 기본권을 제한할 수 있다고 표현하고 있다.
> 1. 적합성의 원칙
> 2. 필요성의 원칙(최소 침해의 원칙)
> 3. 상당성의 원칙(협의의 비례의 원칙)

Q13. 피의자 인권이 중요한가? 피해자 인권이 중요한가?

- 포인트 : 경찰행정은 국민에게 광범위한 영향을 미치므로 인권 지향성을 강화하고, 인권 침해적 요소를 사전에 발굴하여 시정함으로써 국민의 인권보호 증진에 앞장서야 함을 강조. 피의자·피해자 모두 국민이므로 인권친화적이어야 함.
  법에서 보장하는 피의자의 인권을 지켜줘야 하고, 범죄피해자보호등에 관한 법률이 제

정되어 있듯이 피해자 보호주의에 입각하여 피해자 인권이 우선적으로 보호되어야 함을 강조

> **참고 ▼ 인권 알아보기**
>
> - 인권이란 '헌법 및 국제 인권조약, 국제관습법에서 인정하는 인간으로서 존엄과 가치 및 자유와 권리'를 말한다(국가인권위원회법 제2조)
> - '모든 국민은 인간으로서의 존엄과 가치를 가지며 행복을 추구할 권리를 가진다'(헌법 제10조)
>
> | 피해자인권 | 가해자인권 |
> |---|---|
> | - 타인의 범죄행위로 인하여 생명, 신체에 대한 피해를 입은 국민은 법률이 정하는 바에 의하여 국가로부터 구조를 받을 수 있다(헌법 제30조)
- 범죄피해자 보호법 제정(재판절차에서의 진술권 보장)
- 경찰관 직무집행법 제2조(직무범위)2의 2, 범죄피해자 보호활동 | - 형사소송법상 무죄추정의 원칙에 의하여 수사과정에 억울한 피의자가 발생하지 않도록 주의 필요(영장심사관제도 운영)
- 영상녹화 확대
- 변호인 참여권 실질화
- 형사보상제도 시행
- 강제처분 법정주의에 입각
- 조사 시 메모장 활용(노트북)
- 무기, 장구 사용 시 상당성, 비례성, 보충성 원칙 |

Q14. 피해자보호제도에 대해 아는 대로 말해보라.

- 포인트 : 형사소송법 개정(2007년)으로 피해자보호제도 개선됨. 피해자에 대한 통지제도, 신뢰관계인 동석제도, 비디오 등 중계장치에 의한 신문제도, 심리비공개제도 등이 새로 신설되었으며, 피해자의 진술권도 강화됨. 피해자보호 우선주의에 입각하여 답변할 것

> **참고** **가정폭력 피해자 보호 알아보기**
> - 피해자 치료비 지원(129 상담) - 상황에 따라 300 이내 지원
> - 숙소 지원(5일 이내 숙박비용 지원) / 1366과 연계 최대 2년동안 보호시설 지원
> - 상담지원(여성긴급전화 1366)
> - 피해자의 청구에 의해서 '자녀면접교섭권' 제한이 가능하고, 아동의 경우 재입학 등의 '취학 지원' 가능
> - 가정폭력 피해자의 이혼 시 법원의 부부상담권고를 원치 않으면 거부 가능하며, 가정폭력 피해자가 이사한 경우 본인의 의사에 관계없이 주소가 노출되지 않도록 '주민등록 열람 제한' 가능
> - 가정폭력 피해자와 자녀가 장기적 거주지를 원할 경우 입주심사를 거쳐 '임대주택거주' 지원

Q15. 함정수사에 대해 어떻게 생각하는가?

- 포인트 : 함정수사란 경찰 등이 피고가 범죄를 저지르게 유도하는 행위를 말함. 함정수사는 합법적인 함정수사(기회제공형 함정수사)와 불법적인 함정수사(범의유발형 함정수사)로 나뉨. 기회제공형 함정수사는 위법하지 않음을 설명.

☞ 판례 : 함정수사는 본래 범의를 가지지 아니한 자에 대하여 수사기관이 사술이나 계략 등을 써서 범의를 유발케 하여 범죄인을 검거하는 수사방법을 말하는 것이므로, 범의를 가진 자에 대하여 범행의 기회를 주거나 범행을 용이하게 한 것에 불과한 경우에는 함정수사라고 말할 수 없다. (부산고등법원 1992.5.14. 선고 92노60 판결)

☞ 예시
- 마약범죄나 뇌물범죄 및 조직범죄의 수사에 있어서는 기회제공형 함정수사는 허용되지만, 재산범죄나 폭력범죄의 경우에는 특별한 수사방법이 필요한 것은 아니므로 함정수사는 허용되지 않음
- 여경이 야한 옷을 입고 한적한 곳에서 성범죄자 유혹 후 함정수사를 행하는 경우는 기회제공형 함정수사로 허용됨. 일단 강간 등 성관련 범죄는 통상 현장을 적발하기 어렵고, 범죄가 우발적이기보다는 상습적으로 행해진다는 특성이 있으므로 함정수사의 필요성 인정

☞ 암행순찰
- 고속도로에서 경찰 순찰차량이 아닌 일반 차량으로 단속하는 것으로 보복운전과 난폭운전이 심각해져 재도입하고 현재 드론을 활용하여 단속함
- 암행순찰은 수사기관이 직접 개입하거나 제3자를 사주해 범행할 의사가 없는 사람을 범행하도록 유도한 경우엔 위법이지만 암행 순찰은 적법
- 경찰이 몰래 감시한다는 인식으로 공권력에 대한 반발 우려 있고, 교통질서 유지보다 단속을 중시한다는 인식 때문에 경찰 신뢰도 저하

Q16. 셉테드(CPTED)에 대해서 알고 있는가? 말해보고, 우리 지역에 활용할 수 있는 부분이 있는가?

- 포인트 : 셉테드(CPTED : Crime Prevention through Environmental Design, 범죄예방 환경설계) 란 인간의 생활환경설계를 통한 사전 범죄예방 건축설계기법을 의미함. 주택, 건축물 등 도시시설을 설계 단계부터 범죄예방에 적합하도록 조성하는 기법 및 제도를 통칭
- 예시 : 아파트 내 놀이터를 단지의 중앙에 조성하고, 주변은 키가 낮은 나무를 심어 시야 확보하고 CCTV 설치하여 어린이 안전 확보

Q17. 층간소음 신고 시 대처 방안은?

- 포인트 : 층간소음문제는 2차적인 범죄로 발전할 수 있으므로 현장에 출동하여 적극적으

로 문제를 해결하려고 노력하겠다는 의지를 보여줄 것.

환경부에서 주관하는 국가소음정보시스템 제도 안내. 층간소음이 계속 발생할 경우에는 경범죄처벌법에 따라 인근소란죄로 처벌받을 수도 있다는 것을 고지하여 당사자 간 원만하게 해결할 수 있도록 도움

> **참고** ▼ **층간소음 문제 관련법규 알아보기**
>
> 경범죄처벌법 제3조 제21호(인근소란 등) 해당여부
> 21. (인근소란 등) 악기·라디오·텔레비전·전축·종·확성기·전동기(電動機) 등의 소리를 지나치게 크게 내거나 큰소리로 떠들거나 노래를 불러 이웃을 시끄럽게 한 사람에 대해 10만원 이하의 벌금, 구류 또는 과료의 형을 과할 수 있다고 정하고 있는바, 아파트 층간 발생하는 소음, 진동이나 이웃의 개 짖는 소리 등으로써 고의적으로 남에게 불편을 초래했다면 이 규정에 의거하여 처벌할 소지가 있음

> **참고** ▼ **층간소음이웃사이센터**
>
> – 추진배경 : 최근 급증하고 있는 공동주택 층간소음 문제가 이웃 간의 분쟁에서 사회문제로 확대되고 있어, 이를 예방하고 분쟁을 해결하기 위한 대책 마련이 시급
> – 사업내용 : 공동주택 층간소음으로 인한 분쟁을 조기에 합리적으로 조정하기 위한 "층간소음이웃사이센터" 개설, 접수된 민원에 대하여 전문가 전화상담 및 현장소음측정 서비스를 제공하여 당사자 간의 이해와 분쟁해결을 유도
> 온라인 접수 : 국가소음정보시스템 홈페이지(www.noiseinfo.or.kr)
> 전화접수 : 층간소음이웃사이센터(☎ 1661- 2642)

Q18. 제노포비아에 대해 말해보시오.

- **포인트** : 외국인에 대한 혐오현상을 뜻함(이방인이라는 뜻의 '제노(xeno)'와 기피한다는 뜻의 '포비아(phobia)'의 합성어).
  증가하는 외국인의 추이와 국내 인구의 감소, 세계화의 급속한 진행으로 한국이 단일민족국가에서 다문화사회로 진입했다는 사실을 받아들이고, 외국인에 대한 인식개선이 필요하고 외국인과 내국인이 더불어 잘사는 융합사회를 만들 수 있는 제도적 장치가 필요함을 강조
- **예시** : 외국인 노동자나 난민이 범죄나 테러를 일으킬 가능성이 크다고 생각, 외국인이 우리 일자리를 빼앗는다는 우려, 강력범죄는 조선족이 저지른다는 의심 등

Q19. 긴급체포 요건에 대해 말해보시오.

- 포인트 : 긴급체포는 현행범 체포와 함께 무영장 체포로서 장기 3년 이상의 징역(경찰관 직무집행법에 의하여 조사할 때 보호장구를 사용할 수 있는 범죄)에 해당하는 중범죄 피의자에 대해 증거인멸과 도주우려가 있어 시간을 지체할 수 없는 긴급한 상황에서 검사나 사법경찰관으로 하여금 체포를 허용하는 제도임

> **참고** ▸ **형사소송법 제200조의 3(긴급체포) 알아보기**
>
> 제200조의3(긴급체포) ① 검사 또는 사법경찰관은 피의자가 사형·무기 또는 장기 3년 이상의 징역이나 금고에 해당하는 죄를 범하였다고 의심할 만한 상당한 이유가 있고, 다음 각 호의 어느 하나에 해당하는 사유가 있는 경우에 긴급을 요하여 지방법원판사의 체포영장을 받을 수 없는 때에는 그 사유를 알리고 영장없이 피의자를 체포할 수 있다. 이 경우 긴급을 요한다 함은 피의자를 우연히 발견한 경우 등과 같이 체포영장을 받을 시간적 여유가 없는 때를 말한다. 〈개정 2007. 6. 1.〉
> 1. 피의자가 증거를 인멸할 염려가 있는 때
> 2. 피의자가 도망하거나 도망할 우려가 있는 때
> ② 사법경찰관이 제1항의 규정에 의하여 피의자를 체포한 경우에는 즉시 검사의 승인을 얻어야 한다.
> ③ 검사 또는 사법경찰관은 제1항의 규정에 의하여 피의자를 체포한 경우에는 즉시 긴급체포서를 작성하여야 한다.
> ④ 제3항의 규정에 의한 긴급체포서에는 범죄사실의 요지, 긴급체포의 사유등을 기재하여야 한다.[본조신설 1995. 12. 29.]

Q20. 불심검문에 대해 말해보시오.

- 포인트 : 불심검문은 경찰이 거동이 수상한 자를 발견한 때에 이를 정지시켜 조사하는 행위로서 범죄를 예방하거나, 이미 범해진 범죄의 혐의자를 발견하기 위해 실시하는 경찰 행위임. 불심검문의 요건을 합리적으로 판단하여 행하여야 함을 강조.
- ※ 대인검문 절차 숙지 할 것
    1. 정중하게 접근 정지 경례(상대방 우측 앞 2~3보 거리)
    2. 소속 및 성명 고지(경찰관의 신분증 제시)
    3. 검문의 목적과 이유 설명
    4. 신분증 제시 요구(신분증 위조여부 확인, 사진과 얼굴 대조)
    5. 질문 소지품 조사(육안으로 확인)
    6. 검문 종료
    7. 임의동행

> **참고** **경찰관직무집행법 제3조(불심검문) 알아보기**
>
> 제3조(불심검문) ① 경찰관은 다음 각 호의 어느 하나에 해당하는 사람을 정지시켜 질문할 수 있다.
> 1. 수상한 행동이나 그 밖의 주위 사정을 합리적으로 판단하여 볼 때 어떠한 죄를 범하였거나 범하려 하고 있다고 의심할 만한 상당한 이유가 있는 사람
> 2. 이미 행하여진 범죄나 행하여지려고 하는 범죄행위에 관한 사실을 안다고 인정되는 사람
>
> ② 경찰관은 제1항에 따라 같은 항 각 호의 사람을 정지시킨 장소에서 질문을 하는 것이 그 사람에게 불리하거나 교통에 방해가 된다고 인정될 때에는 질문을 하기 위하여 가까운 경찰서·지구대·파출소 또는 출장소(지방해양경찰서를 포함하며, 이하 "경찰관서"라 한다)로 동행할 것을 요구할 수 있다. 이 경우 동행을 요구받은 사람은 그 요구를 거절할 수 있다. 〈개정 2014. 11. 19.,
> 2017. 7. 26.〉- 임의동행
> ③ 경찰관은 제1항 각 호의 어느 하나에 해당하는 사람에게 질문을 할 때에 그 사람이 흉기를 가지고 있는지를 조사할 수 있다.
> ④ 경찰관은 제1항이나 제2항에 따라 질문을 하거나 동행을 요구할 경우 자신의 신분을 표시하는 증표를 제시하면서 소속과 성명을 밝히고 질문이나 동행의 목적과 이유를 설명하여야 하며, 동행을 요구하는 경우에는 동행 장소를 밝혀야 한다.
> ⑤ 경찰관은 제2항에 따라 동행한 사람의 가족이나 친지 등에게 동행한 경찰관의 신분, 동행 장소, 동행 목적과 이유를 알리거나 본인으로 하여금 즉시 연락할 수 있는 기회를 주어야 하며, 변호인의 도움을 받을 권리가 있음을 알려야 한다.
> ⑥ 경찰관은 제2항에 따라 동행한 사람을 6시간을 초과하여 경찰관서에 머물게 할 수 없다.
> ⑦ 제1항부터 제3항까지의 규정에 따라 질문을 받거나 동행을 요구받은 사람은 형사소송에 관한 법률에 따르지 아니하고는 신체를 구속당하지 아니하며, 그 의사에 반하여 답변을 강요당하지 아니한다.
> [전문개정 2014. 5. 20.]

Q21. 경찰관의 장구사용에 대해 말해보시오.

- 포인트 : 경찰관직무집행법 제10조의 2(경찰 장구의 사용)를 숙지하여 종류(갑, 포승(捕繩), 경찰봉, 방패 등)와 사용 요건에 대해서 답변 할 것.

> **참고** ▼ **경찰관직무집행법 제 10조(경찰장비의 사용 등) 알아보기**

제10조(경찰장비의 사용 등) ① 경찰관은 직무수행 중 경찰장비를 사용할 수 있다. 다만, 사람의 생명이나 신체에 위해를 끼칠 수 있는 경찰장비(이하 이 조에서 "위해성 경찰장비"라 한다)를 사용할 때에는 필요한 안전교육과 안전검사를 받은 후 사용하여야 한다.
② 제1항 본문에서 "경찰장비"란 무기, 경찰장구(警察裝具), 최루제(催淚劑)와 그 발사장치, 살수차, 감식기구(鑑識機具), 해안 감시기구, 통신기기, 차량·선박·항공기 등 경찰이 직무를 수행할 때 필요한 장치와 기구를 말한다.
③ 경찰관은 경찰장비를 함부로 개조하거나 경찰장비에 임의의 장비를 부착하여 일반적인 사용법과 달리 사용함으로써 다른 사람의 생명·신체에 위해를 끼쳐서는 아니 된다.
④ 위해성 경찰장비는 필요한 최소한도에서 사용하여야 한다.
⑤ 경찰청장은 위해성 경찰장비를 새로 도입하려는 경우에는 대통령령으로 정하는 바에 따라 안전성 검사를 실시하여 그 안전성 검사의 결과보고서를 국회 소관 상임위원회에 제출하여야 한다. 이 경우 안전성 검사에는 외부 전문가를 참여시켜야 한다.
⑥ 위해성 경찰장비의 종류 및 그 사용기준, 안전교육·안전검사의 기준 등은 대통령령으로 정한다.
[전문개정 2014. 5. 20.]

제10조의2(경찰장구의 사용) ① 경찰관은 다음 각 호의 직무를 수행하기 위하여 필요하다고 인정되는 상당한 이유가 있을 때에는 그 사태를 합리적으로 판단하여 필요한 한도에서 경찰장구를 사용할 수 있다.
1. 현행범이나 사형·무기 또는 장기 3년 이상의 징역이나 금고에 해당하는 죄를 범한 범인의 체포 또는 도주 방지
2. 자신이나 다른 사람의 생명·신체의 방어 및 보호
3. 공무집행에 대한 항거(抗拒) 제지
② 제1항에서 "경찰장구"란 경찰관이 휴대하여 범인 검거와 범죄 진압 등의 직무 수행에 사용하는 수갑, 포승(捕繩), 경찰봉, 방패 등을 말한다.
[전문개정 2014. 5. 20.]

제10조의3(분사기 등의 사용) 경찰관은 다음 각 호의 직무를 수행하기 위하여 부득이한 경우에는 현장책임자가 판단하여 필요한 최소한의 범위에서 분사기(「총포·도검·화약류 등의 안전관리에 관한 법률」에 따른 분사기를 말하며, 그에 사용하는 최루 등의 작용제를 포함한다. 이하 같다) 또는 최루탄을 사용할 수 있다. 〈개정 2015. 1. 6.〉
1. 범인의 체포 또는 범인의 도주 방지
2. 불법집회·시위로 인한 자신이나 다른 사람의 생명·신체와 재산 및 공공시설 안전에 대한 현저한 위해의 발생 억제
[전문개정 2014. 5. 20.]

제10조의4(무기의 사용) ① 경찰관은 범인의 체포, 범인의 도주 방지, 자신이나 다른 사람의

생명·신체의 방어 및 보호, 공무집행에 대한 항거의 제지를 위하여 필요하다고 인정되는 상당한 이유가 있을 때에는 그 사태를 합리적으로 판단하여 필요한 한도에서 무기를 사용할 수 있다. 다만, 다음 각 호의 어느 하나에 해당할 때를 제외하고는 사람에게 위해를 끼쳐서는 아니 된다.
1. 「형법」에 규정된 정당방위와 긴급피난에 해당할 때
2. 다음 각 목의 어느 하나에 해당하는 때에 그 행위를 방지하거나 그 행위자를 체포하기 위하여 무기를 사용하지 아니하고는 다른 수단이 없다고 인정되는 상당한 이유가 있을 때
    가. 사형·무기 또는 장기 3년 이상의 징역이나 금고에 해당하는 죄를 범하거나 범하였다고 의심할 만한 충분한 이유가 있는 사람이 경찰관의 직무집행에 항거하거나 도주하려고 할 때
    나. 체포·구속영장과 압수·수색영장을 집행하는 과정에서 경찰관의 직무집행에 항거하거나 도주하려고 할 때
    다. 제3자가 가목 또는 나목에 해당하는 사람을 도주시키려고 경찰관에게 항거할 때
    라. 범인이나 소요를 일으킨 사람이 무기·흉기 등 위험한 물건을 지니고 경찰관으로부터 3회 이상 물건을 버리라는 명령이나 항복하라는 명령을 받고도 따르지 아니하면서 계속 항거할 때
3. 대간첩 작전 수행 과정에서 무장간첩이 항복하라는 경찰관의 명령을 받고도 따르지 아니할 때
② 제1항에서 "무기"란 사람의 생명이나 신체에 위해를 끼칠 수 있도록 제작된 권총·소총·도검 등을 말한다.
③ 대간첩·대테러 작전 등 국가안전에 관련되는 작전을 수행할 때에는 개인화기(個人火器) 외에 공용화기(共用火器)를 사용할 수 있다.
[전문개정 2014. 5. 20.]

Q22. 경찰관의 무기(총기)사용 규제 완화에 대해 말해보시오.

- **포인트** : 경찰관 무기사용은 상대방이 엽총, 날카로운 흉기, 금속성 둔기 등으로 공격해 생명의 위협을 느끼면 최후의 수단으로써 허용됨. 범죄현장에서 경찰관이 각종 범죄에 대응하여 무기사용의 적법성 여부를 결정할 수 있는 시간적 여유가 충분하지 않음. 경찰관이 상황을 잘못 판단한 경우는 온전히 책임을 부담해야 하다 보니, 무기사용이 위축되고 더 큰 인명과 재산 피해가 발생할 소지가 있음. 또한 경찰관의 무기사용이 공권력 남용으로 인식되기도 하여 책임추궁을 당할 수 있고 사회적 논란에서 자유롭기 어려움.

  경찰관이 경찰관직무집행법 제10조의4에 규정된 무기사용의 요건과 절차에 따라 준수하였다면 이에 대한 일체의 책임을 배제하는 것이 타당함.

Q23. 4차 산업혁명과 관련하여 경찰 업무에 활용할 수 있는 방안은?

- **포인트** : 4차 산업혁명이란 사물인터넷, 인공지능, 빅데이터, 드론, 모바일 등 첨단 정보통신기술이 경제 사회 전반에 융합되어 혁신적인 변화가 나타나는 차세대 산업혁명으로, 기존 산업혁명보다 더 광범위하고 더 빠른 속도로 산업사회 전반에 영향을 미침. 4차 산업혁명은 인간의 안전성과 편리성을 높이는 중요한 요소로서 범죄 취약지역에 24시간 드론 순찰을 통한 범죄예방, 경찰차량에 인공지능 기능카메라를 설치하여 도난차량, 범인검색 등에 활용할 수 있음. 반면, 인권문제 및 범죄에 불법으로 악용되는 사례 발생 가능성 있음.
- 경찰로서 4차 산업혁명에 발맞춰 직무능력을 향상시켜 전문성을 갖추도록 노력하고, 민원인의 고충과 어려움 이해하고 공감하는 부분은 기기가 대체할 수 없음을 강조

※ **스마트치안** : 기존 경찰 활동에 과학기술을 융합하여 범죄를 예방하고 치안문제를 해결하는 새로운 경찰 활동 전략

PART 06

집단면접 각론

올인경찰면접

06 CHAPTER 집단면접 각론

제1절 경찰 집단면접 기출문제 분석

개요

경찰 집단면접은 발표식과 토론식으로 나눌 수 있다. 개별면접에서 출제되었던 경찰 직무와 관련된 법률이나 지식, 시사이슈에 대한 문항들이 출제되는 경우가 많다. 따라서 최근 사회적으로 이슈가 되고 있는 사건이나 법규 등에 대해서 조사 분석하여 자신의 의견을 미리 정리해 두어야 한다.

기출문제를 먼저 파악하고 구글과 같은 검색 포털사이트에 주제어를 입력하여 관련된 기사, 저서, 논문 등을 찾아보자. 신뢰도가 높고 공신력이 있는 자료를 탐색하는 것이 중요하고, 면접스터디를 구성하여 팀원들과 자료를 공유하고 모의면접을 해보기를 권한다.

머리로 알고 있는 것과 실제 말로 표현하는 것은 다르므로 반드시 실전처럼 연습해야 한다. 본 교재에 나온 문항들은 기출문제 중에서 출제빈도가 높은 문항들을 발췌한 것이니 답변은 참고하되, 직접 다양한 자료를 찾아서 분석하고 정리하는 노력을 한다면 집단면접에서 좋은 평가를 받을 수 있을 것이다.

Q1. 범죄피의자 신상공개 및 수사기법 공개(알권리)

찬성	반대
- 국민의 알권리 중요, 영국이나 일본도 강력범죄 피의자 신상을 대부분 공개하는 등 국민의 알권리, 사회적 공익을 우선시 함 - SNS에 확인되지 않은 무분별한 신상 털기에 대해 예방 가능 - 재범 방지를 위해선 필요 - 피해자의 인권조차 보호되지 않은 상황에서 범죄자의 인권을 더 중시할 필요가 없음 - 신상 공개에 대해 국민의 87%의 지지를 받고 있음 - 얼굴 공개를 통하여 일반적인 잠재적 범죄자들에게 경각심을 심어줄 수 있음(범죄예방효과) - 여성가족부 통계 - 성범죄 신상공개자 14% 감소	- 범죄자도 인권을 보장받아야 함 - 국민의 알권리 범위의 모호성이 존재(어디까지 허용되는지는 정확하지 않음) - 흉악범의 얼굴이 알권리라 보기엔 뚜렷한 실익이 없음 - 재소자가 출소 후 재사회화가 어려움 - 공개기준에 대해 객관적, 뚜렷한 기준이 없음(검찰, 경찰 재량에 달린 얼굴 공개) - 무죄추정 원칙에 위배 - 신상 공개가 재범률 방지에 예방이 되는지 정확한 근거가 없음 - 신상 공개에 따라 당사자의 가족들까지 피해 전가될 수 있음

> **참고** 피의자의 얼굴 등 공개(특정강력범죄의 처벌에 관한 특례법) 읽어보기
>
> - 제8조의 2(피의자의 얼굴 등 공개)
> ① 검사와 사법경찰관은 다음 각 호의 요건을 모두 갖춘 특정강력범죄 사건의 피의자의 얼굴, 성명 및 나이 등 신상에 관한 정보를 공개할 수 있다.
> 범행 수법이 잔인하고 중대한 피해가 발생한 특정강력범죄사건일 것
> 피의자가 그 죄를 범하였다고 믿을 만한 충분한 증거가 있을 것
> 국민의 알권리 보장, 피의자의 재범 방지 및 범죄예방 등 오로지 공공의 이익을 위하여 필요한 것
> 피의자가 청소년보호법 제2조 제1호의 청소년에 해당하지 아니할 것
> ② 제1 항에 따라 공개를 할 때에는 피의자의 인권을 고려하여 신중하게 결정하고 이를 남용하여서는 아니한다.

Q2. 자치경찰제에 대한 찬반

- **자치 경찰**: 국가 전체가 아닌 국가 내 일부 지역 소속으로 그 지역과 지역 주민의 치안 복리를 위해 활동하는경찰
- 경찰의 설치, 유지, 운영에 관한 책임을 지방자치단체가 담당하는 제도
- 제주도 2006년 첫 도입, 제한된 인력, 수사권 없어 형식적인 자치경찰이라는 평가

자치경찰	일반경찰
1. 생활 안전과 관련된 업무 2. 여성, 청소년 관련 지역 경찰의 업무 3. 교통, 경비 등 주민 밀착형 업무 (기존의 지구대, 파출소의 업무 수행) 4. 민생치안 밀접 수사(교통사고, 가정폭력 등)	1. 정보, 보안, 외사, 경비 등의 국가경찰 업무 2. 관련 업무 상황실 통제 3. 광역범죄, 국익범죄 수사 4. 일반형사 수사업무 5. 민생치안사무 중 전국적 규모의 처리를 필요로 하는 업무

자치경찰제 장점	자치경찰제 단점
- 지역 특성(경제 상태, 문화)에 적합한 경찰활동이 가능 - 지역에 대한 귀속감으로 경찰의 친절, 봉사 제고 - 조직 운영의 탄력성 제고(재량권 부여) - 지방 행정과 치안행정의 연계성 확보 가능 - 경찰권을 지방으로 분산함으로써 집권당의 정치적 영향력 배제 가능 - 국가 재정 부담의 경과 - 경찰조직의 비대화 방지 - 제주 자치 경찰 실시 이후 교통사고 사망자 19.5% 감소(제주지방경찰청) - 선진국의 추세(프랑스, 독일, 영국, 미국 등) - 자치경찰제인 경우 형법뿐만 아니라 지방 행정규칙, 지방정부 정책 적용가능	- 공정성 저해 - 국가 목적적 치안활동을 위한 조정통제가 어려움 - 지역 간 협조가 어려움, 치안 공백(지역별 불균형) - 소방직인 경우 지자체 재정 수준에 따라 장비·인력 보급 문제가 발생하여 국가직으로 전환됨(지방분권화) - 자치 단체의 재정부담(예산문제)이 증가 - 지역토착화로 인한 지역 내 유착심화 - 시·도지사의 권력 증가. 현재 지방에서 시·도지사의 힘은 압도적인데 경찰권까지 주어진다면 이들을 견제할 세력이 미미 - 지자체마다 제 각기 입법문제, 지역 자치경찰제를 실시하려면 지자체의 입법 과정을 통과해야하는데 지방마다 내용이 달라 통일성이 떨어짐

Q3. 검경수사권 조정 찬반

- 주요내용
    1. 검찰 송치 전 검사의 수사 지휘권 폐지
    2. 경찰의 1차 수사권 인정 및 1차 수사 종결권 부여
    3. '영장심의위원회' 신설 → 위원장 포함 10명, 고등검찰청 소속, 헌법 개헌 문제
    4. 검사의 1차 직접수사 범위 한정
    5. 검사 신문 조서의 증거 능력 제한 – 피고인 또는 변호인이 불인정하면 채택 안됨 → 검찰의 일방적인 혐의 확정 방어

- 검찰의 통제가 가능한 부분
    1. 경찰의 수사 부족 시 보완 수사 요구 가능
    2. 수사권 남용 의심 또는 인권침해 발생 시 시정 조치 요구
    3. 경찰 1차 수사 종결 이후에도 검찰 재수사 요구 가능
    4. 부패·선거·공직자·방위사업·대형 참사 등 주요 범죄는 검찰 직접 수사 → 경찰 수사의 한정적 범위

찬성	반대
- 수사의 현실과 법규범의 불일치(법에는 수사권이 경찰의 직무라고 명시, 현실은 검찰 담당) - 사건의 권한과 책임 불일치(권한 : 검사, 책임 : 경찰) - 검·경의 이중조사로 국민의 편익 저해 - 검찰 등 권력기관의 비대화 방지 - 민주주의 국가체제 수평적 국가기관 사이의 수직관계는 모순 - 검사의 수사권과 기소권의 모든 소유는 권력집중현상 및 권력 남용으로 이어질 수 있다. - 특수 범죄에 조직력, 기동성을 갖춘 경찰이 적합 - 대량의 범죄를 소수의 검찰인력으로 수사하는 것은 불가능(경찰 수사 인력 2만명, 검사 2천 여명) - 검사는 법률전문가, 경찰은 수사전문가 역할분리 - 경찰 법률 전문가 확보(변호사채용) - 법원의 영장실질심사, 압수수색 영장 발부 과정에서 통제 가능하기에 경찰 독단으로 할 수 없다.(검찰의 통제권한 존재) - 우리나라 검찰 권한 과도함	- 수사와 공소제기는 불가분 - 경찰국가화 우려(경찰권력 비대화 및 권한남용 우려 존재) - 국민들의 경찰에 대한 불신, 경찰의 부정부패 팽배 - 경찰관 법적 전문화와 자치경찰제 기반 조성이 우선 - 법률전문가(검사)의 지휘로 국민의 인권 보장 용이 - 검사의 비리는 공수처 신설로 충분히 예방가능 - 사건에 대한 모든 책임을 경찰에게 전가할 수 있음 - 지능범죄 수사종결권을 경찰이 가지면 부정적 결과 초래(경찰의 자정 능력이나 경찰 비대화시 견제가 어려움)

- 경찰이 보완해야 할 과제
    1. 인권 침해적 요소 제거, 부정부패 척결
    2. 국선 변호인 제도 확대, 조사 과정 영상 녹화 의무화, 행정 경찰(9만여 명)과 수사 경찰(2만여 명) 분리, 경찰관 수사 인력 충원
    3. 자치 경찰제 도입,
    4. 경찰인권위원회 강화, 경찰의 인권 감수성 향상을 위한 교육·연수

Q4. 공수처(고위공직자범죄수사처) 설치

- 주요내용
  1. 고위공직자 및 그 가족의 비리를 중점적으로 수사·기소하는 독립기관
  2. 검찰이 독점하고 있는 고위공직자에 대한 수사권·기소권·공소유지권을 이양해 검찰의 정치 권력화를 막고 독립성을 제고하고자 하는 취지로 추진
  3. 관련법률 : 고위공직자범죄수사처 설치 및 운영에 관한 법률 [시행 2021. 1. 1.]

> **참고** **고위공직자의 범위 알아보기**
>
> 제2조(정의) 이 법에서 사용하는 용어의 정의는 다음과 같다. 〈개정 2020. 12. 15.〉
> 1. "고위공직자"란 다음 각 목의 어느 하나의 직(職)에 재직 중인 사람 또는 그 직에서 퇴직한 사람을 말한다. 다만, 장성급 장교는 현역을 면한 이후도 포함된다.
>   가. 대통령
>   나. 국회의장 및 국회의원
>   다. 대법원장 및 대법관
>   라. 헌법재판소장 및 헌법재판관
>   마. 국무총리와 국무총리비서실 소속의 정무직공무원
>   바. 중앙선거관리위원회의 정무직공무원
>   사. 「공공감사에 관한 법률」 제2조제2호에 따른 중앙행정기관의 정무직공무원
>   아. 대통령비서실·국가안보실·대통령경호처·국가정보원 소속의 3급 이상 공무원
>   자. 국회사무처, 국회도서관, 국회예산정책처, 국회입법조사처의 정무직공무원
>   차. 대법원장비서실, 사법정책연구원, 법원공무원교육원, 헌법재판소사무처의 정무직공무원
>   카. 검찰총장
>   타. 특별시장·광역시장·특별자치시장·도지사·특별자치도지사 및 교육감
>   파. 판사 및 검사
>   하. 경무관 이상 경찰공무원
>   거. 장성급 장교
>   너. 금융감독원 원장·부원장·감사
>   더. 감사원·국세청·공정거래위원회·금융위원회 소속의 3급 이상 공무원

찬성	반대
- 검찰 개혁 일환으로 검찰의 부정부패를 방지할 수 있음 - 대통령은 단지 추천 받은 사람을 임명하는 것일 뿐 - 홍콩, 싱가포르의 경우 독립 반부패기구를 만들어 공직자 부패 척결에 성공하였음 - 국민 여론지지율 : MBC 설문조사 60% 찬성	- 검찰, 경찰 수사 기관 충분 - 대통령의 권한 강화(공수처장 임명) - 공수처의 강력한 권한에 대한 견제 부족 (옥상옥 형태) - 검찰의 독립화로 부패 문제 해결가능. 대부분의 검찰 인사를 법무부 장관이 하기 때문에, 정부의 눈치를 볼 수밖에 없음 - 공수처 내부 부패는 견제 불가능

Q5. 사형제 폐지 찬반

- 주요내용
    1. 형법 제 41조 1호(형의 종류)에 명시된 형벌의 하나로 가장 무겁고 궁극의 형벌임
    2. 범죄에 대한 근원적인 응보수단으로 1997년 말 이후 사형집행이 이루어지지 않아 실질적 사형폐지 국가(사형 선고는 지속, 사형제도에 대한 합헌 판결)

사형제 폐지 찬성	사형제 폐지 반대
- 오심의 대한 구제 불가 - 범죄예방효과와 연관성 없음. 사형제도가 있다고 하여 강력범죄가 줄어드는 것은 아님 - 범죄자에 대한 교화 기회 박탈 - 캐나다 설문 조사 결과 사형 폐지 이후 범죄자 수의 변화가 없었음 - 사형집행관의 정신적 충격이 심함 - 인간의 인권과 존엄성이 무시되는 비도덕적 행위이며, 재판을 통해 생명을 박탈할 권리는 없음 - 97년 이후 집행이 된 적 없어 사실상 사형 폐지 국가 - 사형제 폐지는 국제적 추세 OECD 가입국 중 법적으로 사형제를 유지하는 나라는 한·미·일 - 사형집행을 강행하여도 범죄는 줄지 않고 증가하는 추세 - 흉악범의 정서순화와 교화가 먼저 - 사회적 안전망 구축 더 필요	- 2010년 헌법재판소에서 사형제도에 대해 합헌결정을 내렸음 - 살인, 현주건조물 방화치사 등 흉악범죄에 대해서만 사형제도가 규정되어있음 - 강력한 범죄에 대한 경고로서 범죄 예방을 위해 효과적 - 사회정의 구현을 위해 흉악범은 영원히 격리하는 게 타당 - 범죄자와 피해자 인권을 동일시 할 수 없음 - 첨단수사기법 및 재판의 증거주의 채택으로 오판의 가능성이 적음 - 범죄자의 생명권보다는 피해자의 생명권 박탈 방지를 우선 - 국민정서를 감안할 때 폐지는 시기상조

Q6. 소년법 폐지 찬반

- 주요내용
    1. 현행 형법·소년법에 따르면 만 14세 미만은 형사미성년자로 분류돼 범죄를 저질러도 처벌을 받지 않음.
    2. 형벌 법령에 저촉되는 행위를 한 만 10세 이상 14세 미만인 소년(촉법소년)에 대해서는 소년법에 의해 소년원 송치 등 구금을 포함한 보호처분 가능
    3. 만 10세 미만은 보호처분 대상에서도 제외
    4. 신체적, 정신적으로 미성숙한 소년 범죄는 처벌보다 보호 및 교육으로 다스리자는 취지
    5. 청소년의 범죄가 날로 흉포해져 개정에 대한 목소리가 커지고 있고, 국민들의 여론을 받아들여 형사처벌을 받지 않는 연령을 만14세에서 13세로 낮추는 방안 추진

- 소년법 구분
    1. 범죄소년(만 14세 이상~19세 미만) : 보호처분과 형사처벌 가능
    2. 촉법소년(형사미성년자, 만10세 이상~14세 미만) : 형벌 법령에 저촉되는 행위를 한 소년, 보호처분 가능, 형사처벌 안됨
    3. 우범소년(만10세 이상인 19세 미만) : 형법 법령에 저촉되는 행위는 안했으나 우려 있는 소년
    4. 범법소년(만10세 미만) : 처벌 안함

소년법 폐지 찬성	소년법 폐지 반대
- 강력 범죄임에도 불구하고 처벌 약함 - 범죄를 저지르는 학생들은 이미 처벌이 약하다는 것을 인지하고 있어 법의 예방 효과가 없음 - 만 14세 미만 강력범죄 비율 2014년 14.2%, 2016년 15.2%로 2012년 11.7% 이후로 계속 증가(경찰청- 살인·강도·강간·추행·방화) - 최근 청소년들의 강력 범죄가 연이어 터지고 국민 여론이 소년법 폐지를 원함 - 청와대 소년법 개정 청원 40만 넘음 - 리얼미터 국민여론조사 결과 90% 이상이 소년법 개정, 폐지 찬성 - 재범 가능성 농후 : 처벌이 미미하여 보복성 범죄를 포함해 또 다시 범죄를 저지를 가능성 - 소년보호관찰 재범률 12.5%로 성인의 2배 - 소년법 1958년 제정, 시대 흐름에 뒤쳐짐	- 개정이나 폐지의 문제는 신중해야함 - 여론에 흔들려서 법이 쉽게 개정이 되어서는 안됨 - 미성년자는 성년자와 달리 책임이 결여된 자를 말함. 성인과 똑같은 처벌 어려움 - 연령을 하향하거나 폐지하는 경우, 성년과 같은 처벌을 받게 됨. 그러면 성년과도 똑같은 권리를 누릴 수 있게 해야함(선거권, 증여, 술·담배 등) - 유엔 아동권리협약 비준, 국내법과 동일한 효력 - 만 18세 미만 종신형, 사형 금지 - 처벌을 강화 한다 해서 청소년 범죄가 줄어든다는 보장 없음 - 시급한 것은 성인의 범죄율(청소년 범죄는 성인 범죄의 4분의1) - 처벌보다는 교육과 교화 강화

- 청소년 범죄에 대한 경찰청 대응
    1. 강력, 집단범죄는 신속 수사, 주요 피의자 적극적 수사
    2. 고위험 위기청소년 지속적인 면담(소년상담실 운영)
    3. 소년범 조사 SPO(학교전담경찰관)에 통보, 정보공유 활성화, 경미한 소년범은 선도 프로그램 실시
    4. 허위사실 유포 등 2차피해 방지. 피해자 보호 강화

> **참고** 유사질문 : 형사미성년자 연령 하향 조정 찬반

찬성	반대
- 과거(형사미성년자 기준은 53년 제정)보다 청소년의 정신적·육체적 성숙도가 높아짐에 따라 강력범죄 연령도 낮아짐 - 형사미성년자의 범죄가 갈수록 흉악해져 성인범죄자와 유사한 강력범죄 심각 - 형사 미성년자의 연령을 하향하여, 강력범죄에 대한 적정한 형사 제재를 통해 국민의 생명, 신체의 안전을 보장할 필요	- 연령대의 범죄율이 감소하는 추세(소년범 중 촉법소년 비율이 감소추세) - 국제인권기준에 따라 형사미성년자 연령을 하향조정 하는 것은 부적합 (아동의 구금은 최후의 수단이 되어야함) - 완전한 인격이 형성되기 전의 범죄나 실수로 전과를 가질 경우 성인으로 사회 진출하는데 어려움 발생 - 교화의 기회를 먼저 제공하는 게 바람직

Q7. 학교폭력의 원인과 해결방안

- **학교폭력** : 학교 내에서나 학교 밖에서 학생을 대상으로 발생한 상해, 폭행, 감금, 협박, 약취, 유인, 명예훼손, 모욕, 공갈, 강요 또는 강제적인 심부름 및 성폭력, 따돌림, 사이버 따돌림, 정보통신망을 이용한 음란정보 및 폭력 정보 등에 의하여 신체나 정신 또는 재산상의 피해를 수반하는 행위

- **주요사례**
  1. 대구 중학교 자살 사건 – 다수의 같은 반 학우들의 상습적 괴롭힘(물고문, 구타, 금품 갈취 등)을 당했다고 유서 작성 후 투신자살한 사건
  2. 대전 여고생 자살 사건 – 지속적인 급우들의 왕따로 힘들어하던 피해자가 담임교사에게 괴롭힘을 알렸으나 교사는 방임했고, 알렸다는 이유로 보복 폭행을 당한 후 투신자살

- **학교폭력의 원인**
  1. **사회적요인** : 폭력적인 미디어와 게임 등에 무차별 노출, 학벌중심의 입시제도
  2. **교육환경요인** : 학교의 교육기능 저하(교권저하), 훈육보다는 교칙에 따른 처벌
  3. **가정환경요인** : 가정폭력 경험, 무관심이나 방임. 맞벌이 증가로 자녀와 소통 부재
  4. **개인특성요인** : 낮은 자존감, 충동성, 쾌락추구, 공감능력 부족, 공격성 등

- 학교폭력 유형 : 신체폭력(상해, 폭행, 감금, 약취, 유인), 언어폭력(명예훼손, 모욕, 협박), 금품갈취(공갈), 강요(강제심부름), 집단따돌림, 사이버괴롭힘, 성폭력

- 해결방안
    1. 117 학교폭력 신고센터 운영 : 보복 우려로 인한 신고기피 해소를 위해 온·오프라인 상 학교폭력 신고접수 창구 개설
    2. 연 2회 '학교폭력 자진신고 및 집중단속 기간' 운영
    3. 학교폭력전담경찰관 배치(예 : 경기청 특수시책 – 스쿨폴리스를 강화하고 향후 학교폭력 신고 접수 시 경찰서장이 직접 총괄하여 적극 대응)
    4. 학교폭력예방교육 상시화(학교의 교육 역할 강화)
    5. 학교, 가정, NGO, 사회, 정부 간의 협력 체계 구축(학교와 핫라인 구축)
    6. 학교 선생님들의 관심과 상담기능 강화
    7. 경찰청, '학교폭력 예방' 등 청소년 자문단 시범운영
    8. 지능형 CCTV로 재난·학교폭력 예방(정부 2.3억 지원)
    9. 촉법소년 연령 하향 추진(교육부) – 만14세 미만 → 만13세 미만

- 피해학생 지원방안
    1. Wee센터 등 청소년상담기관 연계하여 심리상담프로그램 지원
    2. 학교 안전공제회를 통한 치료비 보상
    3. 청소년폭력 예방재단 솔루션 지원단 연계(자살예방프로젝트 등)
    4. 학교폭력 SOS지원단 연계(학교폭력 전문 심리상담 및 프로그램 지원)

Q8. 공권력과 인권 중 무엇이 더 중요한가?

- 공권력 : 국가나 공공단체가 우월한 의사의 주체로서 국민에게 명령·강제하는 힘, 국가의 안전과 공공질서 유지를 위해 반드시 필요로 하는 힘
- 공권력이 약화되면 법질서 의식이 저하되어 범법행위 증가, 국민의 안전 위협할 수 있음
- 공권력 회복을 위해 공정하고 신중한 업무처리를 통해 국민의 신뢰회복이 우선되어야 하고, 공권력은 국민의 삶을 지켜주는 유용한 수단이라는 인식개선 필요
- 인권 : 사람이라면 누구나 태어나면서부터 당연히 가지는 기본권 권리로, 「대한민국 헌법」 및 법률이 보장하거나 대한민국이 가입·비준한 국제인권조약 또는 국제관습법에서 인정하는 인간으로서의 존엄과 가치 및 자유와 권리(평등권 침해의 차별행위·폭언·폭력을 당하지 않을 권리를 포함한다)

- 경찰관의 공권력은 국민의 인권을 수호하기 위해 존재해야 하며, 인권과 공권력은 반비례의 관계가 아니라 상호보완적 관계임을 명심
- 경찰의 인권 보호 노력 : 사건 처리 시 피해자뿐만 아니라 피의자에게도 체포, 구속 등 신체의 자유 침해 시 권리고지 및 적법절차 준수(피의자 조사 시 수갑, 포승 품, 조사 시 2시간마다 10분씩 휴식 보장, 조사 시 사건관계인에게 메모장 교부제 실시 등)

인권 중요	공권력 중요
- 경찰도 경찰이기 전에 국민의 한사람으로서 인권이 우선 - 경찰은 국민의 생명, 신체, 재산 보호 등 국민의 인권을 수호하기 위해 공권력을 행사하므로 인권이 우선 - 공권력 강화 시 과잉진압과 인권침해 우려로 국민의 신뢰를 잃고 민주주의에 역행 - 경찰은 현행법 체계에서 공권력 집행에 어려움이 없으므로 강화할 필요성 없음	- 정당한 공권력 집행이 우선되어야 국민의 인권 보호 가능 - 경찰이 강력한 공권력 집행을 해야 사회질서 유지 및 국민 보호 가능 - 피의자에 대한 인권 중시 여론으로 공권력에 도전하는 사례 속출하여 선량한 시민의 인권침해 발생

Q9. 가정폭력 원인과 해결방안

- 가정폭력 : 부모, 배우자, 자녀, 형제자매, 친척, 사실혼 관계에 있는 사람 등 가정구성원 사이의 신체적, 정신적 또는 재산상 피해를 수반하는 행위

- 가정폭력원인
    1. 가정적요인 : 폭력의 재경험, 반복적 행위로 죄의식이나 양심 가책 상실, 가족 간의 애정 및 관심 부족, 소통부재 등
    2. 개인적요인 : 정신질환 등 성격장애, 알코올 및 약물 중독, 심리적 불안정성, 폭력성 등
    3. 사회문화적요인 : 성차별적 사회구조, 가부장주의, 남성중심사회, 사회경제적지위 낮음 등

> **참고** **코로나19로 인한 가정폭력 증가**
>
> 세계경제포럼(WEF)은 "여성에 대한 가정폭력이 코로나19 세계적 대유행(팬데믹) 기간에 증가하고 있다"고 밝혔으며, 유엔인구기금 역시 "코로나19 기간 동안 세계적으로 가정폭력이 20% 증가할 것"이라고 예측했다.
>
> 실제 코로나19 이후 2020년 가정폭력 상담 건수 증가
> 한국여성의전화에 따르면 지난해 가정폭력 상담 건수는 예년보다 40% 증가했는데, 배우자가 58.3%로 가장 많았으며 △부모 19.4% △형제·자매 6.1% 순
>
> **코로나19로 인한 가정폭력 증가 원인**
> 1. 격리 – 사회적 격리로 피해자와 가해자가 함께 머무는 시간 증가, 학생들이 등교를 하지 않아 부모와의 갈등 심화
> 2. 스트레스 – 코로나 사태의 장기화로 스트레스 증가
> 3. 경제 불안, 실업 – 경기 불황으로 인한 실직 및 폐업 증가와 가정폭력 관련성 높음
> 4. 알코올 소비의 증가 – 집에서 잦은 음주로 가족에게 화풀이
> 5. 부족한 지원 – 피해자를 위한 법률 서비스, 보호소 운영 차질

- 해결방안
    1. 가해자와 피해자를 분리만 하였던 현행에서 가정폭력 현장에 출동한 경찰관은 가정폭력을 실행중이거나 실행직후인 자를 현행법으로 즉시 체포할 수 있도록 현행범 체포가 추가
    2. 가족구성원도 포함하여 피해자 보호 강화
    3. 가정폭력으로 신고한 112 이력의 보관이 현행 1년에서 3년으로 확대
    4. 피해자가 신고 후 처벌을 원치 않아 현장에서 종결된 사건도 기록 유지
    5. 가해자가 접근금지 등 임시조치 위반할 경우 1년 이하의 징역 또는 1000만 원 이하의 벌금 등 처벌 규정 강화(상습범은 3년 이하 징역 또는 3000만원이하의 벌금)
    6. 상습적으로 가정 폭력을 행사하였거나 흉기를 사용하는 등의 중대한 가정파탄사범에 대해서는 원칙적으로 구속영장 청구
    7. 가정폭력범죄에는 폭력행위뿐만 아니라 주거침입이나 퇴거불응죄도 추가하여 처벌범위 확대
    8. 상담조건부 기소유예는 폭력의 정도가 심하거나 재범의 우려가 높을 때는 대상이 되지 않도록 추진
    9. 피해자 대상 자립프로그램, 직업훈련프로그램 지원

> **참고** 가정폭력범죄의 처벌 등에 관한 특례법 읽어보기

제5조(가정폭력범죄에 대한 응급조치) 진행 중인 가정폭력범죄에 대하여 신고를 받은 사법경찰관리는 즉시 현장에 나가서 다음 각 호의 조치를 하여야 한다.〈개정 2020. 10. 20.〉

1. 폭력행위의 제지, 가정폭력행위자·피해자의 분리
1의2. 「형사소송법」 제212조에 따른 현행범인의 체포 등 범죄수사
2. 피해자를 가정폭력 관련 상담소 또는 보호시설로 인도(피해자가 동의한 경우만 해당한다)
3. 긴급치료가 필요한 피해자를 의료기관으로 인도
4. 폭력행위 재발 시 제8조에 따라 임시조치를 신청할 수 있음을 통보
5. 제55조의2에 따른 피해자보호명령 또는 신변안전조치를 청구할 수 있음을 고지

제29조(임시조치) ① 판사는 가정보호사건의 원활한 조사·심리 또는 피해자 보호를 위하여 필요하다고 인정하는 경우에는 결정으로 가정폭력행위자에게 다음 각 호의 어느 하나에 해당하는 임시조치를 할 수 있다.〈개정 2020. 10. 20.〉

1. 피해자 또는 가정구성원의 주거 또는 점유하는 방실(房室)로부터의 퇴거 등 격리
2. 피해자 또는 가정구성원이나 그 주거·직장 등에서 100미터 이내의 접근 금지
3. 피해자 또는 가정구성원에 대한「전기통신기본법」 제2조제1호의 전기통신을 이용한 접근 금지
4. 의료기관이나 그 밖의 요양소에의 위탁
5. 국가경찰관서의 유치장 또는 구치소에의 유치
6. 상담소등에의 상담위탁

- 가정폭력 신고로 경찰 출동 시 행동 조치
    1. 폭력 진행 중, 직후로 판단되는 경우 문을 열어주지 않더라도 경찰의 현장출입, 조사권 고지 후 유형력 행사하여 가택진입이 가능
    ※ 형사소송법 제 261조, 경찰관직무집행법 제6조,7조, 가정폭력방지법 제 9조의4
    2. 피해자가 사건처리를 원치 않을 경우 피해자 보호명령제도 설명, 피해자 또는 법정대리인이 직접 법원에 피해자 보호명령을 청구하여 법원이 피해자 보호조치 결정
    ※ 피해자가 가해자의 처벌을 원치 않을 경우 가정보호사건으로 송치. 접근제한, 치료위탁, 감호 위탁 등 가정보호처분 결정이 나는 것으로 전과가 남지 않음
    3. 피해자를 1366긴급센터, 가정폭력상담소, 해바라기센터 등 보호기관으로 연계

※ APO(Anti-abuse Police Officer)제도 : 2016년 신설된 학대예방경찰관 제도로 아동학대, 노인학대, 가정폭력의 예방 및 수사, 사후관리를 통한 재발방지, 피해자 지원 등의 업무를 수행

> **참고 ▼ 경찰관직무집행법 제6조, 7조 알아보기**
>
> 제6조(범죄의 예방과 제지) 경찰관은 범죄행위가 목전(目前)에 행하여지려고 하고 있다고 인정될 때에는 이를 예방하기 위하여 관계인에게 필요한 경고를 하고, 그 행위로 인하여 사람의 생명·신체에 위해를 끼치거나 재산에 중대한 손해를 끼칠 우려가 있는 긴급한 경우에는 그 행위를 제지할 수 있다.
>
> 제7조(위험 방지를 위한 출입) ① 경찰관은 제5조제1항·제2항 및 제6조에 따른 위험한 사태가 발생하여 사람의 생명·신체 또는 재산에 대한 위해가 임박한 때에 그 위해를 방지하거나 피해자를 구조하기 위하여 부득이하다고 인정하면 합리적으로 판단하여 필요한 한도에서 다른 사람의 토지·건물·배 또는 차에 출입할 수 있다.

Q10. 음주운전자 처벌강화

- 윤창호법 : 2018년 부산에서 음주운전 차량에 치여 뇌사상태에 빠진 윤창호 친구들이 청와대 국민청원 게시판에 '음주운전으로 친구의 인생이 박살났다'라는 제목으로 처벌강화를 요청하는 계기로, 국회에서 '윤창호법' 발의함. 음주운전 수치 기준을 혈중 알코올 농도 0.05%에서 0.03% 낮추며 음주 수치별 처벌을 강화하는 내용으로 도로교통법 개정

- 주요내용
  1. 음주단속 및 면허취소 기준 강화
     - 음주단속(혈중 알코올 농도 0.05%에서 0.03%로 낮춤)
     - 면허취소(0.08% 이상)
  2. 벌칙 강화(징역 및 벌금 등 상향 조정)
     - 2회 이상 적발 시 2년 이상 5년 이하 징역 또는 1천만원 이상 2천만원 이하 벌금형(3회 이상에서 2회 이상으로 강화)
     - 음주운전 교통사고 면허 취소 시 면허취득 결격기간 3년 적용
     - 음주사망사고 면허 취소 시 결격기간 5년 적용

처벌강화 찬성	처벌강화 반대
- 음주운전 재범률 감소 - 음주사고 및 사망자 수 감소 - 음주운전은 '미필적 고의에 의한 살인'으로 보고 살인죄 적용하는 국가의 예(미국, 캐나다 등) - 음주운전 처벌 강화가 시민의 생명을 보호하는 것	- 가중처벌 - 벌금으로 세금 확보라는 오해소지 존재 - 음주측정기 오류문제 발생 가능성 - 운전으로 생계를 유지하는 서민에게 피해가 더 클 가능성 존재

> **참고** 도로교통법 제 148조의2(벌칙) 읽어보기(윤창호법 관련)

제148조의2(벌칙) ① 제44조제1항 또는 제2항을 2회 이상 위반한 사람(자동차등 또는 노면전차를 운전한 사람으로 한정한다. 다만, 개인형 이동장치를 운전하는 경우는 제외한다. 이하 이 조에서 같다)은 2년 이상 5년 이하의 징역이나 1천만원 이상 2천만원 이하의 벌금에 처한다.〈개정 2020. 6. 9.〉

② 술에 취한 상태에 있다고 인정할 만한 상당한 이유가 있는 사람으로서 제44조제2항에 따른 경찰공무원의 측정에 응하지 아니하는 사람(자동차등 또는 노면전차를 운전하는 사람으로 한정한다)은 1년 이상 5년 이하의 징역이나 500만원 이상 2천만원 이하의 벌금에 처한다.

③ 제44조제1항을 위반하여 술에 취한 상태에서 자동차등 또는 노면전차를 운전한 사람은 다음 각 호의 구분에 따라 처벌한다.
1. 혈중알코올농도가 0.2퍼센트 이상인 사람은 2년 이상 5년 이하의 징역이나 1천만원 이상 2천만원 이하의 벌금
2. 혈중알코올농도가 0.08퍼센트 이상 0.2퍼센트 미만인 사람은 1년 이상 2년 이하의 징역이나 500만원 이상 1천만원 이하의 벌금
3. 혈중알코올농도가 0.03퍼센트 이상 0.08퍼센트 미만인 사람은 1년 이하의 징역이나 500만원 이하의 벌금

④ 제45조를 위반하여 약물로 인하여 정상적으로 운전하지 못할 우려가 있는 상태에서 자동차등 또는 노면전차를 운전한 사람은 3년 이하의 징역이나 1천만원 이하의 벌금에 처한다.

[전문개정 2018. 12. 24.][단순위헌, 2019헌바446, 2021.11.25, 구 도로교통법(2018. 12. 24. 법률 제16037호로 개정되고, 2020. 6. 9. 법률 제17371호로 개정되기 전의 것) 제148조의2 제1항 중 '제44조 제1항을 2회 이상 위반한 사람'에 관한 부분은 헌법에 위반된다.]

> **참고** **[윤창호법 조항 위헌] 관련 기사 읽어보기**
>
> 2회 이상 음주운전을 하면 가중처벌 하도록 한 구 도로교통법, 일명 '윤창호법' 조항이 헌법에 어긋난다는 헌법재판소 판단이 나왔다.
>
> 헌법재판소(소장 유남석)는 지난달 25일 A씨 등이 구 도로교통법 제148조의2 제1항이 위헌이라며 낸 헌법소원(2019헌바446 등)에 대해 재판관 7대 2 의견으로 위헌 결정을 내렸다.
>
> 심판대상조항은 음주운전을 2회 이상 한 사람을 2년 이상 5년 이하 징역이나 1000만 원 이상 2000만 원 이하 벌금에 처한다고 규정하고 있다. 2018년 만취 운전자 차량에 치여 숨진 윤창호 씨 사건을 계기로 개정된 내용이다.
>
> 헌재는 "가중요건이 되는 과거 음주운전 금지규정 위반행위와 처벌대상이 되는 재범 음주운전 금지규정 위반행위 사이에 아무런 시간적 제한이 없고, 과거 위반행위가 형의 선고나 유죄 확정판결을 받은 전과일 것을 요구하지도 않는다"면서 "과거 위반행위가 예컨대 10년 이상 전에 발생한 것이라면, 준법정신이나 안전의식이 현저히 부족한 상태에서 이뤄진 반규범적 행위라거나 사회구성원에 대한 생명·신체 등을 '반복적으로' 위협하는 행위라고 평가하기 어렵다"고 판결 이유를 설명했다.
>
> 이어 "재범 시 가중처벌하는 근거를 규정한 타 법에서는 이전 범죄에 대한 '형의 집행을 종료하거나 면제를 받은 후 3년 내' 또는 '누범(累犯)으로 처벌하는 경우' 등과 같이 이전 범죄를 이유로 아무런 시간적 제한 없이 무제한 후범을 가중처벌하지는 않는다"고 덧붙였다.
>
> 출처 : 법조신문(http://news.koreanbar.or.kr)

Q11. 스토킹 처벌법

- **스토킹 행위** : 상대방의 의사에 반(反)하여 정당한 이유 없이 상대방 또는 그의 동거인, 가족에 대하여 다음 각 목의 어느 하나에 해당하는 행위를 하여 상대방에게 불안감 또는 공포심을 일으키는 것

    1. 접근하거나 따라다니거나 진로를 막아서는 행위
    2. 주거, 직장, 학교, 그 밖에 일상적으로 생활하는 장소 또는 그 부근에서 기다리거나 지켜보는 행위
    3. 우편·전화·팩스 또는 정보통신망을 이용하여 물건이나 글·말·부호·음향·그림·영상·화상(이하 "물건등"이라 한다)을 도달하게 하는 행위
    4. 직접 또는 제3자를 통하여 물건 등을 도달하게 하거나 주거등 또는 그 부근에 물건 등을 두는 행위
    5. 주거등 또는 그 부근에 놓여져 있는 물건 등을 훼손하는 행위

- 주요내용
  - 스토킹 범죄는 강력범죄로 번질 가능성이 농후하므로 범죄 발생 전에 예방 중요
  - 기존에는 폭행이나 주거침입 등 구체적인 범죄행위가 나타나기 전에 '경범죄처벌법'상 '지속적괴롭힘'으로 10만원이하 벌금으로 처벌 미미
  - 스토킹 범죄자에 대한 처벌 조항이 미흡하다는 비판 제기로 가해자에게 최대 징역 5년에 처할 수 있도록 '스토킹 범죄의 처벌 등에 관한 법률' 제정

> **참고** **스토킹 처벌법 알아보기**
>
> 스토킹범죄의 처벌 등에 관한 법률 (약칭 : 스토킹처벌법)
> [시행 2021. 10. 21.] [법률 제18083호, 2021. 4. 20., 제정]
>
> 제3조(스토킹행위 신고 등에 대한 응급조치) 사법경찰관리는 진행 중인 스토킹행위에 대하여 신고를 받은 경우 즉시 현장에 나가 다음 각 호의 조치를 하여야 한다.
> 1. 스토킹행위의 제지, 향후 스토킹행위의 중단 통보 및 스토킹행위를 지속적 또는 반복적으로 할 경우 처벌 경고
> 2. 스토킹행위자와 피해자등의 분리 및 범죄수사
> 3. 피해자등에 대한 긴급응급조치 및 잠정조치 요청의 절차 등 안내
> 4. 스토킹 피해 관련 상담소 또는 보호시설로의 피해자등 인도(피해자등이 동의한 경우만 해당한다)
>
> 제4조(긴급응급조치) ① 사법경찰관은 스토킹행위 신고와 관련하여 스토킹행위가 지속적 또는 반복적으로 행하여질 우려가 있고 스토킹범죄의 예방을 위하여 긴급을 요하는 경우 스토킹행위자에게 직권으로 또는 스토킹행위의 상대방이나 그 법정대리인 또는 스토킹행위를 신고한 사람의 요청에 의하여 다음 각 호에 따른 조치를 할 수 있다.
> 1. 스토킹행위의 상대방이나 그 주거등으로부터 100미터 이내의 접근 금지
> 2. 스토킹행위의 상대방에 대한 「전기통신기본법」 제2조제1호의 전기통신을 이용한 접근 금지
>
> 제18조(스토킹범죄) ① 스토킹범죄를 저지른 사람은 3년 이하의 징역 또는 3천만원 이하의 벌금에 처한다.
> ② 흉기 또는 그 밖의 위험한 물건을 휴대하거나 이용하여 스토킹범죄를 저지른 사람은 5년 이하의 징역 또는 5천만원 이하의 벌금에 처한다.
> ③ 제1항의 죄는 피해자가 구체적으로 밝힌 의사에 반하여 공소를 제기할 수 없다.

Q12. 경찰 채용 시 남녀 성비 비율 폐지

- 주요내용
    1. 경찰청은 성평등 정책 기본계획 추진에 따라 2023년 순경공채를 남녀통합 모집으로 추진 예정이고, 2022년까지 여성 경찰관 비율을 15%로 확대한다는 계획에 따라 매년 신규 채용의 25~30%를 여성 경찰관을 채용
    2. 2019년 5월 대림동 사건에서 여경의 현장 출동 시 범죄인 진압 과정상 미흡했던 부분에 대한 우려로 여경무용론으로 변질

찬성	반대
- 채용에 있어 성별 구분은 차별행위 ※ 국가인권위와 경찰개혁위에서 권고 - 경찰의 모든 직무가 신체나 체력의 우위를 요구하는 것은 아님 - 성별과 상관없이 직무수행 가능 - 헌법의 평등권 침해로 능력에 따라 공정한 채용이 바람직함 - 이미 경찰대학과 간부후보생 모집에 남녀 구분 폐지	- 범죄인의 다수가 남성이라 진압에서 신체적 우위를 가진 남성이 더 필요함 - 성비 비율 없애고 체력기준 동일시하면 여경 채용 비율이 더 감소할 수 있음 - 경찰업무 특성상 물리력을 요하는 직무가 다수임 - 여경의 임신,출산,육아휴직으로 업무공백 발생 - 3교대업무, 야간근무, 출장 등 직무여건이 여성에게 불리

> **참고** 유사질문 : 경찰 채용 시 여경 증원에 대한 토론

찬성	반대
- 여성청소년 대상 범죄 수사에 유리 - 성범죄 수사와 여성 주취자 등 여경의 대처능력이 우수 - 경찰의 성평등 조직문화 정착에 이바지 - 젠더기반의 범죄(성폭력, 가정폭력, 데이트폭력, 스토킹, 불법촬영 등) 수사에 유리 - 사이버정보수사, 경제사건 등 세밀한 분야 수사에 여경의 업무능력 발휘 용이 - 일부 사건으로 여경 전체가 필요없다는 논지는 비논리적이고 감정적	- 업무 특성상 체력과 체격조건 등 물리력이 요구되는 경우가 많아 여경 증원이 경찰력 약화로 이어질 수 있음 - 체력시험의 보완이나 남녀기준 동일화 없이 증원하면 남자 경찰관의 업무가 과중 - 여경에 대한 사회적 인식 개선이 우선되고 증원하는 것이 바람직함

Q13. 공인탐정업(민간조사업)의 합법화

- 주요내용 : 탐정업이 가능해진 것은 2018년 6월 헌법재판소가 탐정 명칭 사용 가능 결정을 한 데 이어 국회에서 '신용정보의 이용 및 보호에 관한 법률'이 통과되면서부터임. 탐정업과 탐정 명칭 사용은 1977년 제정된 이 법에 따라 금지됐지만, 해당 조항이 삭제되면서 2020년 8월 5일부터 전격적인 시행을 맞게 됨
- 사회발전에 따라 범죄는 점점 다양화, 지능화 되어가고 수사기관이 급증하는 범죄에 대응하는 데는 어려움이 가중되고 있음
- 공인탐정제도가 도입되면 △실종가족 찾기 대행 △소송 자료 수집 대행 △보험사기 조사 △지식재산권 침해 여부 조사 등 현재 불법인 서비스가 합법화 됨
- 공인탐정제도가 도입되어 허가받은 업체가 국가의 관리·감독을 받게 되면 사생활 침해 문제도 해결 가능
- 사기·고소의 85% 정도가 형사사건이 아닌 단순채무불이행 등 민사사건인데, 공인탐정제도 도입으로 경찰력 낭비가 해소되면 민생치안이 강화될 수 있음

찬성	반대
- 수사기관과 경쟁 또는 협력하여 사건 해결에 도움 - 퇴직 경찰관의 노하우를 활용할 수 있음 - 공인탐정제도는 OECD 37개국 모두 허용하며 순기능 입증됨 - 사설심부름센터 등의 불법행위를 막고 양질의 서비스 제공 가능 - 변호사의 법률서비스에 비해 저비용으로 효율적인 조사 가능	- 경찰, 변호사와 업무 중복으로 갈등 악화 - 사생활 침해 및 불법적인 수단으로 활용될 가능성 농후 - 국민의 신상정보를 사설탐정이 무제한으로 접근 하여 인권침해 문제 발생 - 수사기관에서 해야 할 업무를 사설탐정에게 의뢰하여 국민에게 추가적인 비용 전가

Q14. 방탄소년단의 병역 혜택에 대한 찬반

- 주요내용
  - 병역법 제 33조의7 제1항, 병무청장은 대통령령으로 정하는 예술·체육 분야의 특기를 가진 사람으로서 문화체육관광부장관이 추천한 사람을 예술·체육요원으로 편입할 수 있음
  - 병역특례(군 복무를 대체 해주는 제도)는 체육대회에서 국위선양한 자, 국내외 대회에서 입상한 예술 영재일 경우 가능
  - 병역특례 대상에 대중문화 예술분야도 포함되어야 한다는 논란 야기
  - 방탄소년단(BTS)은 빌보드챠트 1위를 달성하고 한류확산의 공을 인정받아 문화체육관

광부로부터 화관문화훈장 수상하여 국위를 선양한 것으로 볼 수 있음
- 병역법 일부 개정 내용(2020.12.22.공포) : 현행 징집 또는 소집 연기 대상인 '대학·대학원 등 재학생, 체육분야 우수자'에 '대중문화예술 분야 우수자' 추가됨, 별도의 절차 없이 30세까지 입영 연기 가능

찬성	반대
- 방탄소년단의 활동으로 경제적 파급효과 큼(연간 5조5천억 추산) - 국가의 위상을 높이는데 혁혁한 공로 인정 - 다른 예체능 분야와 형평성을 고려하여 대중문화예술계도 인정해야 함 - 대중스타를 홍보요원 또는 공익요원으로만 활용하는 제도는 개선이 필요함	- 국위선양의 기준이 모호하여 형평성에 위배될 수 있음 - 방탄소년단만이 아니라 국위선양한 다른 스타들도 같은 혜택을 부여해야 함 - 일반 청년들에게 상대적 박탈감과 불공정 대우 - 병력특례 제도를 개선하여 본인의 특기를 살려 군복무할 수 있도록 변화할 필요 있음

Q15. 남성 성전환자의 여군복무

- 주요내용
  • 육군 변OO하사가 휴가 중 성전환수술을 받고 부대에 복귀하였으나 국방부는 2020년 강제전역 조치. 변하사와 군 인권센터는 국방부에 인사소청을 제기하였으나 심신장애인으로 규정(심신장애 3급)하며 소청심사 기각
  • 국가인권위원회에서는 성전환자 강제전역은 법적 근거 없이 공권력에 의한 인권침해로 결정. 변하사는 남성성기 상실로 장애3급으로 판단되어 강제 전역 조치되었으나 인권위는 사고로 인한 상실이 아니므로 정신적·신체적 장애 개념에 포함되지 않는다고 판단

찬성	반대
- 변OO하사는 법원의 성별정정 결정에 의해 여성이므로 군복무 가능 - 변OO하사의 성전환 수술행위를 심신장애로 판단하여 강제전역 조치한 것은 성소수자에 대한 차별과 성적자기결정권 침해 소지가 있다	- 성전환자와 함께 근무해야할 여군들의 입장에서 반발 우려가 크다 - 성전환자의 군생활로 인해 혼란과 갈등 요소가 다분하다

Q16. 조지 플로이드 사건에 대해 논의하고, 경찰은 공권력을 어떻게 행사해야 하는지에 대해 의견을 말하라.

- 주요내용
  - 2020년 5월 미국 미네소타주 미네아폴리스에서 20달러 위조지폐 사용 범죄신고를 받고 경찰이 출동. 저항하지 않는 흑인 남성 조지 플로이드를 체포하는 과정에서 바닥에 엎드려 무릎으로 목을 짓눌러 사망케 한 사건 발생. 2급 살인혐의로 경찰 4명 파면
  - 총기소유가 자유롭고 이민자로 이루어진 국가에서 치안은 매우 중요한 사안임. 공권력이 무너지면 사회적 혼란이 가중됨
  - 흑인 또는 유색인종에 대한 인종차별이 심화되어 사회문제화
  - 경찰의 공권력에 대한 국민의 지지를 잃게 되면 결국 공권력이 약화되어 범죄 발생률 증가

- 공권력 행사 시 유의사항
  - 공권력은 개인의 신체와 재산에 실력을 가하는 행위이므로 개인의 권리 침해 가능성이 항상 존재함
  - 경찰의 공권력 행사 시 목적 달성 범위 내에서 가능한 완화된 수단을 사용

> **참고 ▼ 경찰비례의 원칙**
> - 적합성의 원칙 : 국가기관이나 행정청이 사용하는 수단은 그 목적에 맞는 적합하고 유용한 수단을 사용해야 한다
> - 필요성의 원칙 : 당사자의 권리나 자유에 대한 침해가 가장 적은 수단을 선택해야 한다
> - 상당성의 원칙 : 그 수단이 가져오는 공익과 침해하는 사익을 비교해서 적절한 균형이 유지되어야 한다

Q17. 청년수당 지급문제

- 주요내용 : 서울시의 청년정책으로 청년들의 자율적인 구직 및 사회활동을 직접 지원하는 사업으로 사회진입의 초기단계에 있는 미취업자가 자신의 진로를 폭넓게 탐색하고 역량을 갖춰 자신이 원하는 분야에 취업할 수 있도록 활동보조금을 지원하는 정책
  ※ 대상 : 서울시 거주 19~29세 청년(중위소득 150%미만 미취업자, 졸업유예자) 최대 6개월 간 매월 50만원 지급

찬성	반대
- 취업난으로 고통 받는 청년들을 위한 현실적이고 직접적인 지원 방안 - 단순 복지보다 자기개발을 위해 사용될 경우 미래에 대한 투자로 볼 수 있다 - 취업준비비용을 절감할 수 있다	- 막대한 재원마련으로 재정적인 어려움 - 청년 취업난의 근본적인 해결이 안됨 - 선거를 겨냥한 포퓰리즘에 불과 - 선발기준 모호하고 관리 체계 미흡

Q18. 미투(Me too)운동 활성화

- 주요내용
  - 미국 할리우드 영화제작자 하비 와인스턴의 성추문 사건 이후 영화배우 알리사 밀라노가 2017년에 SNS 에 #Me too를 통해 자신이 겪었던 성범죄를 고백하며 시작됨
  - 정상적 방법으로 해결하기 힘든 권력형 성범죄의 문제를 언론을 통해 고발하는 운동
  - 국내에서는 2018년 서지현 검사가 뉴스에 출연하여, 안태근 전 법무부 검찰국장의 성추행을 폭로하며 확산

찬성	반대
- 약자들이 성범죄 피해가 공론화되어 누구나 겪을 수 있다는 인식 전환 및 성범죄 예방에 효과적이다 - 성범죄 발생 시 피해자 문제라는 인식에서 가해자 잘못이 먼저라는 인식 전환 - 용기 있는 고발자로 피해자들의 연대와 회복 가능 - 성범죄 사실을 공론화하여 추가적인 범죄자 적발이나 여죄 조사가 용이함	- 재판으로 성범죄자로 낙인 찍힐 수 있어 무죄추정의 원칙에 위배된다 - 펜스룰이 확산되어 여성을 사회에서 배제 - 남성혐오, 여성혐오 등 성별에 대한 배척하는 사회분위기 조성 - 개인정보 유출, 누리꾼의 악성 댓글로 2차 피해 발생

Q19. 수술실 CCTV 설치

- 주요내용
  - 정형외과에서 의료기기 영업사원이 대리 수술을 한 환자가 뇌사 상태에 빠진 사건 발생. 한국소비자연맹 등이 수술실 내 CCTV를 설치하라는 성명을 발표하며, 법제화에 대한 논의 시작

찬성	반대
- 국민, 환자의 알권리 보장 - 수술실은 외부와 차단돼 있고, 마취로 의식이 없어 의료진의 수술에 대해 전혀 알 수 없음 - 환자의 인권을 침해하는 반인륜적 범죄를 예방할 수 있음 - 의료사고 발생 시 증거확보가 용이함	- 의사와 환자의 사생활 침해 우려 - 수술 장면, 수술 부위 등 정보유출 가능성 - 의료진의 심리적 부담(잠재적 범죄자로 인식되어 사기저하) - CCTV 설치보다 문제가 된 의사의 면허정지나 취소 등 강력한 법적조치가 더 효과적

> **참고** 국회 통과한 수술실 CCTV 설치 의무화법, 무슨 내용 담겼나

2021년 8월 31일 국회 본회의를 통과한 의료법 개정안은 전신마취 등 환자의 의식이 없는 상태에서 수술을 시행하는 의료기관 수술실 내부에 CCTV 설치를 의무화하는 것을 골자로 하고 있다. 시행일은 공포 후 2년으로, 2023년 하반기 그 효력을 발휘하게 된다. CCTV 설치 대상 의료기관은 전신마취 등 환자의 의식이 없는 상태에서 수술을 시행하는 의료기관이다.

애초 '모든 의료기관 수술실'에 CCTV를 설치토록 했지만, 의료계의 문제 제기 등으로 설치 대상이 축소됐다. 전신마취가 필요 없이 부분 마취나 국소 마취 등을 하는 소규모 수술실을 운영 중인 상당수 의료기관은 CCTV 설치 및 촬영 대상에서 제외됐다.

개정안 시행 시기 또한 법안 논의과정에서 공포 2년 후로 유예했다. 이 기간 동안 수술실 CCTV 설치 및 촬영 기준 등 세부적인 내용을 정비, 보건복지부령에서 정하도록 했다. 의협 등 의료계는 의료법 개정안이 본회의를 통과하는 최악의 경우 보건복지부와의 보건복지부령 협의를 통해 독소조항을 최대한 제거할 방침이다.

정부와 지방자치단체가 CCTV 설치비용을 지원할 수 있는 법적 근거도 마련됐다. 또 녹음 의무화 조항도 삭제됐으며, 녹화영상 보존기간 역시 의료기관의 여건을 고려해 '촬영 후 30일'로 정했다.

특히 ▲ 의료기관 장이나 의료인이 수술이 지체될 경우 환자의 생명이 위험해 질 것이라 판단되거나, 심신상의 중대한 장애를 가져오는 응급수술이라고 판단되는 경우 ▲ 환자의 생명을 구하기 위해 적극적 조치가 필요한 위험도 높은 수술이라고 판단되는 경우 ▲ '전공의의 수련환경 개선 및 지위 향상을 위한 법률'에 따른 수련병원 등의 전공의 수련 등 그 목적 달성을 현저히 저해할 우려가 있다고 판단되는 경우 등은 환자의 요구가 있더라도 촬영 의무에서 제외됐다.

영상 열람 또한 범죄의 수사와 공소의 제기 및 유지, 법원의 재판 업무 수행을 위해 관계기관이 요청한 경우, 의료분쟁조정중재원이 의료분쟁 조정 또는 중재 절차 개시 이후 환자의 동의를 받아 해당 업무 수행을 위해 요청한 경우, 수술에 참여한 환자와 의료인 모두가 동의한 경우로 제한했다. 열람을 허용한 사례 외에 영상을 탐지하거나 누출·변

조 또는 훼손한 경우 '개인정보 보호법'에 따라 처벌토록 했다.
열람 비용은 열람을 요청한 환자가 부담토록 했다.
한편 보건복지부령으로 정하는 사유가 있는 경우에도 촬영 의무에서 예외로 할 수 있도록 위임 규정을 신설했다.
이에 따라 포괄적으로 CCTV의 설치 기준, 촬영의 범위 및 촬영 요청의 절차, 영상정보의 보관기간, 열람·제공의 절차 등에 필요한 세부적인 사항은 법 시행 유예기간 동안 의료계와 협의해 보건복지부령으로 정하게 된다.
본회의를 통과한 의료법 개정안 시행이 유예되는 2년 동안 의료계와 보건복지부 간 세부 규정을 정하기 위한 치열한 줄다리기가 지속될 전망이다.

출처 : 의협신문(http : //www.doctorsnews.co.kr) 이승우기자(2021.09.01.)

PART 07

알쓸신상
(알고보면 쓸데있는 신비한 상식사전)

올인경찰면접

CHAPTER 07 알쓸신상
(알고보면 쓸데있는 신비한 상식사전)

제1절 법 관련 상식

1. 고소 - 고발

비교		고소	고발
차이점	주체	피해자, 법정대리인, 친족, 지정고소권자	고소권자 및 범인 이외의 제3자
	기간	친고죄: 범인을 알게 된 날로부터 6개월(원칙)	제한 없음
	대리	가능	불가
	취소	제1심 판결 선고 후에는 취소 안됨	제한 없음

2. 구인 - 구금

- 구인 : 법원이 신문할 목적으로 피의자·피고인이나 그 밖의 관계인이 소환에 응하지 아니할 때, 일정한 장소(법원)에 인치하는 강제처분. '구인'을 함에는 구속영장이 있어야 함
- 구금 : 신체의 자유를 구속하여 피의자·피고인을 교도소 또는 구치소 등에 감금하는 강제처분

3. 취소 - 철회

- 취소 : 이미 발생한 효력을 소급하여 소멸시키는 행위
- 철회 : 장래의 효력을 소멸시키는 행위

4. 허가- 인가

- 허가 : 일반적 상대적 금지되어 있는 행위를 해제해 주는 행정행위
- 인가 : 법률행위를 보충하여 법률상 효력을 완성시켜 주는 행정행위
  ※ 무허가행위는 위반 시 처벌을 받지만 행위 자체는 유효하고, 무인가행위는 그 행위가 무효

5. 체포- 구속

영장에 의한 체포	**형사소송법 제200조의2(영장에 의한 체포)** ① 피의자가 죄를 범하였다고 의심할 만한 상당한 이유가 있고, 정당한 이유없이 제200조의 규정에 의한 출석요구에 응하지 아니하거나 응하지 아니할 우려가 있는 때에는 검사는 관할 지방법원판사에게 청구하여 체포영장을 발부받아 피의자를 체포할 수 있고, 사법경찰관은 검사에게 신청하여 검사의 청구로 관할지방법원판사의 체포영장을 발부받아 피의자를 체포할 수 있다. 다만, 다액 50만원 이하의 벌금, 구류 또는 과료에 해당하는 사건에 관하여는 피의자가 일정한 주거가 없는 경우 또는 정당한 이유없이 제200조의 규정에 의한 출석요구에 응하지 아니한 경우에 한한다. ⑤ 체포한 피의자를 구속하고자 할 때에는 체포한 때부터 48시간이내에 제201조의 규정에 의하여 구속영장을 청구하여야 하고, 그 기간내에 구속영장을 청구하지 아니하는 때에는 피의자를 즉시 석방하여야 한다
긴급체포	**형사소송법 제200조의3(긴급체포)** ① 검사 또는 사법경찰관은 피의자가 사형·무기 또는 장기 3년 이상의 징역이나 금고에 해당하는 죄를 범하였다고 의심할 만한 상당한 이유가 있고, 다음 각 호의 어느 하나에 해당하는 사유가 있는 경우에 긴급을 요하여 지방법원판사의 체포영장을 받을 수 없는 때에는 그 사유를 알리고 영장없이 피의자를 체포할 수 있다. 이 경우 긴급을 요한다 함은 피의자를 우연히 발견한 경우등과 같이 체포영장을 받을 시간적 여유가 없는 때를 말한다. 1. 피의자가 증거를 인멸할 염려가 있는 때 2. 피의자가 도망하거나 도망할 우려가 있는 때
현행범인의 체포	**형사소송법 제211조(현행범인과 준현행범인)** ① 범죄를 실행하고 있거나 실행하고 난 직후의 사람을 현행범인이라 한다. ② 다음 각 호의 어느 하나에 해당하는 사람은 현행범인으로 본다. 1. 범인으로 불리며 추적되고 있을 때 2. 장물이나 범죄에 사용되었다고 인정하기에 충분한 흉기나 그 밖의 물건을

	소지하고 있을 때 3. 신체나 의복류에 증거가 될 만한 뚜렷한 흔적이 있을 때 4. 누구냐고 묻자 도망하려고 할 때 제212조(현행범인의 체포) 현행범인은 누구든지 영장없이 체포할 수 있다. 제213조(체포된 현행범인의 인도) ① 검사 또는 사법경찰관리 아닌 자가 현행범인을 체포한 때에는 즉시 검사 또는 사법경찰관리에게 인도하여야 한다. ② 사법경찰관리가 현행범인의 인도를 받은 때에는 체포자의 성명, 주거, 체포의 사유를 물어야 하고 필요한 때에는 체포자에 대하여 경찰관서에 동행함을 요구할 수 있다.
구속	형사소송법 제201조(구속) ① 피의자가 죄를 범하였다고 의심할 만한 상당한 이유가 있고 제70조제1항 각 호의 1에 해당하는 사유(1. 피고인이 일정한 주거가 없는 때 2. 피고인이 증거를 인멸할 염려가 있는 때 3. 피고인이 도망하거나 도망할 염려가 있는 때)가 있을 때에는 검사는 관할지방법원판사에게 청구하여 구속영장을 받아 피의자를 구속할 수 있고 사법경찰관은 검사에게 신청하여 검사의 청구로 관할지방법원판사의 구속영장을 받아 피의자를 구속할 수 있다. 다만, 다액 50만원이하의 벌금, 구류 또는 과료에 해당하는 범죄에 관하여는 피의자가 일정한 주거가 없는 경우에 한한다.

6. 미란다 원칙

- 미란다 원칙은 1963년 미국에서 18세 소녀를 강간한 죄로 체포된 에르네스토 미란다에서 비롯됨. 경찰서로 연행된 미란다는 2시간 동안 심문 과정 후 범행을 인정하는 자백과 자술서를 제출하였으나, 재판을 시작되자 미란다는 자백을 번복하였고 진술서를 증거로 인정하는 것에 이의를 제기함.
- 재판 결과 최고 30년의 중형이 선고되었고, 그는 연방대법원에 상고하여 무죄판결을 받음. 미란다 판결 이후 미란다 경고문을 만들어 수사관이 피의자를 체포하거나 신문할 때에 이 경고문을 미리 읽도록 함.
- 우리나라의 미란다 원칙 : 2019년까지는 미국의 미란다 원칙과는 다르게 진술거부권이 없어 한국 경찰들이 체포현장에선 피의 사실과 변호인 선임권, 변명의 기회, 체포·구속 적부심에 대해서만 고지했고, 진술거부권은 신문 전에 고지했다. 2019년 2월에 경찰 내부지침의 개정으로 한국에서도 진술거부권을 고지하도록 규정

> **참고** 현재 경찰 미란다 원칙 예시
>
> "귀하를 현재 시각 OOO 혐의로 체포합니다. 당신은 묵비권(불리한 진술은 거부할 수 있음)을 행사할 수 있고, 변호인을 선임할 권리가 있으며 변명의 기회가 있고 체포 구속적부심을 법원에 청구할 권리가 있습니다."

7. 형벌의 종류

사형, 징역, 금고, 자격상실, 자격정지, 벌금, 구류, 과료, 몰수

8. 징역- 금고

정역에 복무하면 징역, 정역에 복무하지 않으면 금고(주로 과실범, 사상범이 대상)
※ 정역 : 징역형을 선고받은 재소자에게 주어지는 일정한 작업

9. 구류- 징역

- 구류 : 1일 이상 30일 미만 교도소 또는 경찰서 유치장에 유치하는 형벌
- 징역 : 1개월 이상 30년 이하, 교도소 내에 구금하는 형벌

10. 과료- 벌금, 과태료- 과징금

- 과료 : 2천원 이상에서 5만원 미만
- 벌금 : 5만원 이상
- 과태료 : 형벌의 성질을 가지지 않는 금전적 제재로서 『질서위반행위규제법』이 적용
- 과징금 : 행정상 영업정지 처분에 갈음하여 부과하는 금전적 제재

11. 과태료- 과료

- 과태료 : 벌금이나 과료와 달리 형벌의 성질을 가지지 않는 법령위반에 대하여 과해지는 금전벌
- 과료 : 범죄인에게 내리는 경미한 수준의 재산형으로 2,000원 이상 5만원 이하의 형벌

12. 집행유예- 선고유예

- 집행유예 : 3년 이하의 징역·금고의 형이나 500만원 이하의 벌금이 선고된 자에게 정상을 참작하여 형의 집행을 유예하는 것
- 선고유예 : 1년 이하의 징역·금고, 자격정지, 벌금의 형의 선고를 일정 기간(2년) 동안 유예하는 것

※ 형법 제59조(선고유예의 요건)
① 1년 이하의 징역이나 금고, 자격정지 또는 벌금의 형을 선고할 경우에 제51조의 사항을 참작하여 개전의 정상이 현저한 때에는 그 선고를 유예할 수 있다. 단, 자격정지 이상의 형을 받은 전과가 있는 자에 대하여는 예외로 한다.
② 형을 병과할 경우에도 형의 전부 또는 일부에 대하여 그 선고를 유예할 수 있다.

※ 제62조(집행유예의 요건)
① 3년 이하의 징역이나 금고 또는 500만원 이하의 벌금의 형을 선고할 경우에 제51조의 사항을 참작하여 그 정상에 참작할 만한 사유가 있는 때에는 1년 이상 5년 이하의 기간 형의 집행을 유예할 수 있다. 다만, 금고 이상의 형을 선고한 판결이 확정된 때부터 그 집행을 종료하거나 면제된 후 3년까지의 기간에 범한 죄에 대하여 형을 선고하는 경우에는 그러하지 아니하다.
② 형을 병과할 경우에는 그 형의 일부에 대하여 집행을 유예할 수 있다.

13. 기소유예

검사가 범죄 혐의를 인정하나 여러 사정을 참작하여 공소를 제기하지 않는 것

14. 친고죄- 반의사불벌죄

- 친고죄 : 피해자 또는 법률이 정한 자의 고소가 있어야 공소를 제기할 수 있는 범죄
  예) 모욕죄, 비밀누설죄
- 반의사불벌죄 : 피해자가 범인의 처벌을 원하지 않는다는 의사를 표시하면 기소할 수 없는 범죄
  예) 명예훼손죄, 폭행죄, 협박죄

15. 제척, 기피, 회피

- 제척 : 어떤 사건에 관하여 법에서 정한 일정한 관계가 있는 경우에 법률상 당연히 그 사건에 관한 직무에서 배척하는 것
- 기피 : 제척 원인이 있거나 공정을 기대하기 어려운 사정이 있는 때에 당사자의 신청에 의한 결정으로 직무집행으로부터 배제하는 것
- 회피 : 사건에 관하여 제척 또는 기피의 원인이 있다고 생각하여 스스로 사건을 취급하는 것을 피하는 것

16. 일사부재리원칙

- 판결이 내려진 어떤 사건(확정판결)에 대해 두 번 이상 심리·재판을 하지 않는다는 형사상의 원칙
- ※ 대한민국 헌법 13조 : 1.모든 국민은 행위 시의 법률에 의하여 범죄를 구성하지 아니하는 행위로 소추되지 아니하며, 동일한 범죄에 대하여 거듭 처벌받지 아니한다
  만일 잘못하여 확정판결이 있은 사건에 대하여 다시 공소가 제기된 때에는 실체적 소송조건의 흠결을 이유로 면소의 판결을 하여야 한다

17. 죄형법정주의

범죄와 형벌을 미리 법률로써 정해야 한다는 원칙

18. 재심

확정된 유죄판결에 대하여 중대한 오류가 있는 경우 다시 심리하는 행위

19. 형사벌- 징계벌

- 형사벌 : 일반사회 질서유지를 위한 벌로서 전과기록이 남음
- 징계벌 : 공무원관계에서 내부 질서를 유지하기 위한 벌로서 전과기록이 남지 않음

20. 징계의 종류

- 중징계 : 파면, 해임, 강등, 정직
- 경징계 : 감봉, 견책

21. 기소중지- 기소유예

- 기소중지 : 피의자 소재불명 등의 사유로 수사를 종결할 수 없을 경우
- 기소유예 : 검사가 범죄 혐의를 인정하나 여러 가지 상황을 참작하여 공소를 제기하지 않는 것

22. 손해배상- 손실보상

- 손해배상 : 위법행위로 발생한 손해는 배상,
- 손실보상 : 적법행위로 발생한 손실은 보상

23. 낙태죄

낙태죄는 1953년 형법이 제정되면서 도입, 2019년 헌법재판소는 임신한 여성의 "자기결정권"을 침해한다는 이유로 낙태죄에 대하여 헌법불합치결정을 내림. 즉 낙태죄는 위헌이지만 즉시 법을 없애면 사회적 혼란이 우려되므로 2020년 12월 31일까지 국회가 법을 개정할 것을 요구하고, 만약 그 때까지 개정되지 않으면 효력을 상실한다는 의미. 국회에서 법개정이 이루어지지 않아 현재 낙태죄는 전면 폐지됨

24. 가석방 요건

- 형법 제72조(가석방의 요건)

① 징역 또는 금고의 집행 중에 있는 자가 그 행상이 양호하여 개전의 정이 현저한 때에는 무기에 있어서는 20년, 유기에 있어서는 형기의 3분의 1을 경과한 후 행정처분으로 가석방을 할 수 있다.

② 전항의 경우에 벌금 또는 과료의 병과가 있는 때에는 그 금액을 완납하여야 한다.

25. 사형 집행

- 우리나라 사형집행은 형법에 따라 교도소에서 교수형을 행하는 방법을 취함.
- 군형법은 총살형을 인정. 사형은 법무부장관의 명령이 있어야 집행할 수 있음.
- 형사소송법에는 "판결이 확정된 날로부터 6월 이내에 사형집행을 하여야 한다"고 규정되어 있으나 우리나라는 1997년 12월을 마지막으로 더 이상 사형집행을 하지 않아 '실질적 사형 폐지국'임

26. 영장실질심사제도

종래 형식적 서류심사만으로 구속영장을 발부함으로써 구속이 남발되었던 것을 막으려는 취지에서 1995년 제8차「형사소송법」개정을 통해 도입. 현재에는 피의자의 법관 대면권 보장이라는 국제인권규약을 실천하기 위하여 피의자의 의사 또는 법원의 재량과 무관하게 필요적으로 구속 전 피의자심문을 실시하도록 하는 제도

27. 즉결심판

- 피고인에게 20만원 이하의 벌금, 구류, 과료에 처할 범죄사건에 대하여 정식 형사소송절차를 거치지 않고 「즉결심판에 관한 절차법」에 따라 관할경찰서장 또는 관할해양경찰서장이 관할법원에 청구하는 약식재판
- 관할경찰서장이 관할법원에 즉결심판의 청구를 한 때에는 즉시 기일을 정하여 심판을 함. 즉결심판을 청구할 때에는 사전에 피고인에게 즉결심판의 절차를 이해하는 데 필요한 사항을 서면 또는 구두로 알려주어야 함(즉결심판에 관한 절차법 제3조3항).

28. 구속적부심사제도

- 구속된 피의자에 대하여 법원이 구속의 적법성과 필요성을 심사하여 그 타당성이 없으면 피의자를 석방하는 제도
- ※ 구속적부심사제도는 형사피의자의 석방을 위한 제도라는 점에서 형사피고인까지를 대상으로 하는 보석과 구별되며 또한 법원이 심사한다는 점에서 검사가 구속된 피의자를 석방하는 구속취소와 구별됨

29. 국민참여재판제도

- 대한민국에서 2008년 1월부터 실시된 배심원 재판제도. 만 20세 이상의 국민 중 무작위로 선정되어 형사재판에서 사실의 인정, 법령의 적용 및 형의 양정에 관한 의견을 판사에게 제시.
- 배심원의 평결은 법원의 판결에 대해 법적으로 구속하는 힘은 없으나 재판장은 배심원의 평결결과와 다른 판결을 선고하는 때에는 피고인에게 그 이유를 설명해야 하며, 판결서에 그 이유를 기재하여야 함. 국민참여재판을 통해 국민의 사법참여 보장
- 배심원은 국민참여재판을 하는 사건에 관하여 사실의 인정은 물론이고, 법령의 적용 및 형의 양정에 관한 의견을 제시할 권한이 있으며, 배심원의 수는 대상사건의 법정형을 기준으로 사형, 무기징역(금고)인 사건의 경우는 9인, 기타 사건의 경우는 7인으로 하나, 피고인이 공소사실의 주요 내용을 인정하여 실질적 다툼이 없는 사건의 경우 5인의 배심원 가능

30. 공익신고

국민의 건강(무자격자 의약품 조제·판매 등)과 안전(교량 부실시공 등), 환경(폐기물 불법매립 등), 소비자 이익(유사 석유 판매 등)과 공정한 경쟁(LPG 담합 등)을 침해하는 행위를 소관 행정·감독기관에 신고하는 것으로, 공익신고자보호법에 따라 신고자의 비밀보장됨

31. 민식이법

- 2019년 9월 충남 아산의 스쿨존(어린이보호구역)에서 교통사고로 사망한 김민식 군 사건을 계기로 발의되었고 12월 10일 국회를 통과 후 24일 공포. 정부가 2020년 1월 7일 전국 어린이보호구역 내 모든 도로 자동차 속도를 30km/h 이하로 조정.
- 만약 어린이를 사망하게 한 경우 무기 또는 3년 이상의 징역, 어린이를 상해에 이르게 한 경우에는 1년 이상 15년 이하의 징역 또는 500만원 이상 3천만원 이하의 벌금에 처함

32. 태완이법

- 살인죄의 공소시효를 폐지하는 형사소송법의 개정안. 1999년 5월 발생한 대구 어린이 황산 테러 사건의 범인이 십 여 년 동안 잡히지 않은 상태에서 공소시효 완성이 임박할 위기에 처하자, 이에 명백한 살인사건에 대해서는 공소 시효를 폐지해야 한다는 여론이 일면서 발의.
- 2015년 7월 31일 태완이법이 시행됐지만, 법 시행 전 발생한 사건은 공소시효가 완성되지 않은 경우에만 적용 대상으로 삼아 2000년 8월 1일 밤 0시부터 발생한 살인사건만 공소시효가 폐지.
- 대구 어린이 황산 테러 사건은 2015년 7월 10일 대법원이 김태완 군의 부모가 낸 재정신청 기각결정에 대한 재항고를 기각하면서 사건의 공소시효가 만료됨에 따라 태완이법의 적용을 받지 못함.

형사소송법 제253조의2(공소시효의 적용 배제)
사람을 살해한 범죄(종범은 제외한다)로 사형에 해당하는 범죄에 대하여는 제249조부터 제253조까지에 규정된 공소시효를 적용하지 아니한다.
부칙 제2조(공소시효의 적용 배제에 관한 경과조치) 제253조의2의 개정규정은 이 법 시행 전에 범한 범죄로 아직 공소시효가 완성되지 아니한 범죄에 대하여도 적용한다.

제2절 일반시사상식

1. 내부고발자제도

- 조직구성원이 조직 내부의 비리나 불법행위·부당행위 등을 대외적으로 폭로하는 행위.
- 내부고발자는 도덕적 동기와 그에 합리적 증거에 근거한 것인지를 따져보고 마지막 수단으로 내부고발을 함.
- 내부고발자의 보호를 통해 추후 내부고발자가 조직 내에서 불이익을 받지 않게 보호하여야 함

2. 국정조사– 국정감사

- 국정조사 : 특정한 사안, 국회의원들의 요구가 있을 때 시행
- 국정감사 : 국정 전반에 걸쳐서 이루어짐, 매년 정기적으로 시행

3. 소득주도성장(임금주도성장)

- 문재인 정부의 핵심경제 정책으로, 가계의 임금과 소득을 늘리면 소비도 늘어나 경제성장이 이루어진다는 이론.
- 대기업의 성장으로 인한 임금 인상 등 '낙수효과'를 기대하기보다 근로자의 소득을 인위적으로 높이는 전략

4. 기본소득

- 국가가 국민들에게 최소한의 인간다운 삶을 누리도록 조건 없이, 즉 노동 없이 지급하는 소득.
- 특징(재산의 많고 적음이나 근로 여부에 관계없이 모든 사회구성원에게 생활을 충분히 보장하는 수준의 소득을 무조건적으로 지급하는 것으로 무조건성, 보편성, 개별성).
- 자동화 등 노동시장 환경 변화로 인해 인류가 보다 창의적이고 안정적으로 혁신하기 위한 복지제도로 세계 각국에서 논의 중

5. 보편적 복지– 선택적 복지

- 보편적 복지 : 수혜를 받을 사람을 정하지 않고 전체에게 복지를 해주는 방식
- 선택적 복지 : 특정 조건을 갖춘 사람들에게만 지원해주는 복지정책

6. 슬로 시티(Slow City) 운동

현대문명을 거부하고 과거로 회귀하자는 개념이 아니라 보다 인간적인 삶을 추구하는 철학으로 지역요리의 맛과 향의 재발견, 생산성 지상주의 탈피, 공해 없는 자연에서 지역의 고유문화를 느끼며 쾌적한 삶을 향유하기 위한 운동

7. 징병제- 모병제

- 징병제 : 병역의 의무를 강제하는 제도. 일정 연령 이상의 국민은 반드시 징병검사를 실시하고 군인으로 일정기간 복무
- 모병제 : 강제 징병하지 않고, 본인의 지원에 의한 직업군인들을 모병하여 군대를 유지하는 병역제도

8. 피싱

- 금융기관 등으로부터 개인정보를 불법적으로 알아내 이를 이용하는 사기수법.
- 금융기관 등의 웹사이트에서 보내온 메일로 위장하여 개인의 인증번호나 신용카드번호, 계좌정보 등을 빼내 이를 불법적으로 이용하는 사기수법

9. 수소경제

- 석탄·석유연료의 대안으로 수소를 사용하는 미래의 경제.
- 미래학자 제러미 리프킨이 2002년 출간한 '수소경제'에서 처음 제시.
- 리프킨은 수소가 지구에서 구하기 쉽고, 고갈되지 않으며, 공해도 배출하지 않는 에너지원으로 수소를 강조

10. 임금피크제

- 일정 연령이 지난 장기근속 직원의 임금을 줄여서라도 고용을 유지하는 능력급제의 일종 (work sharing).
- 일정 근속년수가 되어 임금이 정점에 다다른 뒤에는 다시 일정 비율씩 감소하도록 임금체계를 설계하는 것

11. 스테그플레이션

경제불황과 물가상승이 동시에 발생하고 있는 상태로서 stagnation과 inflation 합성어

12. 정정보도 – 반론보도

- 언론의 사실적 주장에 의해 피해를 입은 사람은 정정보도(제14조) 또는 반론보도(제16조)를 청구할 수 있다고 규정되어 있음(언론중재법)
- 공통점 : 둘 다 보도로 인한 피해를 또 다른 보도를 통해 회복한다는 점
- 정정보도 : 원문보도가 사실과 다름이 명백히 밝혀질 경우 이를 진실에 맞게 바로잡는 보도
- ※ 표현 : "~~~는 사실과 달라 바로잡습니다"
- 반론보도 : 원문보도의 내용을 반박하는 당사자의 주장을 보도하도록 한다는 점
- ※ 표현 : "당사자는 ~~~라고 밝혀왔습니다"

13. 엠바고(embargo)

- 기사의 정보제공자가 뉴스 자료를 제보할 때 일정 시간까지는 해당 내용을 공개하지 말 것을 요구하면 그 시기까지 보도를 미루는 것
- '보도 시점 제한'을 뜻하는 엠바고는 국가 이익이나 생명에 끼칠 수 있는 폐해를 막는다는 취지에서 도입되었으나 '국민의 알 권리' 침해라는 비판도 동시에 받고 있어 논란의 대상이 되고 있음

14. AI(Artificial Intelligence)

- 사고나 학습 등 인간이 가진 지적 능력을 컴퓨터를 통해 구현하는 기술.
- 강 인공지능(Strong AI) : 사람처럼 자유로운 사고가 가능한 자아를 지닌 인공지능
- 약 인공지능(Weak AI) : 자의식이 없는 인공지능. 주로 특정 분야에 특화된 형태로 개발되어 인간의 한계를 보완하고 생산성을 높이기 위해 활용
- ※ 예 : 인공지능 바둑 프로그램인 알파고(AlphaGo)나 의료분야에 사용되는 왓슨(Watson)

15. 비트코인

- 2009년 사토시 나카모토가 개발. 기존화폐의 불신이 확산되면서 정부나 중앙은행, 금융회사 등과 같은 중앙집권적 권력의 개입 없이 작동하는 탈집중화의 이상적인 화폐.
- 비트코인이 처음 만들어진 2009년부터 4년 동안은 매 10분마다 문제를 푸는 사람에게 50비트코인을 발행. 하지만 그 이후부터는 4년 단위로 발행량이 절반씩 감소. 현재는 10분마다 25비트코인이 발행되고 있는데, 이 금액은 점점 줄어서 2040년이 되면 총 2100만 비트코인을 끝으로 발행이 끝남

16. 블록체인

- 가상화폐 거래 내역을 기록하는 장부. 본래 비트코인(Bitcoin) 거래를 위한 보안기술로 2008년 10월 사토시 나카모토라는 익명의 개발자가 온라인에 올린 〈비트코인 : P2P 전자 화폐 시스템〉이라는 논문에서 처음 등장. 사토시 나카모토는 2009년 1월 비트코인을 만들어 공개
- 블록체인은 비트코인을 사용하는 모든 사람의 컴퓨터에 저장. 누구나 거래 내역을 확인할 수 있어 '공공 거래 장부(Public Ledger)'라 불림.
- 거래 장부가 공개되어 있고 모든 사용자가 사본을 가지고 있으므로 해킹을 통한 위조불가.
- 특히 블록체인은 신용이 필요한 금융거래 등의 서비스를 중앙집중적 시스템 없이 가능하게 했다는 점에서 높은 평가를 받음.
- 향후 대표적인 핀테크(FinTech) 기술로 비트코인 이외의 다른 온라인 금융거래에 활용

17. 탄소중립

- 배출하는 이산화탄소 양에 맞먹는 환경보호 활동을 펼쳐 실질 배출량을 제로(0)로 만드는 것.
- 온실가스를 흡수하기 위해서는 배출한 이산화탄소의 양을 계산하고 탄소의 양만큼 나무를 심거나 풍력·태양력 발전과 같은 청정에너지 분야에 투자해 오염을 상쇄.
- ※ 2018년 UN 산하 '기후변화에 관한 정부 간 협의체(IPCC, Intergovernmental Panel on Climate Change)'는 '지구온난화 1.5℃ 특별보고서'에 지구의 온도 상승을 인류의 생존 한계선인 평균 1.5℃ 이하로 유지하기 위해서는 2050년까지 탄소중립 상태가 되어야 하고 이를 위해 사회 모든 부분에서 과감한 온실가스 감축이 필요하다고 강조

18. 젠트리피케이션(Gentrification)

지주계급 또는 신사계급을 뜻하는 젠트리(gentry)와 화(化)를 의미하는 'fication'이 결합된 용어로, 중산층 이상의 계층이 유입됨으로써 도시환경이 변하게 되고 낙후된 구도심 지역이 주거지역이나 고급 상점가가 새롭게 만들어지는 등 활성화되어 기존의 저소득층 원주민을 대체하는 현상

19. 팝콘브레인(Popcorn Brain)

미국 워싱턴 대학의 데이비드 레비 교수가 처음 언급한 용어로 첨단 디지털기기에 익숙한 뇌가 현실 적응에는 무감각 또는 무기력하지만, 팝콘처럼 튀어 오르는 강한 자극에는 빠르게 반응하는 증상

20. 착한 사마리아인 법

- 인간이 최소한으로 지켜야 하는 행위에 대하여, 법에 규정되지 않았다고 하더라도, 이를 법 규범과 같은 강제력을 부여하여 행위를 강제하도록 함으로써, 도덕규범을 법규범으로 시켰다는 데 의의가 있음.
- 유래 : 성서에 나오는 착한 사마리아인의 비유. 어떤 유태인이 예루살렘에서 여리고로 가다가 강도를 만나 상처를 입고 길가에 버려졌는데, 동족인 유태인 제사장과 레위인은 못 본 척 지나갔으나, 유태인에게 멸시 받던 사마리아인이, 그를 보고 측은한 마음에서 구조함.
- 이 일화에 나오는 사람들에게는 법적인 의무가 없으나 도덕적 차원에서 인간이 당연히 해야 할 일을 하여야 한다는 의미를 내포. 법률에 규정되지 않는 규범은 강제력이 없음. 의무를 이행하지 않더라도 그에 따르는 제재를 부과 받지 않음. 따라서 도덕규범은 강제력이 발생하지 않으므로, 이를 법으로 규정하여 처벌하자는 것이 입법취지

21. 블랙스완

절대 일어날 것 같지 않은 일이 실제로 일어나는 것을 뜻하는 말로 네덜란드의 탐험가가 흑고니를 발견한 후 수 천 년 동안 모든 백조는 희다고 생각해 왔던 일반적 통념이 깨지는 충격을 받은 데서 유래한 개념

22. 문화지체

문화의 변동은 내부적으로 새로운 문화요소를 발명·발견하여 이루어지기도 하고 외부로부터 전파되기도 하는데, 일반적으로 물질문화(기술문화)의 변동은 비물질 문화(가치관, 사회조직 등)의 변동보다 그 속도가 빠르고, 이러한 물질문화와 비물질문화간의 변동속도가 달라서 일어나는 부조화 현상

23. 황견계약(Yellow Dog Contact)

우리나라의 노동조합 및 노동관계조정법에서는 이를 부당노동행위로 금지하고 있는데, 노동조합에 가입하지 않거나 탈퇴하는 것, 특정노동조합에 가입할 것을 고용조건으로 하는 근로계약을 말함

24. 직장폐쇄(Lockout)

사용자가 근로자를 일시 집단적으로 직장에서 축출하고 그 노무의 제공을 거절하여 임금지불을 면함으로써 사용자 측의 주장을 관철하기 위한 사용자의 전형적·유리한 쟁의행위

25. 코로나 블루(코로나 19와 blue의 합성어)

코로나 19확산으로 인해 일상에 큰 변화가 닥치면서 생긴 우울감과 무기력증

26. 베르테르 효과(동조자살)

- 유래 : 요한 볼프강 폰 괴테의 『젊은 베르테르의 슬픔』이 인기를 끌자, 유럽 전역에서 소설의 주인공인 베르테르가 로테에게 실연당한 후에 자살한 것처럼 권총 자살하는 사건이 확산된 현상.
- 주로 유명인이나 충격적인 자살 사건이 대대적으로 보도되면 비슷한 형식의 자살이 늘어난다는 이론으로, 자살에 대한 언론미디어의 사회적 역할을 주장하는 근거로 쓰임

27. 파파게노 효과 (Papageno Effect)

- 유래 : 언론이 자살에 대한 보도를 자제하면 자살을 예방할 수 있다는 이론. 파파게노는 모차르트의 오페라 '마술피리'에서 웃음과 희망을 상징하는 등장인물의 이름에서 유래.
- 파파게노는 어느 날 삶을 비관해 자살을 시도하게 되지만 3명의 요정이 나타나 이를 만류하며 희망의 노래를 들려주자 자살의 유혹을 극복함

28. 플라시보 효과(위약효과)

효과 없는 가짜 약을 투여하거나, 거짓으로 꾸며낸 치료법을 환자에게 시도했을 때 환자의 긍정적인 믿음으로 인해 병세가 호전되는 현상

29. 피그말리온 효과(로젠탈효과, 자기충족적 예언)

그리스 신화에 나오는 조각가 피그말리온의 이름에서 유래한 심리학 용어로서 강한 바람이나 염원은 기적을 일으킨다는 의미

30. 스톡홀름 증후군(Stockholm syndrome)

인질이 범인에게 동조하고 감화되는 비이성적인 심리 현상. 피해자가 가해자를 변호하는 현상이며, 인질이 아니더라도 일부 매 맞는 배우자나 가족의 일원, 학대받는 아이들도 이와 비슷한 심리 상태를 나타냄

31. 부메랑 효과

부메랑이란 본래 오스트레일리아 원주민이 사용하던 사냥기구로 던지면 다시 제자리로 돌아오는 도구. 선진국이 개발도상국에 경제원조나 자본투자를 한 결과, 현지생산이 시작되어 마침내 그 제품이 현지시장의 수요를 충족시키고도 남아 선진국에 역수출되어 선진국의 해당산업과 경합을 벌이는 현상

32. 깨진 유리창 법칙

깨진 유리창 하나(=사소한 무질서)를 방치해 두면, 큰 문제로 이어질 가능성이 높다는 범죄학자 조지 켈링의 이론. 사소한 무질서를 방치하면 결국 사회전체로 무질서가 확대되고 범죄화 되기에 제때에 단속하고 조치해야 한다는 이론으로 기초질서단속의 중요성 강조

33. 파레토의 법칙(80 : 20 법칙)

전체 결과의 80%가 전체 원인의 20%에서 일어나는 현상'을 가리킨다. 이 용어를 경영학에 처음으로 사용한 사람은 조셉 M. 주란으로, '이탈리아 인구의 20%가 이탈리아 전체 부의 80%를 가지고 있다'라고 주장한 이탈리아의 경제학자 빌프레도 파레토의 이름에서 따옴 (예 : 20%의 고객이 백화점 전체 매출의 80%에 해당하는 만큼 쇼핑하는 현상)

34. 리플리 증후군(Ripley Syndrome)

- 유래 : 1960년 개봉한 영화 '태양은 가득히'의 주인공 톰 리플리에서 유래. 야망이 크고 머리가 좋은 리플리는 낮에는 호텔 종업원, 밤에는 피아노 조율사로 일하는 가난한 청년. 우연한 기회에 친구가 된 이탈리아 사교계의 명사 디키 그린리프를 우발적으로 살해한 후. 상류층을 동경하던 리플리는 신분을 속이고 그린리프처럼 행동하며 인생을 즐기다 그린리프의 시체가 발견되면서 비극적인 결말을 맞음.
- 리플리처럼 현실을 부정하고 자신이 만든 허구를 진실인 양 믿고 행동하는 증상

35. 베블렌 효과(Veblen Effect)

화장품・다이아몬드・고급양주 등과 같은 사치품은 비쌀수록 허영심이 자극되어 수요량이 더 늘어난다는 현상

36. 님비현상- 핌피현상

- 님비현상 : 자신이 속한 지역에 이익이 되지 않는 일을 반대하는 집단 이기주의
- 핌피현상 : 자신이 속한 지역에 이익이 될 만한 시설을 유치하려는 집단 이기주의

37. 미투운동(Me too)

'나도 고발한다'는 뜻으로, 성폭력 피해자들이 SNS를 통해 자신의 피해 경험을 연달아 고발해 사회에 만연한 성폭력의 심각성을 알리고 피해자들에게 "당신은 혼자가 아니며 우리는 함께 연대할 것"이라는 메시지를 전달하는 의미

38. 하인리히 법칙(Heinrich's law)

- 대형사고가 발생하기 전엔 먼저 같은 원인으로 수백 번의 징후와 수십번의 경미한 사고가 반드시 나타난다는 것을 뜻하는 통계적 법칙.
- 1920년대 미국에서 보험회사에 다니던 허버트 하인리히가 산업재해에 대해서 통계를 조사 분석한 결과 큰 재해와 작은 재해 그리고 사소한 사고발생 비율이 1 : 29 : 300임을 밝힘.
- 사소하지만 사고가 발생할 수 있는 원인을 찾아 개선하지 않으면 결국엔 큰 재앙을 맞이하게 된다는 경고의 메시지를 담고 있음

39. 워라밸(Work & Life Balance)

거창한 성공을 꿈꾸기보다 일상을 즐기려는 젊은 직장인 세대의 라이프 스타일을 일컫는 신조어로 '일과 삶의 균형'을 뜻하는 영어 'Work and Life Balance'의 줄임말

40. 가스라이팅(심리적 지배)

- 상황을 조작하는 등의 방식으로 타인의 판단력을 잃게 만드는 행위. 상대방을 통제하기 위해 그가 자신을 의심하게 만드는 행위 전반. 연인이나 가족 등 친밀한 관계에서 주로 나타남.
- 심리치료사 로빈 스턴(Robin Stern)은 저서 《가스등 이펙트》에서 '의식적·무의식적으로 상대방을 조종하려는 가해자와 그를 이상화하고 그의 관점을 받아들이는 피해자가 만들어내는 병리적 심리 현상'이라 말함.

41. 젠더 갈등

- 젠더갈등(Gender conflict)은 남자와 여자간의 성별을 중심으로 일어나는 갈등으로, 정치적 올바름을 추구하는 단체나 언론들에서는 성별갈등보다 젠더갈등이란 용어를 사용하며 확산

※ 참고 : 일상 속 젠더갈등(비에나래 설문조사)
  남자 : 데이트비용(34.6%), 군복무(32.3%), 여성 할당제(16.4%), 직장 내 차별(10.4%)
  여성 : 성추행(31.2%), 직장에서의 차별(27.1%), 데이트 폭력(20.5%), 불법 촬영(13.7%)

42. 성인지 감수성

- 양성 평등에 대한 이해와 지식을 갖추고 일상생활 속의 성차별적 요소를 감지해 내는 민감성을 의미.
- 법적으로는 성범죄 관련 사건에서 피해자가 처한 상황이나 맥락에서 사건을 이해해야 한다는 개념으로 사용.
- 성인지 감수성이 국내 판례에서 처음 등장한 것은 2018년 4월 대법원 판결.
- 당시 권순일 대법관은 학생을 성희롱했다는 이유로 징계를 받은 대학교수가 낸 해임 결정 취소소송 상고심에서 "법원이 성희롱 관련 소송 심리를 할 때는 그 사건이 발생한 맥락에서 성차별 문제를 이해하고 양성평등을 실현할 수 있도록 성인지 감수성을 잃지 않아야 한다"고 말함

43. 직장내 성희롱

사업주, 상급자 또는 근로자가 직장 내의 지위를 이용하거나 업무와 관련하여 다른 근로자에게 성적(性的)인 언동 등으로 성적굴욕감 또는 혐오감을 느끼게 하거나 성적인 언동 그 밖의 요구 등에 대한 불응을 이유로 불이익을 주는 행위

44. 적극행정

공무원이 불합리한 규제의 개선 등 공공의 이익을 위하여 창의성과 전문성을 바탕으로 적극적으로 업무를 처리하는 행위

> **참고 ▼ 적극행정 근거규정**
>
> 헌법 제7조 ①공무원은 국민전체에 대한 봉사자이며, 국민에 대하여 책임을 진다.
> 국가공무원법 제56조(성실 의무) 모든 공무원은 법령을 준수하며 성실히 직무를 수행

하여야 한다.

적극행정 운영규정 제2조(정의)
1. "적극행정"이란 공무원이 불합리한 규제를 개선하는 등 공공의 이익을 위해 창의성과 전문성을 바탕으로 적극적으로 업무를 처리하는 행위를 말한다.

적극행정의 유형(예시)
행태적 측면
통상적으로 요구되는 정도의 노력이나 주의의무 이상을 기울여 맡은 바 임무를 최선을 다해 수행하는 행위 등
업무관행을 반복하지 않고 가능한 최선의 방법을 찾아 업무를 처리하는 행위 등
새로운 행정수요나 행정환경 변화에 선제적으로 대응하여 새로운 정책을 발굴·추진하는 행위 등
이해충돌이 있는 상황에서 적극적인 이해조정 등을 통해 업무를 처리하는 행위 등
규정의 해석·적용 측면
불합리한 규정과 절차, 관행을 스스로 개선하는 행위 등
신기술 발전 등 환경변화에 맞게 규정을 적극적으로 해석·적용하는 행위 등
규정과 절차가 마련되어 있지 않지만 가능한 해결방안을 모색하여 업무를 추진하는 행위 등

소극행정의 정의
공무원의 부작위 또는 직무태만 등으로 국민의 권익을 침해하거나 국가 재정상 손실을 발생하게 하는 행위

〈법적 근거〉
적극행정 운영규정 제2조(정의)
2. "소극행정"이란 공무원이 부작위 또는 직무태만 등 소극적 업무형태로 국민의 권익을 침해하거나 국가 재정상 손실을 발생하게 하는 행위를 말한다.
소극행정 유형
적당편의
문제해결을 위해 노력하지 않고, 적당히 형식만 갖추어 부실하게 처리하는 행태
업무해태
합리적인 이유 없이 주어진 업무를 게을리 하거나 불이행하는 행태
탁상행정
법령이나 지침 등의 변화에도 불구하고 과거 규정에 따라 업무를 처리하거나, 기존의 불합리한 업무관행을 그대로 답습하는 행태
기타 관중심 행정
직무권한을 이용하여 부당하게 업무를 처리하거나, 국민 편익을 위해서가 아닌 자신의 조직이나 이익만을 중시하여 자의적으로 처리하는 행태

PART
08

면접기출
문제은행

올인경찰면접

CHAPTER 08 면접기출 문제은행

제1절 경찰 개별면접 기출문제

〈개인신상관련 (가치관, 성격, 가정환경, 부모, 성장과정, 특성) 등〉

1. 희망 부서와 자신 있는 점과 부족한 점은 무엇인가?
2. 휴학 중인데 만약 경찰이 된다면 대학은 어떻게 할 생각인가?
3. 회사에서 무슨 일 했는가? 회사 경험의 장단점을 이야기해 보시오.
4. 회사를 다닌 경력이 있는데 경찰을 지원한 이유가 단지 공무원이기 때문이라서 아닌가?
5. 회사를 그만 둔 이유는 무엇인가?
6. 화가 나거나 스트레스 받을 때 어떻게 하는가? 그리고 스트레스 해소방안은 무엇인가?
7. 혼자만의 시간을 많이 보내는 것 같은데 친구들은 많이 안만나는가?
8. 형편이 어렵다고 했는데, 수험비 충당은 어떻게 해결 하였는가?
9. 형제는 있는가? 형제와 싸우면 어떻게 싸우는가?
10. 해군출신이 해경 대신 육경을 지원한 이유가 무엇인가?
11. 합기도 몇 단인가? 언제부터 언제까지 배웠는가?
12. 합격하면 다시 고향으로 내려갈 생각인가?
13. 합격하기 위해 수험기간 동안 본인이 어떤 노력을 했는지 이야기해보시오.
14. 합격 후 지구대 팀에 들어가게 되면 본인이 막내 일텐데 어떻게 생활할 것인가?
15. 할머니가 좋아하시는 음식과 생신을 이야기 해보시오.
16. 한 가지 일을 오래 하는 편인가, 아님 싫증내고 바꾸는 편인가?
17. 학창시절에 대해 이야기 해보시오.
18. 학창시절 친구와의 싸움을 어떻게 해결 했는가?
19. 학창시절 출결에 대해 소명해 보시오.
20. 학창시절 전공을 넣어서 꼼꼼하게 자기소개 해보시오.
21. 학창시절 장래희망은 무엇이었는가?
22. 학창시절 자신에게 점수를 준다면 몇 점 주고 싶은가?
23. 학창시절 이후 지금까지 어떻게 살았는지 이야기 해보시오.

24	학창시절 이후 봉사활동 해본 적 있는가?
25	학창시절 운동했는가?
26	학창시절 어떤 학생이었다고 생각하는가?
27	학창시절 선생님의 어떤 리더십이 멋있어 보였는가?
28	학창시절 별명은 무엇인가?
29	학창시절 또는 살면서 본인을 힘들게 한 사람은 어떤 사람이었는지 이야기해보시오.
30	학창시절 기록에 지각이 많은데 어디가 많이 아팠는가?
31	학창시절 교우관계에 대해 이야기해보시오.
32	학원 다녔는가? 학원에서 배웠는가?
33	학생회 부회장 활동을 하며 얻은 것과 잃은 것이 있다면?
34	학교전담경찰관을 지원한 이유는 무엇인가?
35	학과는? 군대는 어디서 근무? 경찰행정학과랑 군대가 매치가 안 되는데, 경찰행정으로 전과한 이유는 무엇인가?
36	하기 싫은 일을 어떻게 대처 하였는가?
37	하기 싫은 일은 무엇인가? 지금 바로 생각나는 것에 대해 이야기해보시오.
38	하고 싶은 일을 하며 산 편인가? 하기 싫은 일을 하며 산 편인가?
39	하고 싶은 일과 하기 싫은 일 둘 중에 어느 것에 더 비중을 두어야 하는가?
40	필기합격은 처음인가?
41	필기조정점수는 몇 점인가?
42	필기시험에서 선택한 과목은 무엇인가?
43	필기시험, 체력시험, 면접 중 가장 힘들었던 것은 무엇인가?
44	프로파일러가 목표라고 했는데 되고 싶은 이유가 무엇인가?
45	프로와 아마추어의 차이점이 무엇이라고 생각하는가?
46	포부를 넣어 마지막으로 하고 싶은 말을 해보시오.
47	포기하지 않고 끝까지 해낸다고 했는데 본인의 어떤 점에서 그렇게 생각하는가?
48	평소에 혼자 어떤 시간을 많이 보내는가?
49	평소에 스트레스를 많이 받는 편인가?
50	평소 지인들에게 어떤사람으로 평가 받는가?
51	평소 중요하게 생각하는 덕목을 경찰에 접목시켜 설명해보시오.
52	평소 존경하는 경찰관이 있는가?
53	평소 운전을 할 때 어떤 성향인지 이야기 해보시오.
54	평소 아버지와의 관계는 어떠한가?
55	펜팔 친구 어떻게 만나게 되었는가?
56	팔로워로서 어떤 자세가 좋다고 생각하는가?
57	팔로우십을 어떻게 보여줄 것인가?

58	팀워크와 성과 중 무엇이 더 중요하다고 생각하는가?
59	특기가 무엇인가?
60	태권도 해보시오.
61	태권도 선수하며 수상했던 내역에 대해 이야기해보시오.
62	태권도 선수생활을 하다가 그만 둔 이유는 무엇인가?
63	태권도 선수생활 중 합숙생활하면서 기억에 남는 일이 있는지
64	태권도 몇 단인가?
65	태권도 몇 년? 국대상비군이었나? 그럼 체력 잘 봤는가?
66	타인의 말을 경청한다고 하였는데 갈등상황에서 어떻게 해결하는가?
67	타인과의 소통에서 가장 중요한 것이 무엇이라 생각하는가?
68	키가 얼마나 되는가?
69	카카오톡에 친구가 몇 명이나 있는가? 친구들과 관계유지를 위해 어떻게 하는가?
70	카카오톡 프로필 사진과 글 내용이 무엇인가?
71	칭찬들은 것 중 가장 기억에 남는 것은?
72	친화력이 좋다고 했는데 특별한 노하우가 무엇인가?
73	친한 친구는 몇 명 있는가? 그중 전화하면 바로 달려올 친구 이름과 전화번호는?
74	친한 친구 몇 명인가? 그 친구들을 좋아하는 이유는 무엇인가? 그 친구들이 어려울 때 달려간 적 있는가?
75	친절한 동료와 정의롭고 똑똑한 동료 중 선택한다면? 정의로운 것은 중요한 것이 아닌가?
76	친절과 전문성 둘 중 하나만 골라야 한다면 어떤 것을 고르겠는가?
77	친절, 봉사, 신뢰 중에 가장 중요한 가치가 무엇이라고 생각하는가? 그 이유도 함께 이야기 해보시오.
78	친구를 사귀는 기준은?
79	친구들이랑 의견 다를 때 어떻게 하나?
80	친구들이랑 싸운 적 있는가?
81	친구들이 본인을 동물로 비유할 때 어떤 동물이라고 이야기 하는가?
82	친구들이 본인에 대해 어떤 사람이라고 평가하는가?
83	친구들이 말하는 자신의 장, 단점에 대해 이야기해보시오.
84	친구들과의 여행에서 본인의 역할은 주로 무엇인가?
85	친구들 중 본인을 싫어하는 사람이 있는가?
86	친구가 보증을 서 달라고 한다면 어떻게 거절할 것인가?
87	친구가 몇 명인가? 최근에 무슨 일로 연락을 했는가?
88	취미가 무엇인가?
89	축구를 할 때 본인이 하고 싶은 자리만을 고집해서 하는가?
90	축구를 하면 어느 포지션에 서는가? 수비수 해본 적 있는가?

91	최종합격을 한다면 가장 먼저 무엇을 하고 싶은가?
92	최종 불합격할 때 들은 질문 기억나는가?
93	최종 불합격한 원인이 무엇이라고 생각하는가? 이번에 합격하기 위한 특별한 노력은 무엇인가?
94	최종 불합격 경험이 있음에도 계속 경찰에 지원한 이유는 무엇인가?
95	체중을 어떻게 감량하였으며, 그 기간은 얼마나 걸렸는가?
96	체력점수가 몇 점인가? 45점 이상도 많은데 본인 점수가 객관적으로 너무 낮은 것 아닌가?
97	체대에선 조직생활을 강조하는 분위기였을 텐데 그에 대한 자신의 생각과 개선방안에 대해 이야기해보시오.
98	체격이 외소한데 경찰 업무를 잘할 수 있겠는가?
99	청렴한 경찰의 의미는 무엇이고, 본인은 청렴한 경찰이 되기 위해 어떤 노력을 하겠는가?
100	청렴이 왜 중요 하다고 생각하는가?
101	청렴의 이미지는 무엇이며 청렴하면 생각나는 사람은 누구인가?
102	청렴에 대해 어떻게 생각하는가?
103	청렴성을 키우기 위해 어떠한 노력을 하겠는가?
104	청렴, 도덕성, 준법정신 중 가장 중요한 덕목은 무엇이라고 생각하는가?
105	책임감이 무엇이라 생각하는가? 고등학교 출결 보면 책임감이 없어 보이는데 어떻게 생각하나?
106	참을 수 없이 격분 했을 때, 어떻게 하는지 이야기 해보시오.
107	짧은 수험기간의 비결은 무엇인가?
108	집은 지방인데 서울청을 지원한 이유는 무엇인가?
109	집 근처 파출소를 보며 어떤 생각이 들었으며 어떤 경찰관이 되고 싶은지 이야기 해보시오.
110	진로 고민을 할 때 경찰을 빨리 준비하지 않은 이유는 무엇인가?
111	직장 내 동료가 내부 고발했다면 어떤 느낌이 들것 같은가?
112	직장 내 갑질에 대해 어떻게 생각하며, 본인이 경찰관이 되면 어떻게 할 것인가?
113	직장 경력을 살리지 않고 경찰을 지원한 이유가 무엇인가?
114	직업적인 가치관이 무엇인가?
115	직업이 뭐라고 생각하는가? 직업의 개념에 대해 이야기해보시오.
116	직업을 선택할 때 중요하게 고려하는 것 3가지는?
117	직업을 두 번이나 바꿨는데, 경찰이 되어서도 바꿀 수 있지 않은가?
118	지인 중 사명감 있는 사람에 대해 이야기해보시오.
119	지인 경찰관이 근무하면서 힘들다고 한 점은 무엇인가?
120	지능수사팀말고 가고 싶은 부서가 있는가?

121	지금 친한 친구가 무슨 일을 하고 있나?
122	지금 신은 구두 경찰단화 아닌가? 단화는 보급품인데 가족이 쓰는 것에 대해 어떻게 생각하는가?
123	지금 생각나는 노래의 노랫말 두 문장 정도 해 보고 왜 그 노래인지 말해보시오.
124	지금 기분이 어떤가?
125	지구대, 파출소에서 근무를 하게 되면 어떤 모습으로 활동할 것인가?
126	지구대 업무 말고 다른 어떤 일을 하고 싶은가?
127	지구대 발령받고 실탄이 장착된 총기를 갖게 되었을 때의 기분을 표현해보시오.
128	지구대 근무 힘들지 않겠는가?
129	중사로 전역했는데 전역 한 이유는 무엇인가?
130	주로 어떤 느낌을 갖는가? 즐거움, 슬픔 등 감정으로 이야기 해보시오.
131	주량은 얼마나 되는가?
132	좌우명이 무엇인가?
133	좋은 팔로워는 무슨 자질을 가져야 하는가?
134	좋아하는 운동에 대해 이야기해보시오.
135	좋아하는 것이 무엇인가?
136	존경하는 인물과 반면 교사한 인물에 대해 이야기 해보시오.
137	조직원들과 융화되기 위해 어떤 노력을 하겠는가?
138	조교 때 가장 중요하게 여겼던 가치가 무엇인가?
139	제2외국어를 잘하는데 외사과에 지원하지 않은 이유는 무엇인가?
140	정장의 색깔을 선택한 기준이 무엇인가?
141	정의가 무엇이라고 생각하는가?
142	정의, 소통, 희생 중에 가장 중요하게 여기는 가치대로 순서와 이유를 이야기해보시오.
143	정복 입은 모습을 보니 무슨 생각이 들었는가?
144	점심 먹었나? 단체면접 어려웠나? 뭐 했나?
145	전학을 다니면서 힘들었던 점은 무엇이었는지 이야기해보시오.
146	전역 일자는 언제인가?
147	전공과 다르게 경찰을 지원한 이유가 무엇인가?
148	장기기증 서약한 이유가 무엇인가?
149	장교로 복무 했는데 어디서 근무 했는가? 보직은 무엇인가?
150	장교로 근무하면서 가장 힘들었던 점은 무엇인가?
151	잘 하는 것에 대해 이야기해보시오.
152	잘 다니던 회사를 관두고 경찰을 지원한 이유는 무엇인가?
153	자신이 했던 후회스러운 결정에 대해 이야기해보시오.
154	자신이 잘하는 것을 다른 것들과 어떻게 접목시켜서 성취했는가?

155	자신이 읽었던 책의 내용을 바탕으로 경찰이 되어 어떻게 할 것인지 이야기 해보시오.
156	자신이 어떤 사람인지 지인이나 친구 가족관계를 들어 설명해보시오.
157	자신이 생각하는 이상적인 경찰상에 대해 이야기해보시오.
158	자신이 생각하는 역량을 정의해 보시오.
159	자신이 받고 싶었던 질문은 무엇이고 그 답변에 대해 이야기해보시오.
160	자신이 말한 진정성이란 무엇이라고 생각하는가?
161	자신이 다른 사람보다 나은 점은 무엇이고, 그 점을 경찰에 들어 왔을 때 어떻게 활용하겠는가? (체력 제외, 추상적인것 말고 구체적으로)
162	자신이 국회의원이라면 어떤 법안을 만들겠는가?
163	자신이 경찰이 된다면 어떤 서비스를 제공할 수 있을 것인가?
164	자신이 경찰공무원에 적합한 이유와 어떤 노력을 하였는가?
165	자신이 갖고 있는 가치관 중 경찰관과 국가관에 합치되는 것이 있다면 무엇인가?
166	자신의 흑역사에 대해 이야기 해보시오.
167	자신의 준법정신 점수를 매긴다면 몇 점 줄 것이며 이유는 무엇인가?
168	자신의 주변 사람들이 준법정신이 있다고 생각하는가?
169	자신의 좌우명은 무엇인가?
170	자신의 자라온 환경에 대해 이야기 해보시오.
171	자신의 인성을 그림으로 표현한다면 어떻게 그리겠는가?
172	자신의 이름 뜻에 대해 말해보시오.
173	자신의 운전 습관에 몇 점을 주고 싶은가?
174	자신의 열등감에 대해 이야기해보시오.
175	자신의 어떤 점을 살려 어떤 업무를 해보고 싶은지 말해보시오.
176	자신의 성실함을 보여 줄 수 있는가?
177	자신의 성격을 경찰에 적용한다면 어떤 점이 부합하는지 이야기 해보시오.
178	자신의 성격 때문에 불편했던 사람이 있는가?
179	자신의 봉사정신에 대해 이야기해보시오.
180	자신의 법률 지식은 몇 점이라고 생각하는가?
181	자신의 뛰어난 장점을 조직에 들어가서 적용시킨다면?
182	자신의 도덕성과 윤리성에 점수를 매긴다면 0~10점 중에 각각 몇 점씩 줄 것인지 이야기 해보시오.
183	자신을 한 단어로 표현하고 이유를 말해보아라.
184	자신을 색깔로 표현하고 성격상 단점을 색깔로 표현해 보시오.
185	자신을 돈으로 환산한다면 얼마라고 생각하는가?
186	자신을 10글자로 표현해 보시오.
187	자신은 준법정신이 투철하다고 생각하는가?

188	자신은 어떤 사람이며 조직에 어떤 부분이 도움이 될 것 같은지 이야기해보시오.
189	자신은 어떠한 성격을 가지고 있는 사람인가?
190	자신은 복잡한 성격인가? 단순한 성격인가?
191	자신은 다정한 사람인가? 냉정한 사람인가?
192	자신에게 행복이란 무엇인가?
193	자신에게 면접점수를 매긴다면 몇 점을 주고 싶은지 이야기해보시오.
194	자신에게 경찰이란 무엇인가?
195	자신만의 강점을 경찰이 되어 어떻게 활용할 것인지 이야기해보시오.
196	자신과 성격이 맞지 않는 사람과 구체적으로 어떻게 해결해 나갈 것인가?
197	자신과 가장 어울리는 경찰상은 무엇인가?
198	자신감을 개인기로 발산해 보시오.
199	자립성 강해 보이는데 실제로도 그런가?
200	자기소개 해보시오.
201	자극적인 것 좋아하게 생겼다. 자극적인 것 좋아하는가?
202	자격증을 딴 이유는 무엇인가?
203	자격증 소지하고 있는가?
204	일하면서 무엇이 가장 중요하다 생각하는가?
205	일하면서 가장 힘들었던 부분은 무엇인가?
206	일하기 싫은 상사와 친해지는 방법
207	일을 계획성 있게 하는 편인가, 새로운 일을 좋아하는 편인가?
208	일반행정직 공무원이 아닌 경찰관이 되고자 하는 이유는 무엇인가?
209	일과 가정 중 더 중요하다고 생각하는 것은 무엇인가?
210	일, 명예, 돈 중에 선택 하라면 어떤 것을 선택 하겠는가?
211	일 년에 책을 몇 권 읽는가?
212	인턴 생활 얼마나 했는가?
213	인생의 터닝 포인트가 있었다면 이야기 해보시오.
214	인생은 선택의 연속이다. 신중한 선택을 할 때 어떤 방식으로 의사결정을 하는가?
215	인생에서 좌절감을 느꼈을 때는 언제이며, 극복하기 위해 어떤 노력을 하였는가?
216	인생에서 가장 중요한 세 가지를 이야기해보시오.
217	인내심, 자제력의 한계를 느낀 적 있는가?
218	이상형이 무엇이고 결혼관에 대해 이야기해보시오.
219	이름을 들 때 무슨 생각이 드는가?
220	의경을 지원해서 간 이유는 무엇인가?
221	의경을 주변사람에게 추천 하겠는가?
222	의경시절 지휘요원이 부당한 지시를 한 적 있는가?

223	의경생활하며 자신의 롤 모델은 누구였는가?
224	의경생활하며 기피했던 사람은 누구였는가?
225	의경생활 할 때 선임이 편했는가? 후임이 편했는가?
226	의경생활 하면서 어떤 경찰이 되고 싶었는가?
227	의경생활 중 중대수인으로 뽑힌 이유가 무엇이라고 생각하는가?
228	의경생활 중 기뻤던 기억은?
229	의경 생활하며 가장 기억에 남았던 일에 대해 이야기 해보시오.
230	의경 생활을 하면서 무엇을 배웠는가?
231	의경 생활을 하면서 무슨 생각이 들었는가?
232	의경 복무는 어디서 했는가?
233	유도 몇 단인가? 유도를 배운 이유는 무엇인가
234	월급이 기존보다 적어서 생활 가능하겠나?
235	워킹홀리데이 시절 배운 것은 무엇인가?
236	운동을 잘하는 편인가?
237	운동은 일주일에 얼마나 하는가?
238	우리청에 지원한 이유는 무엇인가? 몇 번 지원했는가?
239	우리 사회가 정의롭다고 생각하는가?
240	요즘 드는 기분을 3가지만 말해보시오.
241	외국에서 다양한 문화를 접한 경험이 한국에서 어떤 도움이 되었는가?
242	외국 생활을 얼마나 했는가? 영어로 대화가 가능한가?
243	왜 이렇게 아르바이트를 많이 했는가?
244	왜 사는가에 대해 답해 보시오.
245	오랜 수험기간을 거쳐 힘들게 이 자리까지 왔는데 그럴 수 있었던 이유는 무엇이라고 생각하는가?
246	오늘 어디에서 왔는가?
247	오늘 아침 뉴스를 봤는가?
248	오늘 면접 보러 가는데 부모님께서 뭐라고 하셨나?
249	예체능 전공인데 어떤 예체능 전공인가?
250	영화나 책 최근에 본 거 있으면 이야기 해보시오.
251	영어로 자기소개 해보시오.(영어전공자의 경우)
252	열정이 넘쳐 보이는데 4,50대까지 유지할 자신 있는가?
253	여행 어디로 몇 번이나 다녀왔는가? 여행 경비는 어떻게 해결하였는가?
254	여자로써 경찰이 되고 싶은 이유가 무엇인가?
255	여자 친구와 헤어진 이유는 무엇이며, 만약 합격한다면 다시 설득할 의향이 있는가?
256	여가시간을 무엇을 하며 어떻게 보내는가?

257	엑셀, 워드 자격증 있는가?
258	언제부터 경찰이 되겠다고 생각했는가?
259	언제 화가 나는지 이야기 해보시오.
260	억울했던 경험을 자신의 단점과 연관 지어 이야기 해보시오.
261	어제부터 오늘까지 있었던 일이나 기분에 대해 이야기 해보시오.
262	어머니 생신이 언제인가? 그때 무엇을 했는가?
263	어릴 때부터 경찰이 되고 싶었는데 왜 경찰대 지원을 안했나?
264	어릴 때나 현재, 부모님에게 잘못한 일과 잘한 일에 대해 이야기해보시오.
265	어린 시절 어떤 생각을 하며 성장 했는가?
266	어른들이랑 잘 지내면 아랫사람이나 동료들과는 잘 못 지내지 않은가?
267	어려 보이는데 사회생활 경험이 없을 것 같다. 경찰조직에 들어온다면 이 부분과 관련해 본인이 어떤 문제를 일으킬것 같은가?
268	어떤 후배를 뽑고 싶은가?
269	어떤 조직에서나 성실성은 중요하다. 본인의 성실함을 어필해보시오.
270	어떤 점이 자신이 경찰에 적합하다 생각하는가?
271	어떤 장르의 영화를 좋아 하는가?
272	어떤 일을 할 때 끝까지 하는편인가? 아니다 싶으면 포기하고 새로운 도전을 하는가?
273	어떤 유형의 상사와 맞지 않는가?
274	어떤 경찰이 되고 싶은지 이유와 함께 이야기해보시오.
275	어느 계급까지 올라가고 싶은가?
276	앞으로 어떤 경찰이 되고 싶은가?
277	안경과 넥타이를 선택한 기준과 이유가 무엇인가?
278	악착같은 면이 없어 보이는데, 그렇지 않다는 것을 객관적인 사례로 증명해 보시오.
279	아버지의 어떤 부분을 보며 경찰이 되기로 결심 했는가?
280	아버지의 단점은 무엇인가?
281	아버지와 가장 최근에 했던 통화 내용에 대해 이야기 해보시오.
282	아버지를 통해 무엇을 느꼈는가?
283	아버지는 어떤 분인 거 같은가?
284	아버지가 경찰이신데 아버지로서 어땠는가?
285	아버지 현직 경찰관이신가?
286	아버지 어디서 근무 하시는가?
287	아르바이트나 직장생활하면서 느낀 자신의 장점과 단점을 경찰업무에 어떻게 적용할지 말해보시오.
288	실패란 무엇이라고 생각하는가? 한마디로 표현해 보시오.
289	실장도 3년간 했고 과사무실에서 보조하는 일들도 했었는데, 본인은 주로 리더를 선호하는가, 받쳐 주는 역할을 선호하는가?

290	신호위반이나 무단횡단을 한 적이 있는가?
291	신념으로 삼는 사자성어 5가지를 말해보시오.
292	시력이 많이 나쁜 편인가?
293	스무 살 이후 살아온 과정에 대해 30초 이내로 이야기 해보시오.
294	술 마시고 실수한 적 있는가?
295	술 마시고 실수하는 친구를 본 적 있는가?
296	순경 합격, 경간부 합격 중 어떤 것을 선택할 것인가?
297	수험생활이 길어진 이유가 뭐라고 생각하는가?
298	수험생 생활 중에서 가장 재미있었던 과목은?
299	수험기간에 가장 힘이 됐던 사람은?
300	수험기간과 수험기간을 통해 얻은 것과 잃은 것에 대해 이야기해보시오.
301	수험기간 중 어떤 공부가 제일 힘들었는가?
302	수험기간 중 가정경제는 누가 어떻게 했는가?
303	수험기간 빼고 도전해 본 거 무엇이 있나?
304	수험기간 빼고 노력한 건 무엇인가? 노력한 것 중에 인권센터교육 얘기했는데 어디로 갔는가? 거기가 어떤곳이었는지 아는가? 아는 대로 이야기해 보시오.
305	수험기간 동안 수험비 충당은 어떻게 했으며, 수험기간이 길어진 이유는 무엇이라고 생각하는가?
306	수험 생활 중 어디서 정보를 얻었으며, 잘못된 정보를 어떻게 걸러내고 개선했는지 이야기 해보시오.
307	수험 기간, 시험 응시 횟수는?
308	수험 기간 동안 포기하고 싶었던 순간은 언제였는가?
309	소통에 있어 자신의 장점 한 가지와 단점 한 가지를 이야기해보시오.
310	소년원 봉사활동은 어디서 했는가?
311	세상에서 가장 소중한 것은? 자신이 없으면 부모님도 존재하지 않는데 그래도 부모님이 더 소중한가? 이유는?
312	성폭력 피해자를 어떻게 도와줄 수 있을지 이야기해보시오.
313	성장과정에 대해 초중고 학창시절부터 대학교 전공을 포함해 지금까지 어떻게 살았는지 이야기 해보시오.
314	성인인데 굳이 부모님이 면접장까지 데려다 주신 이유가 무엇인가?
315	성실하기 위해 어떤 노력을 했는가?
316	선택과목은 어떤 것을 선택했는가?
317	선도부장을 하면서 교칙을 정했다고 했는데 지금도 그 교칙이 존재하는가?
318	서른 살까지 무엇을 해 왔고, 경찰 필기시험 몇 번 응시했는가?
319	색깔을 넣어 자기소개 해보시오.

320	살면서 가장 기뻤던 순간은 언제인가?
321	산과 바다 중 본인이 좋아하는 곳은 어디 인가?
322	사회적 약자가 이슈인데 최근 사회적 약자를 위해 무엇을 하였는가?
323	사회에 대한 반항심 같은 것을 가진 적이 있는가?
324	사회에 공헌하고 싶다고 하였는데 수험기간 2년 6개월 동안 봉사활동은 왜 못하였는가?
325	사회성이 무엇이라고 생각하는가? 자신의 장단점과 엮어서 이야기해보시오.
326	사전조사서 엄청 잘 썼다. 어디서 배운 것인가? 이런 글 쓸 때 구성은 어디서 배운 것인가? 논문 써 본 적있나?
327	사람이 선한가? 악한가? 당신은 어떻다고 생각하는가?
328	사람들과 함께 밥을 먹었는데 돈을 어떻게 낼 것인가?
329	비밀을 말할 수 있는 친한 친구가 몇 명인가?
330	붙으면 왜 붙은 것 같고 떨어지면 왜 떨어진 것 같은가?
331	부모님의 결혼기념일이 언제인지 알고 있는가?
332	부모님을 위해 특별히 노력(희생)한 점을 말해보시오.
333	부모님에게 어떤 아들(딸)이라고 생각하는가?
334	부모님에게 받은 긍정적인 영향과 부정적인 영향에 대해 이야기 해보시오.
335	부모님께 칭찬 받은 것과 꾸중 받은 것은 무엇인가?
336	부모님 외에 도움 받았던 적, 다른 사람에게 도움 준 적 있는가?
337	부모님 뭐 하시는가?
338	부대 동기가 돈 빌려 달라고 한다면 얼마까지 빌려줄 수 있는가?
339	봉사활동하면서 기억에 남는 것이 무엇인가?
340	봉사활동을 하며 발생한 갈등상황을 어떻게 해결 하였는가?
341	봉사활동 하면서 경찰이 되면 어떻게 접목시키겠는가?
342	봉사의 개념을 설명해 보시오.
343	봉사와 희생에 대해 이야기해보시오.
344	봉사시간 몇 시간인가?
345	봉사를 받아 본 경험에 대해 이야기 해보시오.
346	봉사란 무엇이라고 생각하는가?
347	봉사가 하고 싶은 이유는 무엇인가?
348	본인이 타인에게 신뢰를 얻기 위해 노력한 사례에 대해 이야기해보시오.
349	본인이 친화력이 있다고 했는데 어떻게 친해지는가?
350	본인이 책임감을 가지고 한 일에 대해 이야기해보시오.
351	본인이 지원하고 싶은 부서는 어디인가?
352	본인이 중요하다고 생각하지만 부족한 것은 무엇인가?
353	본인이 중요하게 생각하는 단어가 있다면 이야기 해보시오.

354	본인이 조직 생활 하는 데 어려울 것 같은 약점을 이야기해보시오.
355	본인이 정직하다고 생각하는가?
356	본인이 잘했다 싶은 것을 말해보시오.
357	본인이 입직했을 때 가장 어려울 것 같은 것이 있다면 무엇인가?
358	본인이 이번에 불합격하게 되면 무엇을 하겠는가?
359	본인이 언제 가장 잘났다고 생각하는가?
360	본인이 억제하기 힘든 감정은 어떤 감정인지 이야기해보시오.
361	본인이 싫어하는 상사는 어떤 유형의 상사인지 이야기해보시오.
362	본인이 생각하는 소통이란무엇인가?
363	본인이 생각하고 행동할 때 어떤 관점을 중요시하는가?
364	본인이 살면서 사랑받을 수 있는 이유가 무엇이었다고 생각하는가?
365	본인이 부정부패 척결을 위해 할 수 있는 일은 무엇이 있다고 생각하는가?
366	본인이 되고 싶은 경찰은?
367	본인이 동안이라고 생각하는가?
368	본인이 꿈을 경찰로 바꾸었을 때 부모님은 어떤 반응을 보이셨는가?
369	본인이 경찰이 되면 '이것만큼은 다른 누구보다도 잘 할 수 있다' 하는 것이 있는가?
370	본인이 경찰이 되기 위해 매일 노력한 것은 무엇인가?
371	본인이 경찰의 사명감을 갖기 위해 노력한 것은?
372	본인이 같이 일하고 싶지 않은 사람은 어떤 유형의 사람인지 이야기해보시오.
373	본인이 가지고 있는 덕목에 대해 이야기해보시오.
374	본인이 가장 잘하는 것을 경찰의 업무와 연결시켜 이야기해 보시오.
375	본인의 학창시절을 근태를 가지고 말해 보아라.
376	본인의 특기는 무엇인가?
377	본인의 초중고부터 지금까지의 삶을 일대기식으로 구성하여 자기소개 해보시오.
378	본인의 체력은 어떤 편인가?
379	본인의 체력시험 백미터 달리기 기록은 몇 초인가? 몇 점인가?
380	본인의 청렴함을 점수화 한다면 몇 점이나 주겠는가?
381	본인의 진로를 경찰로 변경하게 된 이유는 무엇인가?
382	본인의 준법정신에 대해 점수를 매기고 이유를 말해보시오.
383	본인의 장점과 접목하여 지원하고 싶은 부서는 어디인가
384	본인의 장점 5개, 단점 5개를 이야기 해보시오.
385	본인의 인적성 점수 높은 것 같은가, 낮은 것 같은가?
386	본인의 인상은 어떻다고 생각하는가?
387	본인의 외모 중 가장 자신 없는 부분은 어디 인가?

388	본인의 어떤 점이 경찰과 잘 맞는지, 그 이유들 중 한 가지를 집어 사례를 들어 이야기해보시오.
389	본인의 수험번호 앞 또는 뒷사람이랑 친한가? 서로 대화는 나누어봤는가?
390	본인의 성실점수에 몇 점을 줄 것인가?
391	본인의 성실성을 입증할 만한 사례를 이야기해보시오.
392	본인의 성실성에 점수를 매긴다면 몇 점이라고 생각하는가? 그 이유는 무엇인가?
393	본인의 성격이 신중한 편인가, 활달한 편인가?
394	본인의 성격에 대해 이야기해 보시오.
395	본인의 삶에 영향을 준 인물을 3명만 이야기해보시오.
396	본인의 사회경험이 경찰 생활에 어떻게 도움이 될 것인지 이야기해보시오.
397	본인의 동기나 선, 후배 중 합격한 사람 있는가?
398	본인의 도덕점수는 몇 점이라 생각하는가?
399	본인의 단점 중 경찰관이 되면 가장 먼저 고쳐야 할 것에 대해 이야기해보시오.
400	본인의 꾸준함을 설명할 수 있는 구체적인 사례를 이야기해보시오.
401	본인의 극복 불가능한 단점에 대해 이야기해보시오.
402	본인의 공감능력을 10점 만점으로 한다면 몇 점이며, 그렇게 평가한 이유가 무엇인가?
403	본인의 경험을 넣어 지원동기를 이야기 해보시오.
404	본인의 강점 말하고 경찰에 들어와서 어떻게 써먹을 것인가?
405	본인의 가치관에 대해 말해보시오.
406	본인의 SNS 활동에 대해 안 하면 왜 안 하고 하면 왜 하는지 이유를 이야기해 보시오. SNS 사용의 긍정적인부분에 대해 이야기 해보시오.
407	본인의 20세 때부터 지금까지의 삶을 일대기식으로 구성하여 자기소개 해보시오.
408	본인을 뽑아야 하는 이유에 대해 이야기해보시오.
409	본인을 동물에 비유한다면 어떤 동물에 비유하겠는가?
410	본인을 경찰청장이라 가정하고 경찰관들에게 어떤 비전을 제시 하겠는가?
411	본인을 가장 화나게 하는 요인은 무엇이며, 본인이 화를 절제하는 방법에 대해 이야기해보시오.
412	본인은 힘든 일이 있을 때 주로 누구에게 이야기하는 편인가?
413	본인은 화가 나면 화를 참는 편인가? 아니면 화를 내는 편인가?
414	본인은 피해를 입었을 때 감정적으로 대처하는가?
415	본인은 타인을 설득하는 편인가, 설득 당하는 편인가?
416	본인은 타인과 어떤 방식으로 소통하는가?
417	본인은 책임감이 강한 편인가?
418	본인은 준법정신이 투철하다고 생각하는가?
419	본인은 재미있는 사람인가, 재미없는 사람인가? 선택 후 사례를 들어 이야기 해보시오.

420	본인은 자존감이 낮은 편인가?
421	본인은 인내심이 좋다고 하였는데 어떤 지시든지 따를 것인가?
422	본인은 이성적인 사람인가, 감성적인 사람인가?
423	본인은 원래 성격이 내성적이고 말이 느린 편인가?
424	본인은 어떤 성격인가?
425	본인은 어떤 경찰이 되고 싶은가?
426	본인은 솔선수범하는 편인가?
427	본인은 성실한가? 이유를 들어 구체적으로 이야기 해보시오.
428	본인은 상냥한 편인가 무뚝뚝한 편인가 사례를 들어 이야기해보시오.
429	본인은 사람을 만날 때 머리로 만나는가? 가슴으로 만나는가?
430	본인은 맞으면 맞고 틀리면 틀리다고 확실히 말하는 타입인가?
431	본인은 마음이 여린 편인가?
432	본인은 리더인가, 팔로워인가?
433	본인은 공리주의자인가?
434	본인은 건강한 편인가?
435	본인은 갈대와 대나무 중 어느 쪽이라고 생각하는가?
436	본인은 가치관이 뚜렷한 사람인가?
437	본인만의 스트레스 해소방안에 대해 이야기 해보시오.
438	본인 합격은 운과 실력이 몇 대 몇인 것 같은가?
439	본인 주관이 강한가, 아니면 주위 의견을 듣는 편인가?
440	본인 좋아하는 운동 지금까지 하고 있는지, 앞으로 계속할건지?
441	본인 스스로의 의지로 경찰을 선택하고 준비한 것인가? 가족 등 외부인의 영향이 있었는가?
442	보았던 경찰 영화 중 가장 기억에 남는 영화는 무엇인가? 주연배우와 기억에 남는 장면, 대사에 대해이야기해보시오.
443	병원을 그만 둔 이유가 무엇인가?
444	별명이 무엇인가?
445	배낭여행 완주하였나? 여행하면서 느낀 점은?
446	방향이 중요한가? 속도가 중요한가?
447	밥 먹고 왔는가? 잠은 잘잤는가? 무슨 꿈 꿨는가?
448	무엇 때문에 경찰관의 꿈을 가졌나?
449	무도 잘하는 것 있는가?
450	무도 몇 단인가?
451	몸이 좋아 보이는데, 평소 즐겨하는 운동은 무엇인가?
452	목소리가 좋은데 트레이닝 받았는가?

453	모임에서 주도하는 스타일인가? 따라가는 스타일인가?
454	명예가 무엇이라고 생각하는가?
455	면접장에 몇 시에 도착했는가?
456	면접이 처음인데 어떻게 준비했는가?
457	면접이 몇 번째인가? 이전에는 왜 떨어진 것 같은가? 이번에 붙으면 뭐 때문인 것 같은가?
458	면접에서 떨어진다면 왜? 혹은 붙는다면 왜인 것 같은가?
459	면접까지 왔는데 오늘 기분이 어떤가?
460	면접 전 일주일 동안 뭐 했나?
461	면접 스터디를 했다고 했는데 스터디는 얼마나 했는가?
462	면접 보러 오는 길에 누구 모습이 생각났는가?
463	면접 끝나고 나가면 무엇을 할 예정인가?
464	말하는 게 꼭 현직 경찰관 같다. 주변에 현직 경찰관이 있는가?
465	말이 먼저인가, 행동이 먼저인가, 사례를 들어 이야기 해보시오.
466	말을 잘하는데 본인은 욕심이 많거나 성취감을 좋아하는 편인가?
467	만약 본인이 최종합격 한다면 자신의 어떤 점 때문에 합격한 것이라 생각하는가?
468	만약 경찰이라는 직업이 없다면 어떤 직업을 선택했겠는가?
469	만나고 싶지 않은 상사의 3가지 유형에 대해 이야기해보시오.
470	마지막으로, 본인이 다른 수험생보다 내세울 수 있는 것을 말해보시오.
471	마지막으로 하고 싶은 말은 무엇인가?
472	리더십과 팔로우십에 대해 이야기해보시오.
473	롤모델이 누구인가?
474	동료와 다툰 경험과 어떻게 해결했는지 이야기 해보시오.
475	동료에게 어떤 경찰관으로 평가받고 싶은지 말해 보아라.
476	대화를 함 때 본인이 설득하는 편인가, 설득하는 사람의 이야기를 들어주는 편인가?
477	대학에 진학하지 않은 이유가 무엇인가?
478	대학시절에 대해 이야기 해보시오.
479	대학교는 몇 학년까지 다녔는가?
480	대학교 졸업 이후의 인생을 진실 되게 이야기해보시오.
481	대학 졸업 했는가? 전공이 무엇인가?
482	대학 자퇴한 이유와 학과를 선택한 이유는 무엇인가?
483	대출을 받은 이유는 무엇인가?
484	대인관계에 대해서 어느 정도 시간을 할애하는 편인가?
485	당신은 어떤 사람인지 말해보시오.
486	단체로 어울리기를 좋아하는가, 혼자 있는 것을 좋아하는가?

487	다른 친구들은 현재 일하고 있을 텐데 부럽지 않은가?
488	다른 진로 계획에 대해 이야기 해보시오.
489	다른 사람에 비해 자신 있는 것이 있다면?
490	다른 사람들이 느끼기에 이상하다고 생각하는 본인의 특징은 무엇인가?
491	다른 공무원 지원하지 않고 경찰만 지원한 이유는 무엇인가?
492	노력과 운 중에 어느 것이 더 중요하다고 생각하는가?
493	내성적인 성격인가? 그리고 마음속에 숨기고 있는 무엇이 있다면 이야기해보시오.
494	내성적인 면이 많아 보이는데 민원인 상대할 때 힘들지는 않을지
495	내부 고발에 대해 어떻게 생각하며, 내부고발 할 의향이 있는가?
496	내근직, 현장직 중 어느 부서를 선호하는가?
497	남자친구(여자친구) 있습니까?
498	남자 친구, 여자 친구 중 물에 빠졌는데 누구를 구하겠는가?
499	남을 돕는 것을 좋아한다고 했는데 그렇다면 왜 사회복지사를 하지 않았는가?
500	남들이 말하는 본인의 단점은 무엇인가?
501	남들이 나에게 했던 칭찬 중 기억에 남는 문구 그대로 말해 보시오.
502	남들보다 늦은 나이에 지원한 이유는 무엇인가?
503	나이가 어린데, 조직 생활을 시작하기 전에 다른 경험들을 좀 더 하다가 들어올 생각은 없는가?
504	나이가 어린데 시험에 몇 번 응시했는가?
505	나이 많은 사람들과 잘 어울리고 적응할 수 있겠는가?
506	나의 성격을 형용사 2 가지로 표현해 보시오.
507	나는 어떠한 사람이다. 한 문장으로 표현해 보시오.
508	나는 다시 직업을 선택하라면 경찰을 선택하지 않겠다. 경찰은 술 먹지 마라, 음주 운전 하지 마라 등 하지 말라고하는 것이 너무 많다. 차라리 행정직 공무원으로서 예산을 받아 시민들에게 행복을 주는 놀이기구 같은 것을 만들겠다. 본인은 그럼에도불구하고 왜 경찰이 하고 싶은가?
509	꿈을 이루기 위한 최근의 노력에 대해 이야기 해보시오.
510	꾸준하게 해온 것이 있다면 이야기 해보시오.
511	기피하는 사람의 유형과 이유에 대해 이야기 해보시오.
512	기피 부서는 어디인가?
513	급한 성격인가?
514	금일 내용적으로 본인 역량에 비해 부족했다 생각되는 부분이 있으면 보충하고, 평소 어떤 역량을 갖춘 사람인지이야기해보시오.
515	그동안의 수험비용은 어떻게 충당했는가?
516	군 전역한 지 얼마나 됐는가?

517	군 장교로 복무했던 이유 중, 집안의 경제적 어려움이나 아버지의 권유 말고 다른 이유가 있었는가?
518	군 장교로 군 생활을 더 할 수 있었는데 왜 전역을 했는가?
519	군 장교 출신들 반반인 거 같다. 적응 못 하는 사람들 많은데 본인이 어떤 점에서 적응을 잘 할 수 있다고 생각하는가?
520	군 생활은 어디서 얼마나 하였는가?
521	군 복무 중 자신에게 도움이 되었던 점과 후회 되는 점에 대해 이야기해보시오.
522	군 면제된 이유는 무엇인가?
523	과거로 돌아갈 수 있다면 언제로 돌아가고 싶은가?
524	공직관을 갖게 된 원인 그리고 자신의 장점과 연관시키고 어떤 경찰이 될 것인지 이야기해보시오.
525	공익요원으로 복무하게 된 이유는 무엇인가?
526	공익과 사익이 충돌했을 때 해결했던 사례와 경찰업무에 활용할 수 있는 방안에 대해 이야기해보시오.
527	공익과 사익 중 공익을 우선했던 사례에 대해 이야기 해보시오.
528	공부한 지 2년 후에 최종 불합격한 이력이 있다고 했는데 그동안 공부만 한 것인가?
529	고쳐야할 버릇이 있다면 무엇인가?
530	고등학생 때부터 지금까지를 연대기로 자기소개를 해보시오.
531	고등학생 때 어떤 학생이었는지 말해보시오.
532	고등학생 때 부족했던 부분에 대해 구체적으로 이야기 해보시오.
533	고등학교 졸업 후 지금까지 어떻게 살았는지 이야기해보시오.
534	고등학교 생활에 대해 이야기 해보시오.
535	고등학교 때 학교를 결석하거나 지각했을 때 무슨 심정이었는가?
536	고등학교 때 친구들을 괴롭혔는가? 친한 친구가 몇 명인가?
537	고등학교 때 성실함을 점수로 매겨 말해 보아라.
538	고등학교 때 불성실했다고 생각하는 이유는 무엇인가?
539	경찰헌장 중에서 본인이 중요하게 생각하는 덕목은 무엇인가?
540	경찰헌장 중 본인이 되고 싶은 경찰은 어떤 경찰이고, 그 이유는 무엇인가?
541	경찰행정학과를 다니면서 느끼거나 배운 것에 대해 이야기해보시오.
542	경찰행정학과 출신인데 경찰행정학과 경채를 지원하지 않고 일반 공채를 지원한 이유는 무엇인가?
543	경찰행정 관련 서적 무엇을 읽었는가?
544	경찰조직에 들어와서 괴리감을 느끼게 된다면 어떻게 극복 하겠는가?
545	경찰조직에 들어간다면 어떤 사람이 되고 싶은가
546	경찰조직에 도움이 될 만한 자신의 강점을 이야기해보시오.

547	경찰이라는 직업이 본인의 적성과 맞지 않는다면 어떻게 하겠는가?
548	경찰이 욕을 많이 먹는데 굳이 다른 일을 하지, 왜 경찰을 하려 하는가?
549	경찰이 언제부터 되고 싶었는가?
550	경찰이 본연 업무와 정말 동떨어진 서비스를 제공한 사례를 말해 보아라.
551	경찰이 박봉이라고 생각하는가?
552	경찰이 된다면 조직에 어떻게 기여 하겠는가?
553	경찰이 된다면 어떤 업무를 하고 싶은지 이야기해보시오.
554	경찰이 된다면 어떤 계급까지 승진하고 싶은가?
555	경찰이 된다면 본인의 어떤 단점이 해가 될 것 같은가? 그것을 극복하기 위해 어떤 노력을 하겠는가?
556	경찰이 된 후 의경 출신인 것에 대한 단점을 이야기해 보시오.
557	경찰이 된 후 공직체계에서 요구하는 가치관과 자신의 가치관이 다를 경우 어떻게 하겠는가?
558	경찰이 된 후 경찰조직에 어떻게 기여 하겠는가?
559	경찰이 된 이후의 계획에 대해 이야기 해보시오.
560	경찰이 되었을 때 먼 훗날의 자신의 모습에 대해 이야기해 보시오. 목표는 무엇인가? 어떤 경찰이 될 것 같은가?
561	경찰이 되어야 하는 이유는?
562	경찰이 되어 앱을 만들고 싶다면 어떤 것이 있는가?
563	경찰이 되어 본인이 경찰조직에 어떻게 기여할 수 있는지에 대해 이야기해보시오.
564	경찰이 되면 중립성을 지켜야 하는데 잘할 수 있겠는가?
565	경찰이 되면 도움이 될 것 같은 강점에 대해 이야기해보시오.
566	경찰이 되는 데에 자신의 가장 부족한 점은?
567	경찰이 되고 싶다고 마음먹는 데 직접적인 영향을 준 것에 대해 이야기해보시오.
568	경찰이 되고 나서 이루고 싶은 꿈에 대해 이야기해보시오.
569	경찰의 월급이 적은데 어떻게 생각하는가?
570	경찰의 어떤 점이 좋아서 지원했는가?
571	경찰의 꿈을 제외하고 진짜 꼭 해보고 싶은 것은 무엇인가?
572	경찰의 꿈을 가지게 된 이유와 존경하는 경찰 내 인물에 대해 이야기 해보시오.
573	경찰을 준비한다고 했을 때 부모님의 반대는 없었는가?
574	경찰을 준비하며 어떤 마음가짐이었는가?
575	경찰은 힘든 직업인데 두렵지 않은가?
576	경찰은 원칙주의자인가, 창조주의자인가? 본인은 둘 중에 어디에 속해 있는지 이야기해보시오.
577	경찰은 실질적으로 주취자 상대하는 일이 가장 많고, 다른 직업에 비해 힘든 일인데 경찰을 꼭 하고 싶은 이유가무엇인가?

578	경찰은 봉급이 적은데 괜찮겠는가? 경찰 봉급이 얼마인지 알고 있는가?
579	경찰은 박봉이고 힘든데 왜 하려고 하는가?
580	경찰에게 가장 중요한 것이 무엇이라고 생각하는가?
581	경찰에 입직하게 된다면 해보고 싶은 일과 그를 위한 노력에 대해 이야기 해보시오.
582	경찰에 들어와서 어떤 전문성을 갖출 계획인지 이야기 해보시오.
583	경찰에 들어가서 목표는 무엇인가?
584	경찰에 꼭 합격하고 싶은 마음을 사자성어로 표현해 보시오.
585	경찰업무에서 가장 필요한 능력 한 가지가 무엇이라고 생각하는가?
586	경찰업무 중 어떤 부분이 가장 힘들 것 같다고 생각하는가?
587	경찰시험에서 꼭 필요한 과목은 무엇이라고 생각하는가?
588	경찰시험 포기하지 않고 계속 도전한 이유가 무엇인가?
589	경찰시험 준비하기 전에 무엇을 했는가? 경찰간부후보생이나, 7급공무원 준비한 적 있는가?
590	경찰생활에서 대나무처럼 우직할 것인가? 갈대처럼 유연할 것인가?
591	경찰로서 회의감이 들면 어떻게 할 것인가?
592	경찰로 일할 때 자신의 단점은 무엇이라고 예상되는가?
593	경찰로 2행시 해보시오.
594	경찰되면 어떤 부서에서 일하고 싶은가?
595	경찰관이 된다면 어떤 마음가짐으로 생활을 하겠는가?
596	경찰관이 된다면 뭘 가장 잘 할 수 있을 것 같은가?
597	경찰관이 된다면 가장 하고 싶은 것은 무엇인가?
598	경찰관이 되어 이루고 싶은 목표는 무엇인가?
599	경찰관이 되기 위해 돈과 봉사 중 어떤 것에 더 비중을 두었는가?
600	경찰관이 되고 10년 후 자신의 모습에 대해 이야기해보시오.
601	경찰관으로서 무엇을 할 수 있는지 본인 자랑을 한번 해보시오.
602	경찰관으로서 고쳐야 할 점과 고수해야 할 점에 대해 이야기해보시오.
603	경찰관으로 30년 동안 생활하면 초심을 잃게 될 텐데 초심을 어떻게 찾을 것인가?
604	경찰관과 소통해 본 경험이 있는가?
605	경찰관 중 존경하는 인물을 말해보시오.
606	경찰과 관련 없는 학과를 간 이유는 무엇인가?
607	경찰공무원을 그토록 끝까지 준비하는 이유가 무엇인가?
608	경찰간부후보생에 지원하지 않은 이유는 무엇인가?
609	경찰 준비 외에 다른 공무원 준비도 하였는가?
610	경찰 이외에 하고 싶은 직업과 하기 싫은 직업에 대해 이야기 해 보시오.
611	경찰 이외에 다른 직업을 생각해 본 적 있는가? 있다면 그만 둔 이유는 무엇인가?

612	경찰 외에 다른 직업을 선택해야 한다면 무엇을 하겠는가?
613	경찰 업무를 함에 있어 단점이 될 것 같은 부분은 무엇이며, 그것을 극복하기 위해 어떤 노력을 하겠는가?
614	경찰 시험 보기 전 어떤 일을 하였는가?
615	경찰 시험 몇 번 보았는가?
616	경찰 관련 영화 중에 무엇을 봤고 어땠는가?
617	경제적으로 어려웠다고 생각한 것이 어떤 것이었나? 부모님은 어떻게 설득하였나?
618	경기남부청 쓴 이유는 무엇인가?
619	결혼을 했는데 육아는 누가 담당하고 있는가?
620	결혼을 일찍 했는데 철이 없는 건가, 성숙한 것인가?
621	결혼 했는가? 자식은 있는가? 순경 월급으로 부족하지 않겠는가?
622	개천에서 용 난다는 말에 대해 어떻게 생각하는가?
623	개인적으로 여경을 어떻게 생각하는가?
624	개인적으로 어떤 사람이 꼴불견이라고 생각하는가?
625	개인의 행복은 무엇이라고 생각하는가?
626	개인운동 외 단체로 했던 운동이 있는가?
627	개인 면접 점수 몇 점이나 주겠는가? 이유는 무엇인가?
628	강사 일을 했다고 하는데 그 기간은 얼마나 되는가?
629	감명 깊게 읽은 책이 무엇인가?
630	감당하기 힘든 일이 구체적으로 무엇이고, 동료에게 어떻게 부탁할 건지?
631	각종 모임에서 어떤 역할을 하였는가?
632	가정의 행복은 무엇이라고 생각하는가?
633	가정 내 분위기가 좋다고 했는데 자신에게 아버진 어떤 존재인가?
634	가장 화가 나는 범죄유형은 어떤 것인가?
635	가장 하기 싫은 것이 무엇인가?
636	가장 최근에 읽은 책은 무엇이고 느낀 점은 무엇인가?
637	가장 중요시 하는 덕목이 무엇인가?
638	가장 존경하는 사람에 대해 이야기 해보시오. (역사 속 인물 말고, 현재 살아있는 사람 중)
639	가장 존경하는 경찰관은 누구인가?
640	가장 잘 하는 운동이 무엇인가?
641	가장 소중한 것 3 가지를 말해 보아라.
642	가장 고마운 사람은 누구이며, 이유는 무엇인가?
643	가고 싶은 부서와 기피하는 부서는 어디인가?
644	5년 뒤, 10년 뒤 어떤 경찰이 되고 싶은지 포부를 말해 보아라.

645	3년 이내 필기시험 합격 이외 자신이 잘 했다고 생각되는 것은 무엇인가?
646	30년 후 자신의 모습에 대해 이야기 해보시오.
647	2년 6개월 수험기간 거치면서 언제 가장 힘들었는가? 원래부터 경찰을 준비했는가? 봉사를 언급하는데 사회복지사등 봉사할 수 있는 직업이 다양한데 왜 경찰인가?
648	20살 이후 자신의 삶을 30초 이내로 말해보시오.
649	1년 넘게 한 취미 활동이 있는가?
650	12년 개근에 지각 한 번 하지 않았는데 너무 꽉 막힌 사람이라는 생각이 들 수도 있다. 이에 대해 뭐라고 할것인가?
651	10대와 20대에 달라진 생각에 대해 이야기해보시오.
652	10년 뒤 자신의 모습에 대해 이야기해보시오.
653	100시간 이상 봉사한 경험이 있다고 했는데 증빙이 가능한가?
654	'노력', '의지' 등 추상적인 것 말고, 자신이 진짜 잘하는 것에 대해 이야기해보시오.
655	'가늘고 길게'와 '짧고 굵게' 중 본인의 성향과 부합하는 것은 무엇이며, 그 이유는 무엇인가?

〈과거 경험관련〉

1	희생, 봉사, 분쟁이 일어날 시 중재한 경험이 있는지 이야기해보시오.
2	희망부서를 가기 위한 본인만의 특별한 노력에 대해 이야기해보시오.
3	후임과의 갈등과 해결했던 사례에 대해 이야기해보시오.
4	화합을 이루기 위해 노력했던 경험에 대해 이야기해보시오.
5	화를 내서 상대방에게 상처를 준 경험이 있다면 이야기 해보시오.
6	형제자매, 아버지가 없다고 했는데 집에서 장남이나 아버지의 역할을 한 경험이 있다면 이야기해보시오.
7	협동심을 발휘한 적 있는가?
8	헬조선이라는 말이 있는데 대한민국 국민이라서 자랑스러웠던 점에 대해 이야기 해보시오.
9	헌혈하며 경험한 뜻 깊은 일화에 대해 이야기 해보시오.
10	행복했던 경험과 불행했던 경험에 대해 이야기해보시오.
11	학창시절 후회되는 일 두 가지 이야기 해보시오.
12	학창시절 원칙을 어겼던 경험에 대해 이야기해보시오.
13	학창시절 소외된 친구를 도와준 경험에 대해 이야기해보시오.
14	학창시절 가장 즐거웠던 때는 언제이고, 무엇을 하며 지냈는가?
15	학창 시절 화가 났던 경험에 대해 이야기해보시오.
16	학연이나 지연을 목격한 경험이 있는가?
17	학교폭력을 목격한 사례에 대해 이야기 해보시오.
18	학교폭력관련 대책과 그 대책을 실현한 경험이 있다면 이야기 해보시오.
19	하기 싫은 일을 억지로 했던 경험에 대해 이야기해보시오.
20	피해를 감수하며 타인을 도왔던 경험을 말해보시오.
21	피아노, 드럼 등 악기를 많이 다뤘던데 공연을 해본 적은 있는가?
22	폭행 하거나 폭행을 당했거나 폭행을 본 사례에 대해 이야기해보시오.
23	평생 두고두고 후회할 것 같은 경험이 있는가?
24	팀워크와 관련하여 다른 사람으로 인해 힘을 얻어 성과를 올렸던 경험이 있는가?
25	팀워크를 통해 좋은 성과를 만든 경험을 이야기해보시오.
26	토익점수 몇 점? 어학연수 경험에 대해 이야기 해보시오.
27	타인이 꺼리는 힘든 일을 나서서 한 경험에 대해 이야기해보시오.
28	타인에게 모범이 되었던 사례에 대해 이야기 해보시오.
29	친화력을 발휘했던 경험을 사례를 들어 이야기 해보시오.
30	친한 친구가 나쁜 일을 같이 하자고 했던 사례에 대해 이야기 해보시오.
31	친구와 여행가본 경험 있는가? 친구와 여행갈 때 어떤 역할을 맡는가?
32	친구를 위로하고 응원한 사례에 대해 이야기 해보시오.

33	친구나 가족들이 원하는 것을 먼저 눈치 채고 해준 경험이 있는가?
34	충분히 노력했으나 실패한 경험에 대해 이야기 해보시오.
35	충동적으로 어떤 일을 저지른 경험에 대해 이야기해보시오.
36	최종 불합격 경험에 대해 이야기하시오.
37	최근에 특별히 경찰을 하고 싶다고 느꼈던 경험에 대해 이야기해보시오.
38	최근에 읽은 경찰과 관련된 책은 무엇인가?
39	최근에 본인이 견디기 가장 힘들었던 순간에 대해 이야기해보시오.
40	최근에 법이나 규칙을 어긴 경험에 대해 이야기해보시오.
41	최근에 누군가의 아픔을 공감해본 경험이 있다면 사례를 이야기해보시오.
42	최근에 거절을 못해서 곤란했던 경우가 있는가?
43	최근 화가 났던 경험과 이유에 대해서 이야기 해보시오.
44	최근 크게 싸웠거나 화를 낸 경험에 대해 이야기 해보시오.
45	최근 읽은 인문학 관련 서적의 제목과 저자, 내용을 간단히 요약 해보시오.
46	최근 읽은 시에 대해 이야기 해보시오.
47	최근 이기적으로 행동했던 경험에 대해 이야기해보시오.
48	최근 봉사활동 경험에 대해 이야기해보시오.
49	최근 본 기사는 무엇인가?
50	최근 발생한 범죄사건 중 알고 있는 것이 있는가?
51	최근 경찰의 안 좋은 면에 대해 본 것을 이야기 해보시오.
52	최근 경찰관련 기사나 홍보물을 접한 경험이 있는가?
53	최근 가장 스트레스 받았던 경험에 대해 말해 보아라.
54	최근 가장 감명 깊게 읽은 책은 무엇이고, 평소 책을 얼마나 자주 읽는가?
55	최근 가장 감명 깊게 본 영화에 대해 이야기해보시오.
56	최근 가장 감동적이었던 순간은 언제 인가?
57	최근 6 개월간 느낀 감정에 대해 이야기해보시오.
58	최근 5년간 열정을 가지고 업무를 처리했던 경험에 대해 이야기해보시오.
59	최근 5년간 봉사활동 한 실적확인서를 제출할 자신이 있는가?
60	최근 5년 이내 인내한 경험에 대해 이야기해보시오.
61	최근 5년 동안 달성한 것 중 가장 보람찬 일에 대해 이야기해보시오.
62	최근 3년 내에 칭찬 받았던 경험(+수험기간 제외하고)에 대해 이야기해보시오.
63	최근 3년 내에 욕먹었던 경험에 대해 이야기해보시오.
64	최근 2~년 이내 경찰이 되기 위한 노력을 이야기해보시오.
65	최근 2년 내 50시간 이상의 봉사활동 한 경험에 대해 이야기해보시오. 봉사활동 하는 사람들이 어떻게 보이는가?
66	최근 2~3년 내 가장 기쁘고, 행복했던 경험에 대해 이야기해보시오.

67	최근 1년 이내 성실했다는 것을 보여주는 경험에 대해 이야기해보시오.
68	초조했던 경험에 대해 이야기해보시오.
69	체력 시험 점수 몇 점이며 체력점수와 체력을 증진시키기 위해 행했던 일 5가지 이야기해보시오.
70	청렴했던 사례에 대해 이야기 해보시오.
71	책임을 정의하고 그와 관련된 본인의 사례를 이야기 해보시오.
72	책임감, 리더십을 발휘했던 사례에 대해 이야기해보시오.
73	책임감 있게 일했지만 그에 걸맞은 결과를 얻지 못한 경험에 대해 이야기해보시오.
74	진상 손님을 대처한 경험에 대해 이야기 해보시오.
75	직장생활하며 거짓말에 대처한 사례에 대해 이야기해보시오.
76	직장생활 경험 중 상사에게 혼난 경험이 있는가?
77	직장 생활하면서 힘들었던 경험에 대해 이야기 해보시오.
78	지원부서 지구대 파출소 말고 더 잘 할 수 있는 부서를 말해 보아라.
79	지금까지 살면서 세상 살기 좋다고 느낀 경험과 세상 살기 힘들다고 느꼈던 경험에 대해 이야기 해보시오.
80	주식 해 본 경험 있는가? 주식하는 사람을 어떻게 생각하는가? 경찰관으로 입직한다면 주식할 것인가?
81	조직을 위해 개인이 희생해야 한다고 생각하는가? 경험이 있다면 이야기해보시오.
82	조직생활 등에서 팀원끼리 다툼이 발생했을 때 본인이 중재했던 경험에 대해 이야기해보시오.
83	조직 생활하며 가장 후회되는 경험에 대해 이야기해보시오.
84	조직 생활을 해봤다고 했는데, 무슨 일을 했는가?
85	조직 내에서 희생하여 솔선수범한 경험을 이야기해 보시오.
86	조직 내에서 팀워크나 역량을 발휘하여 결과를 낸 경험에 대해 이야기해보시오.
87	조직 내에서 부하나 상사가 본인을 어려워하거나 꺼려한 적 있나?
88	정의를 실천한 경험에 대해 이야기해보시오.
89	정의롭지 못했던 순간에 대해 이야기 해보시오.
90	전공 관련 사회생활 경험에 대해 이야기해보시오.
91	전 직장에서 서비스 업무를 하며 화가 났던 경험에 대해 이야기해보시오.
92	자신이 실망했던 경험, 참지 못한 경험, 감정통제가 안 된 경험에 대해 말해보시오.
93	자신이 생각하는 인권침해 사례에 대해 이야기해보시오.
94	자신이 사회적 약자를 위해 했던 일에 대해 이야기해보시오.
95	자신이 경찰이라고 생각할만한 경험이나 성격에 대해 이야기해보시오.
96	자신이 겪었던 가정에서의 학대 경험과, 자신이 부모가 된다면 어떻게 할 것인지 이야기해보시오.

97	자신의 인성으로 인해 갈등이 생겼던 경험이 있는가? 어떻게 해결했는지 사례를 들어 이야기해보시오.
98	자신은 좋은 의도로 했는데 잘못된 경험에 대해 이야기 해보시오.
99	자신에게 가장 화가 났던 경험에 대해 이야기해보시오.
100	자신과의 약속을 어긴 경험을 2가지만 이야기해보시오.
101	자발적이거나 주체적으로 봉사했던 경험에 대해 이야기 해보시오.
102	자립심 있었던 사례에 대해 이야기해보시오.
103	인문학 서적 읽은 경험이 있는가? 무엇인가?
104	인문학 강의를 들은 경험이 있는가?
105	인내심을 발휘한 경험과 갈등을 중재한 경험에 대해 이야기해보시오.
106	인권보호를 위해 힘썼던 경험에 대해 이야기 해보시오.
107	이해가 상충됐던 경험과 해결과정에 대해 이야기 해보시오.
108	이불킥 했던 경험에 대해 이야기 해보시오.
109	이기주의를 겪었던 사례에 관해 이야기 해보시오.
110	의사소통에 있어서 가장 중요한 덕목과 자신의 경험에 대해 이야기해보시오.
111	의무경찰 당시 본인이 맡았던 업무는? 그때의 경험과 느낀 점을 말하시오.
112	의경생활 중 꼭 경찰이 되어야겠다고 느낀 경험과 경찰이 되면 안 되겠다고 느낀 경험에 대해 이야기 해보시오.
113	의경 복무 중 가장 잘했던 일과 가장 힘들었던 일에 대해 이야기해보시오.
114	음주 단속하는 경찰관이 친절했는가? 어떤 느낌을 받았는가?
115	위법행위를 하다 경찰을 조우한 경험에 대해 이야기 해보시오.
116	위법하진 않지만 양심을 어긴 경험과 느낀 점에 대해 이야기 해보시오.
117	위기대처 경험 및 본인이 생각할 때 위기는 어떻게 대처할 수 있는지 설명하시오.
118	우리나라에서 외국인이 많은 곳에 가본 경험이 있는가?
119	용기 있게 행동했던 경험에 대해 이야기해보시오.
120	외국인을 만나서 대화해 본 경험이 있는가? 있다면 그 상황을 그대로 재현해 보시오. (외국어, 상황, 몸짓 등)
121	외국인과 문화적 차이를 경험한 적 있는가?
122	왕따 경험이 있거나 간접적으로 본 경험이 있는가?
123	언니를 미워한 경험이 있는가?
124	어떤 조직이나 단체에서 리더를 한 경험이 있는가?
125	어떤 일에 푹 빠졌던 경험을 이야기 해보시오.
126	양심에 찔린 경험을 이야기 해 보시오.
127	아르바이트를 하면서 가장 힘들었던 일에 대해 이야기해보시오.
128	아르바이트를 하며 공정하지 못한 대우를 받은 경험이 있는가?
129	술 마실 줄 아는가? 음주운전 경험은? 상황에 따라 음주운전 할 것인가?

130	수험기간 중 도움을 받았던 경험과 사람에 대해 이야기 해보시오.
131	수험기간 동안 경찰만 지원 했는가, 다른 공무원도 지원해본 경험이 있는가?
132	수험공부를 제외하고 본인이 최근에 이룬 성과에 대해 이야기해보시오.
133	수험 생활 중 가장 잘했던 일과 가장 힘들었던 경험과 극복 노력에 대해 이야기해보시오.
134	수험 생활 전에 경찰을 접해본 경험에 대해 이야기 해보시오.
135	손해를 보면서 남을 도왔던 경험을 구체적으로 말해보시오.
136	성취감을 느꼈던 경험을 이야기 해보시오.
137	성장 과정 중 가장 힘들었던 경험과 가장 기뻤던 경험에 대해 이야기 해보시오.
138	삶의 터닝 포인트에 대해 이야기해보시오.
139	살면서 창피했던 일과 그때의 느낌을 말해보시오.
140	살면서 잃은 것이 무엇인가?
141	살면서 일탈했던 경험에 대해 이야기 해보시오.
142	살면서 인내했었던 경험에 대해 이야기해 보아라.
143	살면서 이룬 본인의 업적에 대해 이야기 해보시오.
144	살면서 어려움이 생긴다면 어떻게 대처하겠는가?
145	살면서 어떤 감정을 많이 느끼며 살아왔는가?
146	살면서 실패했던 경험에 대해 이야기해보시오.
147	살면서 시간이나 사람을 놓친 경험에 대해 이야기해보시오.
148	살면서 성취감 있게 한 일에 대해 이야기해보시오.
149	살면서 상황판단을 했거나 창의성을 발휘해서 일을 해결했던 사례에 대해 이야기 해보시오.
150	살면서 뿌듯했거나 자랑스러웠던 경험에 대해 이야기 해보시오.
151	살면서 본인이 가장 잘못한 일에 대해 이야기해보시오.
152	살면서 보람을 느꼈던 경험에 대해 이야기 해보시오.
153	살면서 무언가 아쉬웠던 경험에 대해 이야기 해보시오.
154	살면서 만났던 최악의 사람은 누구이며 어떻게 대처 했는가?
155	살면서 마음이 닫혔던 사례에 대해 이야기 해보시오.
156	살면서 도덕적, 윤리적으로 부끄러운 일이라 남에게는 말 못했던 일에 대해 이야기 해보시오.
157	살면서 남에게 피해를 준 경험 5가지를 말해보시오. 피해를 주는 거 보니 이기적인 사람인 것 같은데 맞는가?
158	살면서 가장 힘들었던 경험과 그것을 극복하기 위해 발휘한 특성, 그 특성을 경찰업무를 하는 데 어떻게 발휘할것인지 말해보시오.
159	살면서 가장 행복했던 기억에 대해 이야기해보시오. (필기시험 합격 제외)
160	살면서 가장 슬펐던 경험과 극복 방법에 대해 이야기해보시오.

161	살다보면 거절하기 쉬운 부탁과 거절하기 어려운 부탁이 있는데 어떤 사례가 있었는지 이야기 해보시오.
162	사회에서 불공정하다고 느꼈던 직, 간접적 경험에 대해 이야기하고, 이를 해결하기 위한 노력이나 방안을 이야기해보시오.
163	사회생활이나 단체생활을 한 경험이 있는가?
164	사회생활 중 고객과의 갈등을 해결했던 경험을 이야기해보시오.
165	사춘기 시절 법이나 규칙을 위반한 사례 두 가지 이야기 해보시오.
166	사소한 법규라도 어긴 적이 있는가?
167	사명감을 가지고 일을 했던 경험에 대해 이야기해보시오.
168	사랑을 주는 것에 감사하다고 느낀 계기가 있는 경험을 말해보시오.
169	불편한 사람이나 상황을 겪어본 경험에 대해 이야기 해보시오.
170	부모님을 가장 기쁘게 했던 경험과 실망시켰던 경험에 대해 이야기해보시오.
171	부당한 지시나 위법한 지시, 또는 신념에 반한 지시를 받았던 경험에 대해 이야기해 보시오.
172	부당한 지시나 명령에도 본인 생각을 잘 말해서 결과를 바꾼 경험에 대해 이야기 해 보시오.
173	부당한 경험과 어떻게 극복했는지 말해 보아라.
174	봉사활동을 하면서 가장 뿌듯했던 일에 대해 이야기해보시오.
175	봉사활동을 100시간 이상(or 1개월 이상) 한 적 있는가?
176	본인이 희생한 경험에 대해 이야기해보시오.
177	본인이 정의를 실천한 경험에 대해 이야기해보시오.
178	본인이 억울했던 경험에 대해 이야기해보시오.
179	본인이 성실했던 경험과 불성실했던 경험을 한 가지씩 이야기해보시오.
180	본인의 직장이나 아르바이트 경험 등 각종 경험에서 얻은 것을 경찰 업무에 어떻게 접목 시키겠는가?
181	본인의 일에만 집중하여 다른 사람에게 피해 준 적이 있는가?
182	본인의 성격으로 인해 친구와 마찰을 일으켰던 경험에 대해 이야기 해보시오.
183	법규나 규칙, 교칙 등 사소한 것이라도 위반한 경험이 있다면 이야기 해보시오.
184	바다에 빠진 친구를 구한 경험이 있다고 했는데 상세하게 상황을 설명해 보시오.
185	무언가를 푹 빠져서 했던 경험과 이유에 대해 이야기 해보시오.
186	무보수로 일한 경험 중 기어나는 경험에 대해 이야기해보시오.
187	무단횡단 등 최근 법을 어긴 경험에 대해 이야기해보시오.
188	목표를 가지고 그 목표를 끝까지 완수한 경험에 대해 이야기해보시오.
189	목표로 했던 것 중 실패한 경험이 있는가?
190	면접을 준비하며 무엇을 했는가? 힘들었던 경험과 후회되는 일에 대해 이야기해보시오.

191	리더십을 발휘한 경험과 팀워크를 위해 할 수 있는 자신만의 역할에 대해 이야기해보시오.
192	동아리활동을 한 경험에 대해 이야기해보시오.
193	돈 벌어본 경험 있는가? 그 경험이 어떻게 경찰 조직에 도움이 된다고 생각하는가?
194	돈 때문에 화가 났던 경험에 대해 이야기해보시오.
195	대학교에서 팀플레이 해본 경험에 대해 이야기 해보시오.
196	대학 졸업 이후 열정적으로 한 일에 대해 이야기해보시오.
197	대학 졸업 이후 봉사활동 경험에 대해 이야기해보시오.
198	대학 동아리 활동에 대해 이야기해보시오.
199	대민 업무 중 보람찼던 경험에 대해 이야기해보시오.
200	담배 피우는가? 길바닥에 꽁초를 버린 적 있는가?
201	단체 생활 간에 의견이 달라 답답했던 경험에 대해 이야기해보시오.
202	다들 운전경험 있지 않은가? 운전하며 법을 어겨 본 경험은?
203	누군가와 주먹다짐하면서 싸운 적 있는가?
204	누군가를 싫어해 본 경험에 대해 이야기해보시오.
205	누군가를 도와준 적 있는가?
206	누가 봐도 창의적인 일을 했던 경험에 대해 이야기 해보시오.
207	내가 책임지지 않아도 될 일이지만, 다른 사람을 위해 나서서 책임졌던 일에 대해 이야기 해보시오.
208	내 사연 말고 남의 사연 중에 가장 마음 아팠던 적이 있는가?
209	남에게 따뜻하게 대했던 사례를 이야기 해보시오.
210	남들이 꺼려하는 일을 했던 경험에 대해 이야기 해보시오.
211	나의 일에 집중하여 다른 사람에게 피해준 적이 있는가?
212	기억에 남는 아르바이트 경험에 대해 이야기해보시오.
213	기억에 남는 봉사활동은 무엇인가?
214	규칙을 어긴 경험에 대해 이야기해보시오.
215	군생활로 인한 트라우마를 겪은 경험이 있는가?
216	군대에서 리더십을 발휘한 경험에 대해 이야기 해보시오.
217	군 복무 중 열정을 가지고 했던 일에 대해 이야기해보시오.
218	과중한 업무를 떠맡은 경험이 있는가? 어떻게 해결 하였는가?
219	공정성을 발휘했던 경험에 대해 이야기 해보시오.
220	공부하면서 혹은 살면서 어려웠던 것은 무엇인지?
221	공무원은 봉사정신이 중요하다. 1년간 100시간 이상의 봉사활동을, 3년간 총 300시간 이상 해본 경험 있는가?
222	고교시절 아르바이트 경험에 대해 이야기 해보시오.

223	경찰채용 외 노력한 일을 말해보시오. (수험, 공부, 운동 제외)
224	경찰의 안 좋았던 경험에 대해 사례를 들어 이야기해보시오.
225	경찰은 왜 청렴해야 하는가? 본인이 청렴했던 경험을 말해 보아라.
226	경찰은 성실하고 조직체계에 적응 잘 해야 하는 직업이다. 살면서 교칙 등을 어긴 경험이 있는가?
227	경찰에게 민원을 넣어본 경험에 대해 이야기 해보시오.
228	경찰에게 도움을 받은 경험에 대해 이야기해보시오.
229	경찰시험을 준비하는 과정 속에서 포기하고 싶었던 순간이 있었을 텐데 언제이고 어떻게 극복했는지 이야기해보시오.
230	경찰관은 준법성이 강조되는 직업이다. 살면서 법을 위반한 경험에 대해 이야기 해보시오.
231	경찰관에게 필요한 덕목과 그에 맞는 자신의 경험을 이야기해보시오.
232	거짓말했던 경험에 대해 이야기해보시오.
233	감당 안 되는 주취자를 만난 경험이 있는가?
234	갈등을 대화로 해결한 사례에 대해 이야기 해보시오.
235	갈등을 겪었던 경험과 어떻게 해결했는지 이야기해보시오.
236	가정이나 사회에서 갈등이 있었던 경험과, 해결을 위한 노력에 대해 이야기 해보시오.
237	가장 후회 되는 일 한 가지와 가장 잘한 일 한 가지를 이야기 해보시오.
238	가장 행복했던 경험과 불행했던 경험에 대해 이야기해보시오.
239	가장 큰 실패는 무엇이며 이를 어떻게 극복했는지?
240	가장 수치스러웠던 기억에 대해 이야기해보시오.
241	가장 기억에 남는 순간은 언제인가?
242	가장 기억에 남는 봉사활동 경험에 대해 이야기해보시오.
243	112에 신고해 본 적 있는가? 있다면 그 때 경찰관들의 일처리가 어땠는지 이야기해 보시오.

〈직무상황 제시관련〉

1	흉기를 들고 난동부리는 사람이 있다면 어떻게 설득 하겠는가?
2	흉기든 범인이 있는데 테이저건을 쓰면 범인이 다칠 가능성이 있다. 테이저건을 안 쓰고 어떻게 대처하겠는가?
3	흉기 든 범인 신고 vs 단순 민원 어디부터 갈 것인가? 칼든 범인이 대화가 가능하겠는가?
4	후배 여경이 성추행을 당하는데 본인은 괜찮다고 한다. 신고를 한다면 선배는 중징계를 받을 것이 확실시되는데어떻게 하겠는가?
5	회식자리에서 소주잔을 들고 파도타기를 한다. 본인은 술을 한 방울도 못 마시고 마시면 응급실에 실려 간다. 본인의 차례가 왔을 때 어떻게 할 것인가?
6	회식자리에서 상사가 매우 취한 상태인데 운전해서 간다면 어떻게 할 것인가?
7	화재가 나서 출동을 했는데 안전장비가 없다. 어떻게 할 것인가?
8	화장실에서 큰일을 봤는데 아무것도 없다면 어떻게 하겠는가?
9	화난 민원인에게 어떻게 응대 하겠는가?
10	혼자 있는 상황에 할머니 신고와 금은방 아저씨가 신고가 들어온 경우 어디로 출동하겠는가?
11	현재도 업무가 과중한 상황에서 상사가 계속적으로 많은 업무를 지시한다면 어떻게 하겠는가?
12	현재 여성 주취자가 많은데 그 주취자가 알콜 중독도 있고 소변을 많이 본다면?
13	현재 수사가 비공개로 진행되고 있는데, 피의자의 공범이 잡히지 않은 상태에서, 여론은 수사과정을 공개하지않는다고 비판하고 있다. 친한 기자가 개인적으로 연락해서 수사과정을 알려달라고 한다면 어떻게 하겠는가?
14	할머니가 김밥 한 줄과 커피를 주셨는데 거절해서 기분 상하셨다. 어떻게 할 것인가?
15	한계를 극복해 본 경험을 말해보시오.
16	학교폭력 신고를 받고 출동했다면 어떻게 하겠는가?
17	피해자가 별일 없다고 계속 그냥 가라고 한다면 어떻게 대처하겠는가?
18	피해 상황만 밝힌 피해자의 편지를 받았다면 학교전담경찰관으로서 어떻게 대처하겠는가?
19	피의자를 체포 후 조사하는 중 피의자가 경찰관에게 욕설 및 거친 행동을 했다면 어떻게 하겠는가?
20	피의자 정보를 공개하면 필연적으로 피해자 정보까지 같이 공개되어 피해자의 2차 피해가 발생할 수 있는 사안에서, 정보를 공개하면 범인을 검거할 확률이 높다면, 이후 발생할 수 있는 잠재적 피해자가 생기지 않도록 정보를 공개할 것인가?
21	폴리스라인을 넘어오는 시민이 있다면 어떻게 대처하겠는가?
22	폐지를 줍는 할머니가 빨간불에 횡단보도를 건널 경우 단속하겠는가?
23	폐지 줍는 할머니를 딱지 끊지 않았는데 민원이 들어왔을 때 대처방법은?

24	폐지 줍는 할머니가 무단횡단을 하고 있고, 뒤에는 운전자가 경적을 울리며 화를 내고 있다. 어떻게 하겠는가?
25	평소에 술을 자주 먹고 이상한 소리를 많이 하는 악성 민원인이 "으악!" 하는 비명을 지르고 전화를 끊었다면 어떻게 대처하겠는가?
26	편의점에서 미성년자가 주류를 사고 경찰에 신고했다. 누가 잘못한 것인가?
27	편의점 절도신고 갔는데 친구였고 경미절도라면 어떻게 할 것인가?
28	파트너가 업무를 태만히 한다면 어떻게 하겠는가?
29	파출소에 5명 근무 중인데 소장님은 바다로 피서 가자고 하고 3명의 선임은 계곡에 가자고 한다. 본인인 신임순경에게 선택권이 있다면 어디로 갈 것인가?
30	파출소 근무를 하는데 실적 1위가 눈앞이다. 그런데 형사 미성년자가 아닌 학생이 3,000원 짜리 충전기를 훔쳐신고가 들어왔다면 어떻게 대처하겠는가?
31	파면 당한 경찰이 금전적으로 힘들어서 지원해 주려는 동료들이 있다. 함께 할 것인가?
32	팀장이 피곤하다며 순찰차를 세워두고 자자고 한다면 어떻게 하겠는가?
33	팀장이 여자 주취자를 성추행하고 남자 주취자를 위법하게 제압한다. 어떻게 하겠나?
34	팀장이 된다면 팀원을 어떻게 이끌어 나갈 생각인가?
35	팀장과 과장의 의견 충돌 시 대처방안은 무엇인가?
36	팀원 중 후임이 아무런 이유 없이 직장을 안 나온다면 어떻게 하겠는가?
37	팀워크란 무엇이라고 생각하는가?
38	팀 과제 중 가장 힘든 일을 맡게 된다면 어떻게 하겠는가?
39	퇴근길에 경찰을 비난하는 시민을 목격했다면 어떻게 하겠는가? 경찰 신분을 밝히겠는가?
40	퇴근 시간이 지났음에도 직장 상사는 업무가 끝나지 않아 계속 자리에 앉아 컴퓨터를 보고 있다. 본인은 여자친구와 약속이 있다면 어떻게 대처하겠는가?
41	퇴근 시간 이후, 상사가 퇴근을 하지 않고 신문이나 인터넷 등으로 사적인 시간을 보내고 있다면 어떻게 하겠는가?
42	친한 친구 아버지가 장례를 치루며 무허가로 산에 매장했다. 시청에서는 허가를 받기 전에는 매장을 못하니 관을꺼내라고 한다면 어떻게 하겠는가?
43	친한 동료와 승진 경합을 하고 있다면 어떻게 하겠는가?
44	친한 동료가 음주운전을 해서 징계를 받았다. 질책 할 것인가, 위로 할 것인가
45	친구들 간에 싸움이 일어난다면 어떻게 하겠는가?
46	친구가 음주 후 차에서 자고 있는데 경찰이 음주 측정을 한다면 어떻게 하겠는가?
47	치매노인이 지구대에 왔을 시 몇 분 동안 이야기를 들어줄 수 있는가?
48	치매노인의 집을 찾아줘서 고맙다고, 힘들게 찾아와서 음료수를 주신다면 받겠는가?
49	층간소음으로 다툼이 일어났고 출동한 경찰이 상황을 정리하고 돌아갔다. 이후 아래층 사람이 칼을 들고 찾아가위층사람을 살해했다. 이런 상황을 방지하기 위해 경찰이 싸우는 단계에서 할 수 있는 방법에 대해 이야기해보시오.

50	층간소음, 경미한 교통사고, 편의점 절도 사건을 동시에 신고 받으면 어디로 출동할 것인가?
51	층간 소음 신고가 있었는데 귀찮아서 출동을 안 했다. 그런데 아래층 피해자가 자살을 하였다. 이에 대해 어떻게 생각하는가?
52	출동했는데 단순 말다툼인 경우라면 어찌할 것인가?
53	최근 집단 내에서 갑질 행위가 많아졌는데, 자신이 경찰 10년차라면 이걸 어떻게 해결하겠는가?
54	최근 3년 내 단체생활 중 협력으로 극복한 것이 있다면 말해 보아라.
55	총기를 잃어버렸다면 어떻게 대처하겠는가?
56	초임 순경이 민원 처리 과정 중 업무 실수를 저질렀지만 면책을 받았다. 하지만 팀장은 감독 책임으로 징계를 받게생겼다. 어떻게 하겠는가?
57	초등학생 성폭력 피해 출동 시 무엇을 우선적으로 할 것인가?
58	청장님을 모시고 중요한 모임에 가는데 신호위반, 과속을 해야만 늦지 않게 도착할 수 있다면 어떻게 하겠는가?
59	청소년이 또래 친구들에게 폭행을 당해서 지구대에 왔다면 어떻게 해결하겠는가?
60	청소년이 담배 피는 것을 성인이 꾸짖자 오히려 청소년이 대들어 시비가 일어났다. 출동한 경찰관으로서 어떻게 대처하겠는가?
61	청소년들이 술집에서 술을 마시고 스스로 경찰에 신고한다면 어떻게 하겠는가?
62	집회시위관련- 본인이 기동대장인데 평화적인 집회시위라고 생각하나 상부에서는 강경 진압 하라고 한다. 이때 어떻게 대처하겠는가?
63	집회시위 현장에서 동료가 폭행당한다면 어떻게 대처하겠는가?
64	집회·시위 진압 중 농민에게 물대포를 쏘라는 지시를 받는다면 어떻게 대처하겠는가?
65	집이 가난한 동료가 뇌물을 받아 파면을 당했다. 동료들끼리 돈을 모아서 그 동료를 구해줄 것인가?
66	집안에 할머니가 너무 편찮으신 상황이다. 업무가 종료되었는데 상사가 동료가 아프니 대신 그 일을 하고 가라고한다면 어떻게 할 것인가?
67	집단폭행신고를 받고 출동한 다른 팀을 위해 자신이 지구대에서 무엇을 하겠는가?
68	진정한 친구 있는가? 그 친구가 룸살롱 영업한다고 한다. 어떻게 할 것인가?
69	직진신호와 좌회전 신호가 있는 도로에서 운전자가 좌회전 신호가 꺼지고 직진 신호일 때 좌회전을 했다. 반대 차선에선 아무런 차도 오지 않고 전혀 위험하지 않은 상황이다. 자신이 그 장소에 있었다면 단속 하겠는가?
70	직장 집단 따돌림에 대해서 아는가? 그럼 어떻게 해결할 것인가? 반대로 가해자 집단에 속해있으면 어떻게 해결할것인가?
71	직장 동료나 상사가 조직에 대한 불만을 표출했을 때 본인은 어떤식으로 대응할 것인가?
72	직장 내 성추행을 목격한다면 어떻게 하겠는가?

번호	문제
73	직장 내 부조리로 인해 주변 동료들이 노조를 만들어 나를 노조위원장으로 추천하고 있다. 내가 노조위원장이 된다면주위 좋은 상사분하고 적대관계가 된다. 노조위원장을 하겠는가?
74	직무 관련성 없는 사람이 밥을 사는데 선배가 데려 간다면 먹겠는가?
75	지하철을 탔는데 몸이 너무 안 좋아서, 앞에 앉아 계신 할머니께 자리를 양보해달라고 설득 해보시오.
76	지진이 발생한 상황에서 최대한 구조와 완벽한 구조 중 어떤 것을 택하겠는가?
77	지인이 다른 여자에게 원치 않는 임신을 시켰다고 말한다. 어떻게 이야기 하겠는가?
78	지인 또는 가족이 사적으로 차적 조회를 부탁한다면 어떻게 대처하겠는가?
79	지역 순찰을 하다보면 노인들께서 집까지 태워 달라고 하시는 경우가 종종 있는데, 이번이 처음이 아니라 계속해서태워달라고 하신다면 어떻게 대처하겠는가?
80	지구대장이 순경 여경을 성추행 한다. 회식 자리에서도 그 여경의 허벅지를 만졌다. 이후 이 여경이 본인에게만 따로 이야기하면서 외부 언론에 휘슬블로잉을 하겠다고 하는데 어떻게 대처하겠는가?
81	지구대에 민원인이 왔는데 다짜고짜 입에 담지 못할 말을 하면서 부모님 욕을 한다. 어떻게 대처하겠는가?
82	지구대, 파출소에 근무하는데 멀쩡하게 생긴 남자가 와서 본인에게 "내가 살인을 했다"라고 말을 한다면 어떻게 대처하겠는가?
83	지구대, 파출소 근무 실적이 꼴찌이고, 단합, 화합이 전혀 안 되는 상황이라면 어떻게 하겠는가?
84	지구대 상황근무 중 한 어머님이 아이가 자꾸 돈을 훔쳐간다고 훈계를 부탁한다면 어떻게 할 것인가?
85	지구대 근무 중 술에 취한 민원인을 지구대에 데려와 보살펴주었는데 다음날부터 그 민원인이 찾아와 "맞아서멍들었다", "내 지갑을 훔쳤다"라는 등 지속적으로 악성 민원을 넣는다면 어떻게 대처하겠는가?
86	지각을 하면 인사고과에 불이익이 있고, 지각을 하지 않으려면 횡단을 해야 하는 상황이다. 어떻게 하겠는가?
87	증거 수집은 어떻게 할 것이며 그 증거 수집을 바탕으로 어떻게 범인을 잡을 것인지 설명해보아라.
88	중학생인 친구의 동생이 슈퍼에서 껌 한통을 주머니에 넣어온 것을 우연히 알게 되었다면 어떻게 대처하겠는가?
89	중앙경찰학교 동기가 같은 부서에 배치되었다. 동기가 돈 봉투 받는 장면을 목격 했다면 어떻게 대처하겠는가?
90	중1 여학생이 편의점에서 5천 원짜리 핸드폰 케이스를 훔쳤다. 이런 상황에서 경찰로서 어떻게 대처하겠는가?

91	중·고등학교 학생들이 오토바이 절도를 많이 하는데, 실적을 위해 형사입건을 하겠는가? 훈방조치를 하겠는가?
92	주취자인 척 하는지 아닌지 알아보는 법에 대해 이야기해보시오.
93	주취자와 악성 민원인을 어떻게 대처하겠는가?
94	주취자에게 총을 빼앗겼다면 어떻게 대처하겠는가?
95	주취자를 깨웠더니 관외지역인 집으로 데려다 달라고 한다. 어떻게 대처할 것인가?
96	주취자가 칼을 들고 있는 상황이라면 어떻게 대처하겠는가?
97	주취자가 때리거나 침을 뱉어서 화가 날 땐 어떻게 대처하겠는가?
98	주취자가 길바닥에 누워 있는데 서장님이 그냥 가자고 한다면 본인의 행동은?
99	주취자(일반, 폭력), 여성 주취자에 대한 대처방안과 관련제도, 추가로 자신의 의견을 이야기 해보시오.
100	주취자 체포 후 수갑을 채웠는데 다쳤다고 민원을 제기한다면 어떻게 하겠는가?
101	주취자 신고를 받고 여경 두 명이 출동 했는데, 여성 주취자가 하이힐을 가지고 위협한다면 어떻게 대처하겠는가?
102	주차해 둔 자신의 차량이 파손 됐다며 신고가 들어온다면 어떻게 대처하겠는가?
103	주정차 위반지역에 차가 주차되어 있고 응급상황이다. 운전자는 생활고를 겪는 사람이라면 어떻게 처벌하겠는가?
104	주변에 본인 빼고 다 승진하면 어떨 것 같나?
105	주변 친구들이 경찰에 대해 안 좋은 이야기를 한다면 어떻게 설득 하겠는가?
106	주변 신고로 가정폭력 현장에 출동했는데, 정당한 훈육이라고 주장하는 상황이다. 출동 경찰관이라면 어떻게대처하겠는가?
107	죄 안 짓고 유죄 받은 사람과 죄를 짓고 무죄를 받은 사람 중 어느 쪽을 택할 것이며 이유는 무엇인가?
108	조현오 전 청장이 구속 됐다. 그 당시에는 부당한지 모르고 했는데 이제 부당한 지시가 되었다면 어떻게 하겠는가?
109	조직폭력배 싸움 현장에 후배 경찰관과 둘이 출동했다면 어떻게 대처하겠는가?
110	조직을 이끌면서 엇나가는 한 명 때문에 조직전체가 힘들어한다면 어떻게 대처하겠는가?
111	조직에 적응을 못하는 사람에게 어떻게 대처하겠는가?
112	조직 내에서 알 수 없는 이유로 왕따를 당한다면 어떻게 해결 하겠는가?
113	조직 내에서 불륜을 목격했을 경우 어떻게 대처할 것인가? 본인이 고발함으로써 파면까지 이른다고 해도 고발을 할것인가?
114	조직 내에서 부당한 일을 겪는다면 어떻게 하겠는가?
115	조직 내 소통 중요한데, 현장에서 소통 중 갈등이 생기면 어떻게 하겠나?
116	조별과제를 하는데 팀원 중 1명이 아무 것도 하지 않는다면 교수에게 보고서를 제출할 때 전원의 이름을 넣을것인가 1명은 뺄 것인가?

117	제천 화재 참사에 대해 알고 있는가? 경찰관이 화재현장에서 초동조치로서 해야 할 일은 무엇이라고 생각하는가?
118	정보관으로서 노사갈등으로 인한 파업을 마주했을 때 어떻게 할 것인가?
119	정보과장이 되었는데 부하 두 명이 상반된 정보 두 가지를 가져왔다면 어떻게 하겠는가?
120	정말 어렵게 시간을 맞춰서 부모님과 여행을 갔는데 상사의 부친상 연락이 왔다면 어떻게 할 것인가?
121	정말 바쁜 상황에서 술 취한 여성이 데려다 달라고 한다면 어떻게 하겠는가?
122	정당방위로 형사상 무죄인데, 민사상 피해를 받고 있다면 어떻게 대처하겠는가?
123	절친한 친구 어머니 장례식과 면접일이 겹쳤다면 어떻게 할 것인지 이야기 해보시오.
124	절도범인을 추격하다 끝내 옥상에서 조우하게 된다면 어떻게 대처하겠는가?
125	절대 자백 하지 않는 흉악범을 어떻게 사백하게 하겠는가?
126	전의경과 직원 사이에서 생긴 부조리에 대해 말하고 자신이 경찰관이 된다면 전의경과 어떻게 지내겠는가?
127	잦은 회식으로 밤늦게 귀가하던 남편의 아내가 미귀가 신고를 했다. 어떻게 대처하겠는가?
128	장애인이 지하철에서 구걸한다면 어떻게 할 것인지?
129	장애인이 지하철에서 구걸을 하며 시민들에게 욕설을 하고 있다. 출동한 경찰관으로서 어떻게 대처하겠는가?
130	장교로 군 복무하였는데 말을 안 듣는 병사는 어떻게 했는가? 그래서 그 친구는 변했나?
131	잘못했다고 상사에게 누명을 쓰게 된다면 어떻게 하겠는가?
132	잘못한 것도 없고 고쳐야 할 것도 없는데 다른 사람이나 상사가 싫어한다면 어떻게 하겠는가?
133	자치경찰제도가 도입되면 시, 도지사 같은 사람들이 봐달라고 하거나 다른 부탁들을 할 텐데 어떻게 하겠는가?
134	자전거 훔친 14세 이상 소년을 어떻게 처리 하겠는가?
135	자율주행 차량 사고 발생 시 누구 책임 인가?
136	자신이 현직인데 주취 관련 사건이 너무 많다. 어떻게 할 것인가?
137	자신이 지휘관이 된다면, 경찰의 어떤 부분을 개선하고 싶은가?
138	자신이 인사평가를 매기는 사람이다. 어떤 면을 가장 우선하겠는가?
139	자신이 싫어하는 유형의 상사와 근무를 하게 된다면 어떻게 하겠는가?
140	자신이 시민인데 지나가다 보니 자살자가 있다. 말로 하지 말고 상황극으로 해보시오.
141	자신이 성과를 올렸는데 상사가 다른 동료를 승진 시키겠다고 한다면 어떻게 하겠는가?
142	자신이 서장이 된다면 어떤 정책을 펼치고 싶은가?
143	자신이 모르는 일을 상사가 시킨다면 어떻게 하겠는가?
144	자신이 면접관이라면 법학과 전공자로서 바로 일할 수 있는 사람을 뽑겠는가? 장기적으로 봤을 때 경험 많고 인성좋은 사람을 뽑겠는가?

145	자신이 면접관이라면 경찰의 전문성이 있는 사람과 다양한 경험을 한 사람 중 누구를 뽑겠는가?
146	자신이 경찰청장 운전수인데, 청장님께서 행사에 30분 늦어 급하다며 과속해 달라고 한다면 과속을 해서라도 시간에맞추겠는가? 또, 과속으로 인해 과태료를 받게 된다면 어떻게 처리 하겠는가?
147	자신이 30년간 근무하고 경찰청장으로 퇴직하는 자리이다. 회고사를 20초 간 말해보시오.
148	자신의 동료가 자식을 학대하는 것을 보았을 때 어떻게 대처할 것인가?
149	자신의 공적이 있는 대통령 표창을 팀장이 뺏어가려 한다면 어떻게 하겠는가? (자신이 범인을 잡아서 원래 자기가받아야 하고 받으면 특진도 가능한 상황)
150	자신의 가족이 타인에게 원치 않는 임신을 시켰다면 어떻게 대처하겠는가?
151	자신을 포함하여 3명의 술값, 밥값을 누군가 계산해주고 갔다면 어떻게 하겠는가?
152	자신에게 의지하는 사람을 보았을 때 어떻게 대처하는가?
153	자신보다 나이 많은 후배가 들어오면 어떻게 할 것이며, 호칭은 뭐라고 하겠는가?
154	자신과 로봇이 함께 출동하였는데 로봇이 고장 난다면 어떻게 하겠는가?
155	자살과 타살을 초동조치와 과학수사대 그런 거 말고 본인이라면 어떻게 구별할 수 있는가?
156	자기만 생각하는 동료가 있다. 어떻게 대처할 것인가?
157	자기가 맡은 사건을 팀장이 달라고 한다면 어떻게 하겠는가?
158	자고 있는 학생을 깨웠더니 선생님 뺨을 때린 사건에 대해서 본인이 신고를 받고 출동했다면 학생 처리를 어떻게했을 것인지?
159	임용 후 상사나 동료가 아무런 이유 없이 자신을 싫어한다면 어떻게 하겠는가?
160	임산부가 버스에 탔는데 자리가 없다면 어떻게 할 것인가?
161	일 잘하고 팀워크 좋은 후배가 사생활 문제가 있다면 선배로서 어떻게 하겠는가?
162	일 잘하고 능력 있는 팀원이 있는데 팀 사람들로부터 비난을 받는다. 그로 인해 팀 분위기가 저하되었다면 어떻게하겠는가?
163	일 못 하는 사람과 함께 일을 하게 되었다면 어떻게 하겠는가?
164	이미 한 번 계도 조치한 폐지 줍는 할머니가 무단횡단 중이다. 어떻게 할 것인가?
165	음주운전을 한 것으로 의심되는 사람이 있다면 임의동행을 할 것인가 현행범으로 체포할 것인가?
166	음주운전 차량이 아무도 없는 곳에 버려져 있다. 운전자는 도망가고 블랙박스나 SD카드 또한 없다. 이 경우대처방법은?
167	음주운전 용의자 집에 가 보니 SD카드가 있다. 이 경우 어떻게 대처할 것인가?
168	음주운전 수치가 나오지 않는 도주자를 어떻게 대처할 것이며 어떤 법령에 근거하여 대처할 것인가?
169	음주운전 단속 중 도주차량을 추적해서 잡았는데, 전과도 없고 음주운전도 아니라면 어떻게 대처하겠는가?

170	음주운전 걸린 공무원은 조직에서 배제해야 하나?
171	음주단속이 강화되면서 먹자골목 앞 음주단속으로 손님이 끊기고 주민들의 항의가 있을 때 경찰로서 어떻게 대처할 것인가?
172	음주단속 중 지구대장님이 0.025% 나왔는데 어떻게 할 것인가?
173	음주단속 중 주취자가 경찰을 매달고 달려 4주 진단이 나왔다. 특수공무집행방해죄로 처벌하려 하자 그 사람이 합의를 해달라고 한다면 어떻게 하겠는가?
174	음주 뺑소니 운전자가 보행자에게 중상을 입히고 도망갔다면 어떻게 할 것인가?
175	음주 단속 중 동료 경찰관이 뺑소니 사고를 당했다면 어떻게 대처하겠는가?
176	음식점 아르바이트 중 고객이 가게에 없는 메뉴를 주문한다면 어떻게 대처하겠는가?
177	육지 경찰인데 바닷가를 돌아다니다 물에 빠진 사람을 발견하였다. 어떻게 하겠는가?
178	유모차 끌고 가는 할머니를 단속할 것인가? 상습적이라면 상습의 기준은?
179	울산 주점 여경 관련 질문(부모님 아파서 돈 필요한 상황. 일을 마치고 주방에서 일할 것인가?) 그럼 본인 말고 동료가 일 하는 것을 목격하면 어떻게 할 것인가?
180	운전 중 자신 앞에 음주운전 차량이 있다면 어떻게 하겠는가?
181	외국인에게 한국의 장점을 소개한다면 어떻게 이야기 하겠는가?
182	외국인 폭력범죄 신고와 불법체류자를 일반시민이 신고했을 때 각각 어떻게 대처하겠는가?
183	오패산 테이저건 사건에 대해 이야기 해보고, 출동한 경찰이 올바르게 대처 하였다고 생각하는가? 본인이 출동한경찰이었다면 어떻게 하겠는가?
184	영업방해 신고를 받고 출동했는데 공무집행방해를 한다면 어떻게 대처하겠는가?
185	열차에 레버를 올리면 내가 살고, 내리면 강간범이 사망에 이른다. 어떻게 할 것인가? (열차는 10 초 안에 도착할 예정이라는 전제)
186	열 살, 열다섯 살 차이가 나는 윗사람과 세대 차이를 느낀 적 있는지, 어떻게 세대 차이를 극복하는가?
187	여학생에게 위급하다며 연락이 왔는데, 같이 출동할 여경이 없는 경우 어떻게 대처하겠는가?
188	여자가 건물 밖에 남자가 있는데 불안하다고 신고를 하여 출동하였다. 감으로는 범죄가 일어날 것 같지만 아직 아무 일도 일어나지 않았다. 어떻게 할 것인가? 나중에 여자가 귀찮다고 집 밖으로 안 나가려 한다면?
189	여성주취자의 머리채를 잡은 공무수행이 문제되고 있다. 현재 여성 주취자 출동을 받고 가는 중인데(여경 없음, 도착까지 1시간 걸림) 어떻게 대응할 것인가?
190	여성이 혼자 사는 방에서 계속되는 고성방가와 욕설로 신고를 받고 출동한다면? 그 여성이 베란다에서 뛰어내리겠다고 한다면?
191	여성 임산부인 시위주도자에게 상관이 캡사이신으로 진압하라는 명령을 한다. 어떻게 대처하겠는가?
192	여대생이 3천원짜리 스타킹을 훔쳤는데, 주인이 처벌을 원한다면 어떻게 하겠는가?

번호	질문
193	여기 있는 모든 사람이 다함께 여객선을 타고 가는데 침몰할 정도로 배가 기울었다. 안내방송은 선내에 있으라고 하는데 자신의 판단으로는 탈출해야 한다는 생각이 든다면 어떻게 하겠는가?
194	여고생이 야간 자율학습 후 집에 가는 버스 안에서 성추행을 당했다. 경찰이 현장에 출동했으나 이미 범인은 달아난 상황이라면 어떻게 대처하겠는가?
195	여고생이 성폭행 신고를 했다면 어떻게 대처하겠는가?
196	여경이 없고 남경만 있는 상황에서 옷을 다 벗은 여성 주취자를 어떻게 대처할 것인가?
197	여경과 단둘이 순찰 중 40대 남성이 칼부림하는 것을 목격하였다면 어떻게 대처할 것인가?
198	여경 상사가 고민을 털어 놓는다면 어떻게 하겠는가?
199	엘리베이터에서 여자의 허리를 남자가 촬영했고 여자가 신고했다. 어떻게 할 것인가?
200	얼마 전 친구와 술을 마시고, 잠든 친구의 카드로 술값을 결제한 경찰관이 친구한테 고소를 당했는데 본인이 그 친구라면 어떻게 할 것인가?
201	어머니와 아내가 물에 빠졌다면 누구를 구할 것이며 이유는 무엇인가?
202	어린아이가 학교 앞 문방구에서 불량식품을 먹고 배탈이 나서 부모가 신고를 했다. 출동을 나가보니 할아버지가 운영하시는 허름한 문방구라면 어떻게 대처하겠는가?
203	어린아이가 총을 겨누고 있다면 어떻게 하겠는가?
204	어떤 할머니가 길거리에서 청소년에게 담배를 판다는 신고가 들어왔다. 본인이라면 어떻게 대처할 것인가?
205	애인의 생일에 서프라이즈 파티를 준비했는데, 갑자기 회식이 잡혔다면 어떻게 하겠는가?
206	안전벨트 미착용을 단속했는데 지인이라면 어떻게 하겠는가?
207	악성민원인 때문에 본인이 중징계를 받게 되었다. 어떻게 대처할 것인가?
208	악성민원이란 무엇이며, 본인에게 악성민원이 들어온다면 어떻게 대처하겠는가?
209	악성민원에 대처하는 법을 만든다면 그것에 대해 찬성하겠는가? 반대하겠는가?
210	악성민원과 일반신고가 동시에 들어 왔는데, 상사가 악성민원인 먼저 처리 하라고 한다면 어떻게 하겠는가?
211	아주 절친한 친구의 어머님 장례식이다. 면접 날짜랑 겹쳤다면 어떻게 대처하겠는가?
212	아이스크림을 먹기 위해 줄 서 있는데, 한 아주머니가 "왜 근무시간에 아이스크림을 먹느냐"하며 뭐라고 한다면 어떻게 하겠는가?
213	아이를 폭행한 남편을, 아내가 생계유지문제로 처벌을 원치 않는다고 한다면 어떻게 대처하겠는가?
214	아이가 절도를 했다고 아이의 아버지가 계속해서 뺨을 때리고 보호시설 관계자 앞에서도 뺨을 계속해서 때린다면?
215	아이가 많이 아픈데 돌봐줄 사람이 없다. 긴급 소집명령이 떨어진다면 어떻게 하겠는가?
216	아버지하고만 사는 아이 일 수도 있는데, 아버지를 격리시키면 아이 혼자 살아야 한다. 이를 어떻게 해결하겠는가?

217	아버지가 범죄에 연루되어 심각한 불이익을 받는다면 어떻게 하겠는가?
218	아르바이트생과 미성년자가 짜고 위조신분증을 묵인한 경우 업주를 처벌해야 하나?
219	아동학대 피해자가 처벌을 원치 않는다면 어떻게 하겠는가?
220	아동을 학대하는 부모를 어떻게 처벌하겠으며, 아동 보호 방안에 대해 이야기해보시오.
221	아동 학대인지 어떻게 판단하겠는가?
222	아동 폭행 신고를 받고 출동했는데, 아버지가 문을 열어주지 않는다면 어떻게 하겠는가?
223	아내가 죽어도 경찰을 못하게 한다면 어떻게 하겠는가? 설득이 안 된다면 어떻게 대처하겠는가?
224	아내가 병에 걸린 상황에서 1억 원짜리 약을 훔쳐야만 아내를 살릴 수 있다면 어떻게 하겠는가?
225	심증은 있고 물증은 없는 상태에서 상관이 당장 구속하라고 한다면 어떻게 대처하겠는가?
226	싫어하는 여자 타입은 무엇이며, 같이 근무하게 된다면 어떻게 대처하겠는가?
227	실적이 저조하여 소장님이 휴일에 근무 지시를 한다면 어떻게 하겠는가?
228	신호위반을 단속 했는데, 뒷좌석에 아이가 타고 있고 초행길인 상황이다. 단속하겠는가?
229	신호위반을 단속 했는데 운전자가 경찰이고 봐 달라고 한다. 안 봐준다 했더니 서운해 한다면 어떻게 이야기하겠는가?
230	신호등이 3초 남았다. 건너는 편인가? 본인이 경찰이고, 긴급한 상황이라면 어떻게 하겠는가?
231	신호 단속 시 다른 신호위반자는 왜 처벌하지 않냐고 항의가 들어온다면 어떻게 대처하겠는가?
232	신임 순경으로 근무 중 지인이 젠더 폭력을 당했다고 말한다면 어떻게 대처하겠는가?
233	신고를 받고 출동하였는데 주취자가 말도 못할 정도로 만취한 상황이다. 어떻게 대처할 것인가?
234	시키지 않는 일에 대해서 본인이 피해를 보았다면 어떻게 대처할 것인가?
235	시위진압 도중 시민에게 참을 수 없는 욕설 등을 듣는다면 어떻게 참겠는가?
236	시위로 인해서 교통 혼잡 같은 경우 어떻게 할 것인가?
237	시위 진압 시 시위대에 가족이 있다면 어떻게 대처하겠는가?
238	시보 기간 중 목욕탕에 갔는데 조폭으로 보이는 사람이 소란을 피운다면 어떻게 하겠나?
239	시민이 구청장실을 불법점거 하였는데 구청장이 퇴거 공문도 안 보낸다. 어떻게 할 것인가? (파생) 상사에게보고하는 것 말고 본인이 직접 할 수 있는 것은 무엇인가?
240	시민이 고맙다며 박카스 한 병을 준다면 받겠는가?
241	시급해 보이는 민원인과, 느긋해 보이는 민원인이 있다. 시급한 민원인의 문제를 먼저 해결하려고 하자 상사가 느긋한 사람 문제를 먼저 해결하라고 한다면 어떻게 대처하겠는가?
242	시골 공공장소에 도시에서 놀러온 관광객이 음주한다면 어떻게 하겠는가?

243	시각장애인에게 노란색이나 구름을 어떻게 표현 하겠는가?
244	승진을 할 수 있는 기회에 선배가 승진 대신 자신을 도와달라고 한다면 어떻게 하겠는가?
245	스티커 끊는 중 아내가 양수가 터졌다며 선처를 바랄 때 대처방법은?
246	스토킹을 당하고 있는 여자가 있을 때 위험성이 없어도 출동해야 한다고 생각하는가?
247	슈퍼마켓 절도 신고를 받고 출동했는데, 범인을 잡아보니 주인 아들과 친구들이라면 어떻게 대처하겠는가?
248	순찰하던 중 화재사건을 확인했다. 3층에서 사람들이 살려달라하고 있고 1층입구는 이미 불길이 강하다. 들어갈것인가?
249	순찰을 나갔다가 지구대에 왔는데 과일 한 박스가 있다. 누가 줬는지도 모르고 지구대장님이 뜯어서 동료들과 이미 나누어 먹었다. CCTV에도 안 찍혀서 확인할 방법이 없다면 어떻게 할 것인가?
250	순찰 중 흡연하는 고등학생들을 보면 어떻게 대처할 것인가?
251	순찰 중 학생들이 모여 있고, 옆에 본드와 비닐이 보인다. 어떻게 할 것인가?
252	순찰 중 시민이 왜 경찰은 안전벨트를 매지 않느냐며 항의한다면 어떻게 하겠는가?
253	순찰 중 상사가 피곤하다며 잠을 자겠다고 한다면 초임 순경으로서 어떻게 대처하겠는가?
254	순찰 중 상사가 반복적으로 성적인 터치를 한다. 성적 수치심을 느낄 정도라면 어떻게 하겠는가?
255	순찰 중 강도사건 발생 시 처음과 끝을 말해 보고 지구대에서 그 강도가 탈주했을 때 대처방법은 무엇이라생각하는가?
256	순경으로서 아동학대 사건을 신고 받는다면, 신고 받는 순간부터 끝까지 어떻게 조치할 것인지 설명해 보시오.
257	수영을 못하는데 물에 빠진 사람을 발견 했다면 어떻게 하겠는가?
258	수배서와 비슷하게 생긴 사람을 보고 불심검문 하려 하자, 거부 한다면 어떻게 대처하겠는가?
259	선임이랑 외딴곳에 회식을 갔는데 술을 권한다면 어떻게 하겠는가?
260	선배에게 무혐의로 해달라는 청탁을 받고, 그 사건으로 인해 징계위원회가 열렸다면 어떻게 하겠는가?
261	선배는 아무것도 안 했는데 특진을 가져가려 한다면 어떻게 하겠는가?
262	선배경찰이 동료 여경에게 다가갔는데 동료가 추행으로 받아들여 자신에게 조언을 구하고자 한다면 어떻게 답변하겠는가?
263	선배가 특진을 하여 회식비를 내겠다고 하고 팀원들과 회식을 하였다. 그런데 어찌된 일인지 관내 카센터 사장님이회식결제를 하였다. 본인만 이 사실을 안다면 어떻게 대처할 것인가?
264	선배가 우리 둘만 아는 사건이니, '묻자. 수사하지 말자' 라고 한다면 어떻게 하겠는가?
265	선배가 근무 외 시간에 근무를 강요한다면 어떻게 하겠는가?

266	서장님이 부당한 지시를 내렸는데 직근 상관에게 조언을 구해도 회피한다면 어떻게 대처하겠는가?
267	서장님을 태우고 중요한 회의장에 가는데 예상치 못한 교통사고가 나서 늦는다. 늦으면 서장님의 위신이 손상 되며, 동료들 성과금이 반으로 준다. 서장님이 밟으라고 한다면 과속할 것인가?
268	서울에서 수원까지 가야 하는 논술 수험생이 있다면 데려다 주겠는가?
269	서로 다른 개성이 모인 집단에서의 갈등 해소방안에 대해 이야기해보시오.
270	생계유지형 범죄 현장에 출동했다면 어떻게 대처하겠는가?
271	새벽에 아무도 없는 사거리에서 신호위반을 보았다면 단속하겠는가?
272	새벽에 무단 횡단하는 할머니를 발견한다면?
273	상사인 본인의 지시를 후임이 거절하면 어떻게 하겠는가?
274	상사의 유형에 네 가지가 있다. 유능하고 부지런한 상사, 유능하고 게으른 상사, 멍청하고 부지런한 상사, 멍청하고 게으른 상사. 어떤 상사와 일하고 싶나?
275	상사의 부당한 지시를 이행하지 않자, 본인을 왕따 시킨다면 어떻게 대처하겠는가?
276	상사의 근무가 끝나지 않았는데 먼저 퇴근 하겠는가?
277	상사와 함께 교육을 받고 있는데, 땡땡이 치고 밥 먹으러 가자고 한다면 어떻게 하겠는가?
278	상사와 순찰을 돌고 있는데 혼자 사건처리 하고 오라고 한다면 어떻게 하겠는가?(상사가 칼에 찔린 트라우마가 있다)
279	상사와 부하가 성격이 안 맞는다면 어떻게 하겠는가?
280	상사와 동료가 본인에 대해 험담하는 것을 알게 되었다면 어떻게 대처하겠는가?
281	상사와 단둘이 근무를 나갔는데, 상사가 무단횡단을 한다면 어떻게 하겠는가?
282	상사와 가치의 충돌이 일어난다면 어떻게 대처하겠는가?
283	상사가 퇴근시간 이후에 항상 퇴근하지 않고 업무아닌 인터넷만 보고 있다면 어떻게 하겠는가?
284	상사가 카카오톡으로 업무 지시를 한다면 어떻게 대처하겠는가?
285	상사가 출동도 안 하고 일을 안 하려 든다면 어떻게 대처하겠는가?
286	상사가 지시를 내렸는데 부당한지 위법한지 모르는 상태에서 어떻게 대처하겠는가?
287	상사가 자신이 잘 모르는 업무를 지시한다면 어떻게 하겠는가?
288	상사가 자신이 맡은 사건에 대해 잘 부탁한다고 이야기한다면 어떻게 하겠는가?
289	상사가 자꾸 부당한 지시를 하고, 인격모독까지 한다면 어떻게 대처하겠는가?
290	상사가 일을 안 가르쳐준다면 어떻게 하겠는가?
291	상사가 일생일대의 마지막 기회라며 이번 한 번만 하자고 한다면 어떻게 하겠는가?
292	상사가 이기적이고 독단적인 유형의 상사라면 어떻게 대처할 것인가?
293	상사가 음주운전을 하려 한다면 어떻게 대처하겠는가?
294	상사가 음주단속 정보를 지인에게 알려준다면 어떻게 대처하겠는가?

295	상사가 열심히 일하는 자신이 아닌 맨날 승진공부만 하고 일하지 않는 동료를 승진 시킨다면 어떻게 하겠는가?
296	상사가 업무를 안 하고 계속 면접자나 후배들에게 떠넘긴다면 어떻게 할 것인가?
297	상사가 쉬는 날마다 등산을 가자고 한다면 어떻게 하겠는가?
298	상사가 순찰 중에 잔다면 내부고발 하겠는가?
299	상사가 수사 실적 때문에 본인과 수사 자료를 공유하지 않는다면 어떻게 대처하겠는가?
300	상사가 선배나 후배에게 실적을 준다면 어떻게 하겠는가?
301	상사가 사소한 꼬투리로 계속 괴롭히면 어떻게 대처하겠는가?
302	상사가 비번날 본인에게 일을 시킨다면 어떻게 대처할 것인가?
303	상사가 불법적인 돈을 받는 것을 목격했다면 어떻게 하겠는가? 이 일로 본인이 인사상 불이익을 받는다면 어떻게 하겠는가?
304	상사가 본인을 정말 싫어한다면 어떻게 할 것인지 이야기해보시오.
305	상사가 밥값을 내달라 한다면?
306	상사가 반복적으로 밥을 사라고 할 때 어떻게 대처할 것인가?
307	상사가 되었는데 두 명의 부하 중 한 명을 승진시켜야 한다. 한 명은 똑똑하지만 지각을 하는 편이고, 한 명은 일은 잘 못하지만 성실하다면 누구를 승진 시키겠는가?
308	상사가 단속한 정보를 다른 사람에게 몰래 넘겨주는 장면을 목격 했다면 어떻게 하겠는가?
309	상사가 뇌물로 파면 당했다. 동료들끼리 돈을 모아 주는 것에 대해 어떻게 생각하는가?
310	상사가 뇌물(+부정한 청탁)을 받는 것을 목격하였다면 어떻게 대처하겠는가? 만약 본인도 함께 뇌물(+부정한청탁)을 받은 상황이라면 어떻게 하겠는가?
311	상사가 김영란법 위반 행위를 했다면 어떻게 대처하겠는가?
312	상사가 개인적인 것을 부탁하는 갑질을 한다면 어떻게 하겠는가?
313	상부에서 절대 아무 대응을 하지 말라는 지시가 내려왔는데, 동료 경찰관이 폭행을 당하고 있다면 어떻게 하겠는가?
314	상부에서 범죄 현장 발견 시 즉시 발포 하라고 한다. 어떻게 할 것인가?
315	상급자와 맞지 않을 때 어떻게 대처하겠는가?
316	상급자가 내가 기피하는 부서에 가라고 한다면 어떻게 하겠는가?
317	상관이 상황근무 중에 잔다면 어떻게 대처하겠는가?
318	상관이 맡기 어려운 일을 본인에게 맡겼을 때 어떻게 할 것인가?
319	상관이 가스총을 휴대하지 않고 순찰을 가려 한다면 어떻게 하겠는가?
320	상관의 계속되는 규칙위반 행위 혹은 '이건 아니다'라고 생각되는 행위가 반복 된다면 어떻게 대처하겠는가?
321	상관에게 자신의 의견을 투영시키기 위해 어떻게 해야 하는가?
322	상가 주인에게 긴급한 범죄로 인해 CCTV를 확인해야 한다며 공문까지 보여줬지만 협조를 안한다면 어떻게대처하겠는가?

323	살인범을 순찰차로 쫓고 있는데 길가에 할머니가 쓰러져 계신다.(영하 20도 상황) 어떻게 할 것인가?
324	산에서 컵라면을 먹으려고 하는데 젓가락이 없다. 어떻게 대처하겠는가?
325	사회적 약자인 장애인이 관할구역 외에 있는 자신의 집에 데려다 달라고 한다면 어떻게 하겠는가?
326	사회적 약자분들이 광화문 같은 곳에서 시위할 텐데 어떻게 생각하는가? 시위로 인해서 교통이 혼잡한 경우 어떻게할 것인가?
327	사회적 약자가 수사를 받으며, 자포자기하는 심정으로 수사에 응한다면 어떻게 대처하겠는가?
328	사랑하는 사람과 어머니가 물에 빠졌다면 누굴 구할 것인가?
329	사고를 내지 않고 신호위반을 한 차량이 있다. 어떻게 대처할 것인가?
330	사건 처리 중 상사가 자신의 지인이니 잘 좀 봐달라고 부탁을 한다면 어떻게 대처하겠는가?
331	빌라 4층에서 불이 났는데 배관밖에 탈 수 없는 상황이라면 어떻게 대처하겠는가?
332	불이 난 상황에 출동한다면 어떻게 하겠는가?
333	불법집회로 시민들이 교통 불편을 겪고 있다면 어떻게 하겠는가?
334	불법 시위 현장에서 자신의 친구가 맨 앞에서 시위 주동자로 있다면 어떻게 하겠는가?
335	북한사람이 북한에서 살인을 저지르고 중국에 갔다가 한국으로 온다면 어떻게 하겠는가?
336	부하직원이 본인의 지시에 잘 못 따르고, 결과가 나빴다면 어떻게 하겠는가?
337	부서 간 갈등이 발생 한다면 중간에서 어떻게 대처하겠는가?
338	부부경찰이 될 수도 있는데 둘 다 서장을 목표로 한다. 하지만 서장이 될 수 있는 사람은 1명이다. 부인에게양보를 하겠는가?
339	부모님이 여학생을 찾으러 경찰서에 왔다. 어떻게 찾아줄 것인가?
340	부도덕한 동료가 있다면 어떻게 대처하겠는가?
341	부당한 지시와 부당하지 않은 지시의 기준은 무엇인가?
342	부당한 일과 불법적인 일에 대한 생각을 말해보시오.
343	부당한 상사의 명령을 받으면 어떻게 할 것인가? 인사고과에 영향을 미친다 해도 안 할 것인가?
344	본인전공을 경찰에 와서 어떻게 살리겠는가?
345	본인이라면 치안 서비스를 어떻게 제공할 것인지 구체적으로 말해보시오.
346	본인이 희망하는 부서에 가지 못하게 된다면 어떻게 하겠는가?
347	본인이 치안한류 쇼 호스트라면 우리나라 치안 노하우를 어떻게 판매하겠는가?
348	본인이 지휘관이 되서 권한이 강할 경우 그 권한으로 무엇을 해 보겠는가?
349	본인이 지구대에서 혼자 근무하는데 아파트에서 만취한 사람이 칼을 들고 난동을 부린다고 경비로부터 신고가 들어오면본인은 뭐라고 말할 건지, 그리고 이후에 어떻게 대처할 것인가?

350	본인이 지구대 팀장인데 후배 팀원이 두 명 있다. 그 중 한명이 다른 한 명의 부당함을 이야기하면서 잘라달라고건의했다. 어떻게 대처하겠는가?
351	본인이 중요한 증거를 발견했는데 팀장이 덮어버리라고 한다. 사건을 덮었는데 새로 부임한 팀장이 본인에게 그 사건과 관련해 징계 하겠다며 질책 한다면 어떻게 대처하겠는가?
352	본인이 운전을 하다가 순찰차 사고로 견적 250 만원이 나왔고 조직 에서 본인이 부담하라고 한다면 어떻게 할것인가?
353	본인이 암행순찰 나갔다가 단속했는데 왜 나만 잡느냐며 항의한다면 어떻게 하겠는가?
354	본인이 신고 접수 업무를 담당 하는데, 성인 여성이 "자장면 집이죠"라고 전화를 했다면 어떻게 하겠는가?
355	본인이 상사가 된다면 인성 좋은 후배를 택하겠는가? 능력 좋은 후배를 택하겠는가? 이유는 무엇인가?
356	본인이 사복입고 있는데 무단횡단 하는 사람 어떻게 할 것인가?
357	본인이 부조리를 봤을 때 어떻게 할 것인가?
358	본인이 면접관이라면 뽑을 수험생에게 어떤 질문을 하겠는가?
359	본인이 맡고 있는 프로젝트의 마감 기한이 이틀밖에 남지 않았다. 어떻게 대처하겠는가?
360	본인이 리더인데 팀에 잘 어울리지 못하는 사람이 있다면 리더로서 어떻게 할 것 인가?
361	본인이 기피하는 부서에 깐깐하고 나이 어린 상사가 있다면 어떻게 대처하겠는가?
362	본인이 근무하고 싶은 경찰서에는 희망부서가 없고, 근무하기 싫은 경찰서에는 희망부서가 있다면 어느 곳을 선택하겠는가?
363	본인이 고위경찰이 되었을 때 바꾸고 싶은 것은?
364	본인이 경찰이 되고 나면 나중에 면접관이 될 수 있을 텐데 본인 같은 지원자가 오면 어떻게 할 것인가?
365	본인이 경찰에 입직하여 친구나 선배 등에게 식사하자는 제의가 왔을 때 어떡할 것인가?
366	본인이 경찰 선배일 경우 후배가 연애 등 각종 사항으로 힘들어한다면 어떻게 할 것인가?
367	본인이 강력계 형사인데 사고현장에서 어떻게 정보 수집을 할 것인가?
368	본인이 감당하기 힘들 정도의 업무가 있다면 어떻게 할 것인가?
369	본인이 SPO가 된다면 어떤 자질을 갖추어야 한다고 생각하는가? 그 이유는 무엇인가?
370	본인을 좋아하는 여자가 있는데, 본인은 마음에 안 들 때 어떻게 행동 하는가?
371	본인은 티셔츠에 청바지를 입고 출퇴근하는데, 지구대장이 마음에 들지 않는다며 내일부터 정장입고 출근하라고 한다면어떻게 하겠는가?
372	본인보다 나이가 어린 동료가 먼저 승진을 한다면 어떤 생각이 들 것 같은가?
373	본인도 술을 먹은 상황에서 술 취한 상사가 자신의 차를 운전해달라고 한다면 어떻게 대처하겠는가?
374	본인 조직원들과 취미나 의견이 다른 상사로 인해 팀 분위기가 안 좋아진다면 어떻게 하겠는가?

375	본인 소관의 업무라고 생각했는데 상사가 소관이 다르니 다른 과에 이관하라고 한다면 어떻게 하겠는가?
376	보복운전을 하는 사람을 목격 했다면 어떻게 하겠는가?
377	보고서를 작성할 때 정보를 어디서 구할 것인지?
378	법률적으로 구속 사안임에도 불구하고 서장님께서 불구속시키라고 지시 한다면 어떻게 대처하겠는가?
379	범죄차량을 추격하다가 다른 차와 사고가 났다면 어떻게 대처하겠는가?
380	범죄자가 정말 가난할 경우 어떻게 할 것인가?
381	범인을 검거했는데 친동생이면 어떻게 할 것인가?
382	범인 검거 도중 동료가 피습된다면 어떻게 하겠는가?
383	버스에 할머니가 서 계신데, 몸이 불편해 보이지 않는 학생이 자리를 양보해 주지 않고 계속 앉아 있다면 어떻게하겠는가?
384	버스를 탔는데 어르신이 욕한다면 어떻게 하겠는가? (때린다면?쫓아온다면?쫓아오면서때린다면?)
385	밥을 얻어먹었는데 알고 보니 그 사람이 오락실 업주였다면 어떻게 하겠는가?
386	밤에 아무도 없는 한적한 곳이라면 신호위반을 하겠는가?
387	발령 받으면 파출소에 갈 텐데 동료 없이 혼자 출동한 상황이다. 다친 피해자와 도망가는 범인 중 선택해야한다면(둘 중 한 명만 꼭 선택해야 한다. 그냥 본인의 생각을 말하라.)
388	바쁜 출근길에 도움을 요청하는 사람이 있다면 어떻게 하겠는가?
389	민원처리 중 그 전에 처리한 경찰관이 민원처리를 잘못한 사실을 우연히 알게 되었다면 어떻게 대처하겠는가?
390	민원인이 전임자의 잘못을 본인에게 항의한다면 어떻게 대처하겠는가?
391	민원인이 서장이나 청장을 만나게 해 달라고 계속 떼를 쓴다면 어떻게 대처하겠는가?
392	민원인이 사건 처리를 맡겼는데 빨리 처리 되지 않자, 그 민원인이 파출소에 다짜고짜 찾아와서 "왜 빨리 일처리안하냐"고 항의를 한다. 그래서 "사건 처리중이다" 라고 말을 하고 있는데, 말을 끊으며 "민중의 지팡이가 이래도 되는 거냐" 라며 무작정화를 내고 있는 상황이다. 이 때 올바른 대처 방법과 왜 그렇게 생각 하는 지 구체적인 논거를 제시하시오.
393	민원인이 고맙다며 5만 원의 선물을 한다면 어떻게 하겠는가?
394	민원인이 계속해서 같은 요구를 하거나, 불만을 표현한다면 어떻게 하겠는가?
395	미투운동으로 경찰 조직 내 남경과 여경 간에 불화가 생긴다면 어떻게 대처하겠는가?
396	미아를 찾아줘서 고마운 어머니가 사과 박스를 두고 갔다. 어떻게 할 것인가?
397	물적 증거는 하나도 없으나 심적으로 상당히 의심되는 살인사건 용의자가 있다면 어떻게 하겠는가?
398	물에 빠진 사람을 발견하였는데 본인 혼자뿐이라면 어떻게 대처하겠는가?

399	물에 노인(또는 엄마)과 어린이가 빠졌다면 누구를 구하겠는가?
400	물가나 화재현장에 아이 혼자 있는 것을 알게 되었는데, 아무런 장비가 없다. 구하러 가겠는가?
401	문제 많고 동료 간 싸움이 자주 일어나는 부서장으로 임명이 되었다면, 부서의 단합을 위해 어떻게 할 것인가?
402	문신한 남자가 식당에서 구걸을 하고 행패를 부린다. 법 조항을 이야기 하며 어떻게 처리할지 이야기해보시오.
403	무단횡단을 하시다 중앙선에 서 계신 할머니를 목격한다면, 다시 돌려보내겠는가? 계속 건널 수 있도록 하겠는가? 이유는 무엇인가?
404	무단횡단 하는 할머니를 보호했는데 옆에서 보던 시민이 왜 단속하지 않느냐며 항의한다면 어떻게 하겠는가?
405	모든 팀원들이 같이 일하기 싫어하는 상사가 있는데 그 상사가 나와 일하고 싶다고 한다. 어떻게 대처하겠는가?
406	모두 일하기 싫어하는 까다로운 상사가 있다. 어떻게 노력할 것인가?
407	면접시간을 앞두고 자신이 운전하던 차로 사람을 치었다면 면접에 올 것인가 아니면 사람을 구할 것인가?
408	면접관이 친구들에게 괴롭힘을 당하는 아이라고 가정하고 위로하는 역할극을 해보시오.
409	면접관이 '슬픈 감정이 계속 드는 아이' 라는 설정으로 그 아이를 어떻게 상담할지 역할극을 해보시오.
410	면접관이 된다면 가장 먼저 무엇을 고려하겠는가?
411	면접 시간이 늦은 상황이다. 무단횡단해서 오겠는가? 법을 지키고 면접에 참여 안하겠는가?
412	면접 당일 아침에 로또 50억에 당첨 됐다고 어머니께 연락이 왔다. 면접장에 올 것인가?
413	면접 당일 길가에 할머니가 쓰러져 계신다. 신고하면 면접에 지각할 상황이다. 어떻게 할 것인가?
414	면접 당일 4차선 도로에서 무단횡단을 하지 않는다면 지각하는 상황이다. 무단횡단을 하겠는가? 지각 하겠는가?
415	면접 끝난 후 건물 앞에서 천 원을 줍는다면 어떻게 하겠는가?
416	면접 끝나고 나갔는데 천 원과 1 달러 두 개가 떨어져 있으면 무엇을 주울 것이며 그 이유는 무엇인가?
417	말다툼 한사람이 심한 욕설과 삿대질을 하면? 그러다가 때리면 어찌할 것인가? 또 때리면?
418	만약 자신의 아버지가 너무나 힘든 일이 있어 놀이터에서 음주 중이시라면 어떻게 하겠는가?
419	마포대교에서 자살을 시도한다는 신고를 받고 출동한다면 어떻게 대처하겠는가?
420	룸메이트와 청소를 나눠서 하기로 했는데 지키지 않는다면 어떻게 하겠는가?

421	룸메이트가 자해하는 것을 목격했다면 어떻게 하겠는가?
422	런던 아파트 화재사건에서 본인이 출동한 경찰관이라면 어떻게 대처하겠는가?
423	따뜻한 경찰과 범인 잡는 경찰중 하나를 택하라면 어느 것을 선택하겠으며 이유는 무엇인가?
424	등교길 지도를 위해 학교에 갔는데, 아이들이 패싸움 중이라면 어떻게 대처하겠는가?
425	뒤에서 누가 자신을 험담 한다면 어떻게 하겠는가?
426	동료의 무단횡단을 목격한다면 어떻게 대처할 것인가?
427	동료와 회식 후 다음날 음주운전으로 적발되었다. 적절한 징계는?
428	동료와 시민이 물에 빠졌다면 누구를 구할 것이며 이유는 무엇인가?
429	동료보다 객관적인 평가가 더 좋은데 상사가 동료에게 승진을 양보하라고 한다면 어떻게 할 것인가?
430	동료를 구하면 매스컴에 질타를 받는 상황이다. 어떻게 할 것인가?
431	동료들이 싫어하는 사람과 함께 근무하게 된다면 어떻게 하겠는가?
432	동료들과 싸움이나 불화가 일어나는데 원인이 무엇이라고 생각하는가?
433	동료는 본인과 취미활동을 하기 싫다고 한다. 아니 동료는 무엇을 같이 하는 것 자체가 싫다고 한다. 어떻게 할것인가?
434	동료나 상사가 회식자리에서 블루스 추자고 하는 것에 대해 어떻게 생각하는가?
435	동료경찰이 범인의 피습으로 다친 상황에서 범인이 칼을 들고 도망갔을 때 어떻게 할 것인가?
436	동료경찰관이 칼을 든 사람한테 위협을 당할 시 옆에 있는 본인은 어떻게 대처할 것인가?
437	동료경찰관이 절도 범행을 저질렀다면 어떻게 하겠는가?
438	동료가 죽는 것을 보고 힘들어서 그만둔다는 다른 경찰관에게 뭐라고 이야기 하겠는가?
439	동료가 잦은 지각을 한다면 어떻게 할 것인가?
440	동료가 일을 너무 못한다. 어떻게 행동할 것인가? 왼쪽에서부터 한 명씩 순서대로 대답하거나 생각나는 사람 먼저손들어서 발언하시오.
441	동료가 부당한 승진을 한다면 어떻게 할 것인가?
442	동료가 법적으로 고민하는 상황과 주취자가 반항하는 상황에서 법적으로 도움 줄 수 있는 부분은 무엇이 있는가?
443	동료가 뇌물 받는 장면을 목격한다면 어떻게 하겠는가?
444	동료 중에 폐를 끼치는 동료가 있다. 어떻게 해도 조직에 누가 되는 동료가 있다면 어떻게 대처하겠는가?
445	동료 중 일을 잘하고 동료들과 잘 지내는 직원이 상사에게 안 좋은 평가를 받았다. 어떻게 할 것인가?
446	동료 경찰관이 불만을 이야기 한다면 어떻게 하겠는가?
447	동료 경찰관이 단속 정보를 유출한다면, 어떻게 대처하겠는가?

448	동료 간 갈등이 발생한다면, 동료의 입장에서 어떻게 생각할 것인가? 상사의 관점에서 어떻게 생각할 것인가?
449	동기와 지구대 근무를 나가야 하는데 동기가 연락이 되지 않고 출근하지 않았다면 상사에게 뭐라고 말하겠는가?
450	동기나 아래 직원이 나보다 어리면 어떻게 대처할 것인가?
451	도저히 말이 안 통하는 사람이 있다면 어떻게 대처하겠는가?
452	도로에서 교통단속 중 단속 당한 사람이 편파적인 공무집행 아니냐며 항의 한다면 어떻게 대처할 것인가?
453	도로교통법을 위반한 운전자를 잡았는데, 편파적인 공무집행이 아니냐며 항의를 한다면 어떻게 대처할지 토론하시오.
454	데이트폭력의 범위와 개선책에 대해 이야기 해보시오.
455	데이트폭력에 대해 어떻게 대처하겠는가?
456	데이트폭력 신고 후 갔는데 별일 아니라며 가라고 한다면 어떻게 할 것인가?
457	대화가 안 되고 감정적으로 격할 정도에는 어떻게 하겠는가?
458	대학교 조별활동 때 의견이 맞지 않는 사람들을 어떻게 설득했는가?
459	대기업과 경찰에 동시 합격했다. 어느 쪽을 선택하겠는가?
460	당신이 모범 경찰상을 받고 회식을 해서 음주상태인데, 아기가 너무 아파 병원을 가야 한다. 그런데 주변에 차도없고 자신의 차만 있는 상태라면 어떻게 대처하겠는가?
461	당신은 수영을 못하는데, 순찰 중 물에 빠진 사람을 발견했다면, 어떻게 구하겠는가?
462	담당 사건을 상사가 자기에게 넘기라고 한다면 어떻게 하겠는가?
463	단체 생활을 하다보면 다른 사람과 자주 충돌하는 사람이 있다. 그러한 상황이라면 어떻게 대처하겠는가?
464	단속으로 범칙금 부과 후 민원인이 감찰에 신고하였고 감찰에서 혐의 없음 처분을 하였다. 민원인이 검찰에 감찰과경찰관을 고소하였고 검찰에선 각하하였다. 이 경우 이 민원인을 만나면 어떻게 처리하겠는가?
465	다수의 의견이 부당하고, 소수의 의견인 자신의 의견이 정당하다고 느껴질 때 어떻게 하겠는가?
466	다수에게 둘러싸여 위협을 받는다면 어떻게 대처하겠는가?
467	다른 팀 순찰조원이 집단폭행을 당하고 있다. 옆에 있는 상사는 어디 가지 말고 남아 있으라고 한다면 어떻게하겠는가?
468	다른 친구가 자신을 험담하는 것을 우연히 듣게 되었다면 어떻게 대처하겠는가?
469	다른 사람은 모두 친근감이 있을 때 본인은 없다면, 그때 어떻게 그 상황을 극복하고 대처할 것인가?
470	늦은 밤 혼자서 음주단속 중에 어머니가 적발 되었다면 어떻게 하겠는가?
471	누군가 자신을 험담하고 다닌다면 어떻게 하겠는가?

472	뇌물 받은 선배를 목격했다면 어떻게 대처하겠는가?
473	노숙자가 빵을 훔쳤다면 어떻게 대처하겠는가?
474	냉온수기에 물이 없는데 나이, 성별, 계급 상관없이 누가 물을 채워야 한다고 생각하는가?
475	내가 시민의 입장에서 신호가 황색불로 바뀌려 할 때, 멈추면 사고가 날 것 같아 진행을 했다. 경찰관이 나를잡는다면 어떻게 하겠는가?
476	내가 생각하기엔 경미한 범죄로 통고처분이나 경미사건 처리를 하면 될 것 같은데, 선배는 형사입건 처리를 하려한다. 어떻게 대처하겠는가?
477	내가 상사가 되었을 때 부하가 무단결석하고 말을 안 듣는다면 어떻게 할 것인가?
478	내가 보기에 일을 정말 못하는 동기에게는 잘한다고 칭찬하고, 나에게는 항상 지적하며 못 미더워 하는 상사가있다면 어떻게 대처하겠는가?
479	내가 범죄피해자가 되어 불구가 되었다면 그 범죄자를 용서할 것인가?
480	내가 가진 돈보다 더 큰 액수를 친구가 빌려 달라고 한다면 어떻게 하겠는가?
481	남자친구로 인해 자살하려는 여자가 있다면 어떻게 설득 하겠는가?
482	남자선배와 출동 후 선배가 정당한 공무집행을 하였는데 여성 주취자가 왜 내 몸을 만지냐고 침을 뱉고 뺨을때린다면 어떻게 할 것인가?
483	나이가 많은 경찰의 입장에서, 정년을 늘리기 위해 청년경찰을 어떻게 설득 하겠는가?
484	나이 어린 여경 상사가, 면접자가 하나도 모르는 업무를 지시했을 때 어떻게 하겠는가?
485	나이 어린 상사가 있다면 어떻게 대처하겠는가?
486	나이 많은 동료가 있다. 승진의 기회가 온다면 양보 하겠는가?
487	나를 응원해줬던 친구의 아버지가 담배꽁초 버리시는 걸 본다면 단속 하겠는가?
488	나랑 본인은 모르는 사이인데 복도에서 마주치면 인사를 할 것인가? 5분 뒤에 다시 마주치면 어떻게 할 것인가?
489	나는 선의로 도와줬는데 그 사람이 나에 대해 험담을 하고 다닌다면 어떻게 하겠는가?
490	꼬리물기 신호위반으로 차량을 단속했는데 온가족이 함께 타있다면 어떻게 대처하겠는가?
491	까칠하고 깐깐한 상사가 있다면 어떻게 대처하겠는가?
492	김치를 먹지 않는다고 폭행한 사건에 대해 자신이 출동한 경찰관이라면 어떻게 대처하겠는가?
493	김정은 위원장이 방한 한다면 경찰이 무엇을 해야 한다고 생각하는가?
494	김영란법에 대해 알고 있는가? 민원인이 고맙다고 사과 한 박스를 준다면 어떻게 하겠는가?
495	길을 가다 불법체류자를 만난다면 어떻게 하겠는가?
496	길에 주저앉아 우는 여성이 있다. 이유를 말하지 않는다. 어떻게 할 것인가?
497	길 가다 1만 원을 주었다면 어떻게 하겠는가?
498	긴급체포를 했는데 팀장이 피해자와 피의자를 동시에 취조하라고 한다. 하지만 피해자인 여고생은 학교에 가야 한다며 진술을 거부하는 상황이다. 어떻게 대처하겠는가? 영장 청구시한을 고려하여 답변 하시오.

499	긴급 출동신고를 받고 출동 중 여동생에게 도움이 필요하다는 연락이 왔다. 본인 외에는 현재 여동생을 도울 사람이 없다면 어떻게 대처하겠는가?
500	기피하는 부서에 배치된다면 어떻게 하겠는가?
501	기피하는 부서에 배치되어 극심한 스트레스를 받게 된다면 어떻게 하겠는가?
502	기피시설에 대해 지역주민들이 반대한다면?
503	기피 부서에 근무하게 되었다면 어떻게 하겠는가?
504	기차, 지하철 같은 곳에서 노인이 왜 자리를 안 비키냐고 화를 낸다면 어떻게 하겠는가?
505	기자가 기밀사항에 대해서 취재하고자 할 시, 어떻게 대처하겠는가? 알려 주지 않았을 시, 기자는 스스로 추측기사를 낼 것이다. 이에 대해 어떻게 대처할 것인가?
506	금연구역에서 흡연하는 사람들을 본다면 어떻게 하겠는가?
507	근무하고 싶은 부서 말고 형사과를 가라고 한다면 어떻게 하겠는가?
508	근무실적을 높이자며 팀장이 비번 날에 나와서 근무 하라고 한다. 그 날이 할아버지 기일이라면 어떻게 하겠는가?
509	근무시간이 52시간이 넘었다면 어떻게 할 것인가?
510	근무시간 외 카카오톡으로 업무 지시가 내려온다면 어떻게 대처하겠는가?
511	근무 중 혼자 돌아다니는 상황에서 주변에 난동부리는 사람을 발견한다면 어떻게 대처하겠는가?
512	근무 중 할머니가 김밥과 콜라를 준다면 어떻게 하겠는가?
513	근무 중 총기를 분실했다면 어떻게 대처하겠는가?
514	근무 중 상사가 계속 쉬자고 한다면 어떻게 하겠는가?
515	근무 중 동료가 맞고 있는 것을 본다면 어떻게 하겠는가?
516	근무 중 다급하게 자녀에게 필요한 준비물이 있다며 연락이 왔고, 지금 나가지 않으면 살 수 없는 상황이라면 어떻게 대처하겠는가?
517	국민의 여론 때문에 장자연 사건 목격자를 도와줬는데 지금 상황은 반대가 되었다. 이럴 때 어떻게 해야 하는가?
518	국가에서 집회 시위하는 시민들에게 발포명령이 내려졌다면 발포할 것인가?
519	국가 전시상황에서 가족을 구하겠는가? 소집명령을 따르겠는가?
520	구속사항인데 지구대장이 불구속 하라고 지시한다면 어떻게 하겠는가?
521	교통이 혼잡한 곳에서 신호위반하고 도주하는 차량을 잡았는데, 창문을 안 내린다면 어떻게 대처하겠는가?
522	교통위반자 단속 중에 시민이 다른 차는 왜 단속하지 않느냐 항의 한다면 어떻게 대처하겠는가?
523	교통사고로 출동을 하였는데 사람이 쓰러져 있고 음주운전이 의심될 때 어떻게 대처할 것인가?
524	교통법규를 어겨 범칙금 고지서를 들고 와 억울하다는 친구가 있다면 신임 순경으로서 어떻게 하겠는가?

525	교통단속을 했는데, 서장님이 지인이라며 훈방조치 하라고한다면 어떻게 대처하겠는가?
526	교통단속을 했는데, 당일 경찰 면접관인 민간인이 운전하고 정복을 입은 현직 경감이 타고 있다. 초행길이고 초범인경우 단속 하겠는가?
527	교통단속을 했는데 본인 친구와 서장님 친구가 단속 되었다면 둘 중 누구를 단속 하겠는가? 무조건 한 명을선택하고 이유를 이야기 해보시오.
528	교통단속 중 시민이 의경에게 무슨 권한으로 단속하냐고 묻는다면 어떻게 하겠는가?
529	교통근무를 하면서 딱지 발부하는 것에 대해 사람들이 안 좋게 본다. 자신의 생각은 어떠한가?
530	교통근무 중 무단횡단 하는 청년을 단속했는데, 그 후 폐지 줍는 할머니 단속 안 한 걸 보고 청년이 따진다면어떻게 대처하겠는가?
531	교통근무 중 단속된 악성민원인이 왜 앞사람은 단속 하지 않느냐며 계속 따진다면 어떻게 대처하겠는가?
532	교통 근무 중 과거 군대 선임(+부모님, 친한 친구)이 교통법규를 어겨 본인에게 단속되었다면 어떻게 하겠는가?
533	광주 폭행사태를 보며 본인이라면 어떻게 대처 했을지와 개선안에 대해 이야기해보시오.
534	광주집단 폭행사건에 여경으로서 혼자 먼저 출동했다면 어떻게 대처하겠는가?
535	관리반은 원래 9시 출근이다. 하지만 어떤 이유로 8시에 출근 하라고 한다면 어떻게 하겠는가?
536	과잉진압 때문에 징계를 받는다면 어떻게 하겠는가?
537	과도한 폭력행사를 하는 불법폭력시위 현장에서 폭행을 당했다면 어떻게 대처하겠는가?
538	공과 사가 충돌한다면 어떻게 대처하겠는가?
539	고집불통인 동기와 의견 충돌이 일어난다면 어떻게 할지 자신의 경험을 들어 이야기해 보시오.
540	고소가 되지 않는 사안에 대해 민원을 접수한 민원인이, 불만족하다며 본인에게 시비를 건다면 어떻게 하겠는가?
541	고등학생이 친구들과 담배를 훔쳤다. 꿈이 경찰이고 조사과정에서 우울증과 자살징후를 보이고 있다면 어떻게대처하겠는가?
542	경찰조직 내 같이 근무하는 선배이자 친한 형이 음주단속에 걸렸다. 본 사람이 본인밖에 없다면 어떻게대처하겠는가?
543	경찰이 된 후, 팀 내에 팀원들과 불화를 맺고 겉도는 팀원이 있다 어떻게 대처할지 말해보시오.
544	경찰이 된 후, 팀 내에 팀원들과 불화를 맺고 겉도는 팀원이 있다 어떻게 대처할지 말해보시오.
545	경찰이 된 후 5년 후의 자신의 모습은 어떠할 것이며 그렇게 되기 위해 어떤 노력을 할 것인가?

546	경찰이 되어 서 승진 시험을 보는데 앞 사람이 부정행위 하는 것을 보았다면 어떻게 할 것인가?
547	경찰이 되고 나서 휴가 때 절도범을 만나면 어떻게 할 것인지 이야기해보시오.
548	경찰이 되고 가족들과 제주도 여행을 갔는데 소매치기가 30m 앞에 뛰어간다면 어떻게 할 것인가?
549	경찰의 실수로 피해자 보호하지 못한 사례 아는대로 말해보세요.
550	경찰은 적법하게 대처했는데 민원인이 생떼를 쓴다면 어떻게 하겠는가?
551	경찰에 합격해서 친구들과 축하파티를 했다. 술에 만취한 친구가 운전을 하고 그 옆에 동승을 했다. 그 상황에서 음주단속에 걸렸다면 어떻게 하겠는가?
552	경찰서장이 총을 빌려 달라고 하면 어떻게 하겠는가?
553	경찰서에 할머니가 먹을 것을 싸들고 왔는데 계속 거절해도 안 가신다. 어떻게 할 것인가?
554	경찰로서 처리 기준이 모호한 것들이 있을 텐데 그런 일을 겪는다면 어떻게 처리 하겠는가?
555	경찰과 시민복지센터에 동시에 합격 됐다면 어디를 선택 하겠는가?
556	경찰 조직이 가지는 가치관과 본인이 가지는 가치관이 부합하지 않아 실망하는 일이 생길 수 있는데, 이에 대해어떻게 대처할 것인가?
557	경찰 생활 중에 로또 50억 원이 당첨되면 어떻게 할 것인가?
558	경직법에 피해자보호 명시했는데 왜 명시했는가? 굳이 법에 명시하지 않아도 충분히 보호하고 있는데 왜 명시했다고 생각하는가?
559	경제적으로 부유한 집에서 자란 사람이 100만 원을 훔쳤다. 반면에 가난한 집에서 자란 사람은 생계를 위해 어쩔수 없이 소액의 돈을 훔쳤다. 그런데 두 사람이 똑같은 판결을 받았다면 이에 대해 어떻게 생각 하는지 본인의 생각을 이야기해보시오.
560	경미한 위법을 저지른 사람이 있는데, 알고 보니 아주 힘든 사람이다. 처벌 하겠는가?
561	객관적으로 타인의 입장이 부당한 상황이고 설득이 어렵다면 어떻게 소통 하겠는가?
562	개인 약속이 있는데, 상사가 퇴근시간에 일을 시킨다면 어떻게 하겠는가?
563	같이 출동하는 경찰이 일을 안 한다. 이미 여러 번 반복되었고 항상 본인 혼자 출동한다면 어떻게 할 것인가?
564	같이 일하는 직원이 인종이나 성별 이런 걸로 자꾸 차별한다. 어떻게 대처할 것인가?
565	같이 일하고 싶은 유형의 사람과 같이 일하기 싫은 사람의 유형에 대해 이야기해보시오.
566	강력범 100명을 잡아야 하는데 99명 잡은 후 상사가 100명으로 보고하라고 한다면 어떻게 하겠는가?
567	강력 범죄자가 나타났을 때 자신이 배운 무도를 활용해 제압할 수 있겠는가?
568	갑자기 순찰을 나갔는데 선배가 순찰차에서 휴대폰을 보면서(유튜브 영상 같은 것) 내리지 않으려 한다. 어떻게 할것인가?

569	가족이나 지인이 인권이나 공권력과 관련해 문제가 생긴다면 어떻게 하겠는가?
570	가족이나 지인이 불법을 저지른다면 어떻게 하겠는가?
571	가족과 모르는 사람이 동시에 물에 빠졌다. 누구를 구할 것이며 이유는 무엇인가?
572	가족 중 누나가 연락이 안 된다며 엄마가 정보조회를 해 달라고 한다. 어떻게 할 것인가?
573	가정폭력으로 엄마가 맞고 있다고 아이가 신고했는데 문을 안 열어 준다면 어떻게 할 것인가? 신고 전화는 계속 오는 상태이다. 어떻게 할 것인가? 문을 열고 난 다음은 어떻게 대처하겠는가?
574	가정폭력신고를 받고 출동했다. 부인에게 상처가 있고 주거지 내부도 어질러져 있는 상태라면 어떻게 대처하겠는가?
575	가정폭력신고를 받고 출동했는데 안에서 아무 소리도 안 들리고 정말 조용하다면 어떻게 하겠는가?
576	가정폭력신고가 들어왔는데, 그 가정의 중학생 자녀가 "경찰이 왜 이렇게 늦게 출동했냐"며 뺨을 때린다면 어떻게대처하겠는가?
577	가정폭력 출동 시 피해자가 계속 아니라고 부인한다. 어떻게 할 것인가?
578	가정폭력 의심되는 상황에서 남편이 망상에 빠져 이상한 소리를 한다. 어떻게 대처하겠는가?
579	가정폭력 신고를 받고 출동 했다면 어떻게 대처하겠는가?
580	가정폭력 신고를 받고 출동 했는데, 아파트 경비원이 차단기를 열어주지 않는 상황이라면 어떻게 대처하겠는가?
581	가정폭력 신고를 받고 출동 했는데 여성의 눈에 피와 멍 자국이 있다. 여성이 처벌을 원치 않는다면 어떻게대처하겠는가?
582	가정폭력 신고가 왔는데 신고지를 모른다. 어떻게 할 것인가?
583	가정폭력 상황이 급박한지 아닌지 스스로 판단하기 어렵다면 어떻게 하겠는가?
584	가정폭력 사건에 출동했는데 남편만 있고 와이프가 없다면 어떻게 대처할 것인가?
585	가정폭력 가해자가 자식들이 보고 있으니 수갑을 채우지 말아 달라고 한다면 어떻게 하겠는가?
586	가정에서 지원부서를 싫어한다면 어떻게 할 것인가?
587	가장 친한 친구가 연대보증을 서 달라고 한다면 어떻게 하겠는가?
588	가스실에 진입하라는 명령을 받는다면 어떻게 하겠는가?
589	가기 싫은 회식자리가 있다면 어떻게 하겠는가?
590	A는 나랑 마음이 맞는 사람, B는 나랑 마음이 안 맞는 사람이다. 어떤 의견이 B랑 똑같다면 어떻게 하겠는가?
591	8 차선 도로에서 24시에 동료경찰관이 죽었다. 어떻게 해결할 것인가?
592	60대 할아버지가 술을 드시고 주변에 피해를 주고 있다는 신고를 받고 출동 하였다. 어떻게 대처하겠는가?

CHAPTER 08. 면접기출 문제은행 233

593	5억 짜리 약을 훔쳐야만 부모님을 살릴 수 있다면 훔쳐서라도 부모님을 살리겠는가?
594	3명의 사람(팀원 또는 동료 경찰관)에게 나쁜 점, 단점, 문제점 같은 걸 듣게 된다면 어떻게 대처하겠는가?
595	30대 술 마시던 사람이, 독거노인 할머니가 운영하는 구멍가게에서 소주 한 병을 훔쳤다. 할머니가 처벌을 원하고있다면 훈방조치 하겠는가? 처벌 하겠는가?
596	2인 1조 근무 중 조직폭력배처럼 보이는 남성 4명이서 1명을 구타하고 있는 상황을 목격한다면 어떻게 하겠는가?
597	1억의 예산으로 CCTV 100대 설치하는 것과 경찰 인력 10명 증원 중 선택 하고 선택한 이유에 대해 이야기해보시오.
598	180cm의 경찰시험 3수 남자와 대학교 3수 여자 둘이 자살하려 한다면 둘 중 누구를 구하겠는가?
599	14세가 자전거를 훔치다 걸렸다. 이에 대해 어떻게 대처할 것인가?
600	14세 중학생이 편의점에서 절도를 했는데 점주는 처벌을 원한다. 어떻게 할 것인가?
601	12월 추운 밤 마약사범을 추격 중인데 범인이 바다에 뛰어들어 반대쪽으로 도망 시 대처방안에 대해 말해보아라.
602	112 신고에 아이울음소리와 비명소리가 난다. 경찰이 해야 할 일이 무엇이라고 생각하는가?
603	112 신고를 받고 현장에 출동했을 때, 피해자와 가해자 인권 중 어느 것이 더 중요한가?
604	10년 전 오토바이를 분실했고 그때 신고했었는데 못 찾았다며 그때 자료를 원한다는 민원이 들어온다면, 어떻게대처할 것인가?

〈사회적 이슈 및 경찰조직 관련〉

1	흉악범 신상공개에 대해 찬반 입장을 이야기해 보시오.
2	훈육과정에서 체벌 하는 것에 대해 어떻게 생각하는가?
3	화성연쇄살인과 같은 사건 말고 일반 살인죄 공소시효 폐지에 대해서 어떻게 생각하는가?
4	홍길동이 과거와 현재 다른 평가받는 이유는? 평가 기준이 무엇인가?
5	현행법 중 악법이라고 생각되는 법을 이야기해보시오.
6	현행 범죄피해자 구조제도에 본인이 더 추가하고 싶은 것이 있다면 무엇을 추가하고 싶은가?
7	현재 주취자에 대한 골머리를 앓고 있는데 경찰관으로서 좋은 방안 있겠는가?
8	현재 정부의 부동산 대책에 대한 개인 의견을 이야기해보시오.
9	현재 시행중인 정책 중에 일반 행정기관과 함께하는 정책이 있다. 이 정책을 하나씩 말하고 어느 부서가 맡는 것이 옳다고 생각하는지 이야기해보시오.
10	현재 삭제하고 싶은 법이나 추가하고 싶은 법 생각한 것 있는가?
11	현재 경찰이 잘 하고 있는 일에 대해 이야기해보시오.
12	현재 경찰의 청렴도가 몇 점이라고 생각하는가?
13	현재 경찰 승진시험 제도에 대한 생각과 개선방안에 대해 이야기해보시오.
14	현재 경찰 계급이 많은데 줄인다면 어떤 계급을 없애는 것이 좋겠는가?
15	현재 경기남부경찰청에서 '학교 다녀오겠습니다'라는 시책을 하고 있는데 학부모와 교사가 아닌 경찰이 하는 이유가무엇이라고 생각하며 경찰이 하는 것이 맞다고 생각하는가?
16	현 정부에서 인권침해하고 반성하는 사례에 대해 이야기해보시오.
17	헬조선에 대해 개인의견과 회복가능성에 대해 말하고, 이에 대한 경찰의 역할은 무엇인지 이야기 해보시오.
18	함정수사에 대한 본인의 견해를 말해보시오.
19	한국경찰이 외국경찰보다 우수한 점을 1분 동안 자랑해보시오.
20	한국경찰의 우수성에 대해 3가지만 이야기해보시오.
21	한 여경이 과거 학교폭력 가해자였는데, 과거 일이 밝혀져 비난을 받고 있다. 이에 대해 어떻게 생각하는가?
22	학자금 대출 있는 이유가 무엇인가?
23	학교폭력을 제외하고 청소년의 문제가 무엇이라고 생각하는가?
24	학교폭력을 예방하기 위해 어떤 대책이 있는지 이야기 해보시오.
25	학교폭력 원인과 해결방안을 말해보시오.
26	학교폭력 예방을 위해서 경찰이 할 수 있는 일이 무엇이라고 생각하는가?
27	학교폭력 가해학생을 처벌 한다면 형량은 어느 정도 해야 한다고 생각하는가?
28	학교전담경찰관이 계속 존재해야한다고 생각하는가?
29	학교전담경찰관에 대해 찬성하는가? 반대하는가?

30	학교전담경찰관과 학교폭력에 대하여 어떻게 생각하는가?
31	학교 내 왕따를 방지하기 위한 방안에 대해 이야기 해보시오.
32	필기시험, 체력시험, 면접 중에 개선이 필요한 부분은 어디라고 생각하는가?
33	피해자의 인권침해에 대한 생각과 피의자의 인권에 대한 기사를 보며 느낀 점에 대해 이야기해보시오.
34	피해자 보호에 대한 본인의 생각을 이야기해보시오.
35	피의자의 인권과 피해자의 인권 중 무엇이 더 중요하다고 생각하는가?
36	피의자신상공개 문제가 이렇게 전 국민들에게 화제인 근본적인 이유를 각자 제시해 보시오.
37	피의자는 이미 잡혀 있는데 신상을 공개하는 것은 이중처벌이 아닌가?
38	피의자는 모두 공격적이다, 맞는가? 이런 피의자에게 어떻게 해야 하겠는가?
39	피의자 인권을 어디까지 보호해 줘야 하는가?
40	피의자 신상공개와 관련하여 매스컴에 피의자의 얼굴은 공개되지 않지만 경찰의 얼굴은 그대로 공개된다. 이에 대해어떻게 생각하는가?
41	품위유지를 위반한 것은 금품수수, 음주운전 등인데 이것을 처벌하는 데 있어 공무원이 징계도 받고 형벌로 처벌도 받는 것에 대해 어떻게 생각하는가?
42	폭력이 일어나는 이유는 무엇이라고 생각하는지, 이에 대한 경찰로서의 대처방안으로는 어떤 것이 있을지이야기해보시오.
43	특채 비율을 높이면 일반 채용인원이 줄어들 텐데 어떻게 생각하는가?
44	트럼프가 북한을 테러지원단체로 지정했는데 이것이 경찰과 어떤 연관이 있는지 이야기해보시오.
45	통일이 된 후 북한 최북단에 발령 난다면 어떻게 하겠는가?
46	통일관계에 있어서 북미 정상회담을 하는데 남북관계에서 우리나라의 역할은 무엇이라고 생각하는가?
47	클레어법을 우리나라에 도입 시 예상되는 반발에 대해 말해보아라.
48	콜센터 상담원이 감정노동자라고 생각하는가? 경찰도 감정노동자라고 생각하는가? 감정노동자들의 고충 해소는 개인의 역량을 통해서인가, 사회적 제도를 통해서인가?
49	카파라치에 대해 어떻게 생각하는가? 암행순찰과 연관 지어 이야기해보시오.
50	카카오톡 업무지시에 대해 법제화 하는 것을 어떻게 생각하는가?
51	카메라 이용 촬영죄에도 그 구성요건이 들어가 있다. 옳다고 생각하는가?
52	친절한 경찰과 엄정하게 법집행 하는 경찰 중 어느 것이 더 중요하다고 생각하는가?
53	치안서비스가 중요해지는데 어떻게 생각하는가?
54	치안만족도 향상 방안 및 경찰 청렴도 제고방안을 이야기해보시오.
55	치안감수성을 하기 위한 경찰의 덕목은?
56	치안 사각지대를 없애기 위한 방안에 대해 이야기 해보시오.

57	치매할머니 실종신고가 들어왔는데. 가장 빨리 찾는 방법이 무엇인가?
58	치료정책이 활성화 되지 않는 이유가 무엇이라고 생각하는가?
59	충청북도의 치안환경에 대해 어떻게 생각하는가?
60	최근에 본 경찰에 대한 기사 중 좋은 기사는 어떤 것이고, 나쁜 기사는 어떤 것인가? 나쁜 것에 대해서는 해결방안을 이야기 해보시오.
61	최근 형 만기를 앞둔 조두순에게 재심을 통해 다시 엄벌해야 한다는 국민들의 탄원이 이어지고 있다. 이에 대한본인의 생각을 이야기 해보시오.
62	최근 학생들이 선생님 머리 때리기로 내기한 사건에 대해 내 자식이라면 처벌할 것인지 이야기해 보시오.
63	최근 학교전담경찰이 학생과 불미스러운 일을 일으켜 경찰신뢰를 떨어트리고 있다. 그럼에도 계속 학교전담경찰관을 유지해야 한다고 생각하는가? 폐지해야 한다고 생각하는가?
64	최근 집회시위 요건 변경이 되었는데, 경찰의 공권력이 약화되었다고 생각하는가?
65	최근 조현병 환자가 많은데 경찰관들이 흉기를 들고 있는 조현병 환자들을 어떻게 대해야 하는가?
66	최근 신임순경들의 음주운전 증가 이유와 해결방안을 말해보시오.
67	최근 시보나 중경 교육생 몰카사건 등 문제가 많은데 어떻게 생각하는가?
68	최근 남녀갈등이 심화되고 있는데 여성에 대한 본인의 관념에 대해 이야기해보시오.
69	최근 기사 중 동국대 조교들의 4대 보험 적용에 대한 본인 생각을 이야기 해보시오.
70	최근 경찰관련 영화(범죄도시, 청년경찰) 같은 조선족 사고발생 시 경찰이 할 수 있는 것은 무엇이라 생각하는가?
71	최근 경찰 부패에 대한 기사가 있는데, 이에 대해 어떻게 생각하는가?
72	총기사용 완화 관련 의견을 말해보시오.
73	초임 순경으로서 부족한 부분과 극복 방법에 대해 이야기해보시오.
74	체육대회를 근무일에 개최하면 국민들에게 질타를 받고, 비번 일에 개최하면 경찰관들이 '잘 시간도 부족하다'며 싫어한다. 이를 해결 할 좋은 방안에 대해 이야기해보시오.
75	청소년들이 많이 가는 업소에 대한 개선방안을 말해보시오.
76	청소년 폭력 피해자가 가해자에게 보복 당할 수 있다는 두려움에서 벗어날 수 있는 해결방안에 대해 말해 보아라.
77	청소년 범죄의 원인과 해결방안에 대해 이야기해보시오.
78	청소년 범죄가 급증하고 있는데 대처방안에 대해 이야기해보시오.
79	청년실업 속에서 지금 취업준비생들이 공무원으로 많이 몰리는 것에 대한 원인과 해결방안에 대해 이야기해보시오.
80	철도 노조 파업하는데 100명 중 70명만 참여, 70명 중 40명만 찬성한다. 통과된 것인가?

81	처벌과 보상 중 선택하고 이유를 말해보시오.
82	징계를 받으면 지구대나 파출소로 전근 보내는 경우가 많다. 그 이유는 무엇이며 이를 어떻게 생각하는가? 그로 인해 지구대 파출소 근무자들의 불만이 많다. 해결방법에 대해 이야기 해보시오.
83	집회시위현장을 가본 경험이나, 매체를 통해 접하면서 어떤 느낌이 들었는가?
84	집회시위현장에서 관리가 중요하다고 생각하는가? 통제가 중요하다고 생각하는가?
85	질서유지와 친절 중 무엇이 더 중요하다고 생각하는가?
86	질 좋은 치안서비스를 제공하기 위해, 경찰이 어떻게 해야 한다고 생각하는가?
87	진주방화사건(안인득 사건) 경찰조치에 대한 의견은?
88	직장 내 성희롱에 대해 개인의 문제라고 생각하는가? 조직의 문제라고 생각하는가?
89	직업경찰과 의경과의 관계에 대해서 어떻게 생각하는가?
90	지인 중 현직 분이 있다면 혹시 경찰조직 내 성차별 있다는 이야길 들었는지 1분 내로 이야기 해보시오.
91	지역인재채용에 대해서 어떻게 생각하는가?
92	지역경찰을 성과평가할 때 어떤 기준으로 평가해야 하며, 성과제도에 대해 어떻게 생각하는가? 또 본인이 그에 대해기여할 수 있는 것에 대해 이야기 해보시오.
93	지방청 SNS 계정들의 경쟁적인 활동에 어떻게 생각하는가?
94	지방자치제도에 대해 어떻게 생각하는가?
95	지르는 경향이 있다. 왜 그런 경향이 있다고 생각하는지 본인의 생각을 이야기 해보시오.
96	지구대에 발령받으면, 신임 순경으로서 가장 중요한 것이 무엇이라고 생각하는가?
97	중국인 관광객 증가에 따른 장단점은?
98	준법정신이 무엇이라 생각하는가?
99	준법정신의식과 법 중 무엇이 더 중요한가?
100	주취자와 신체접촉을 최소화하는 방안에 대해 말해보시오.
101	주취자를 대할 때 강제력을 행사하여야 하는가?
102	주취자를 깨우고 돕는 일도 경찰의 업무라고 생각하는가?
103	주취자 보호센터가 현재 활성화되지 않고 있는데 문제점이 뭐라고 생각하는가?
104	주취자 문제와 관련하여 발생 후 대처하는 것 말고 음주문제 자체를 예방하려면 어떻게 해야 한다고 생각하는가?
105	주취자 문제를 해결하기 위해 경찰뿐만 아니라 사회적으로 어떤 노력을 해야 한다고 생각하는가?
106	주정차와 관련하여 자치단체와 경찰의 충돌에 대해 이야기해보시오.
107	주정차를 철저하게 단속할 때의 부작용과 해결방안에 대해 이야기해보시오.
108	주변에서 경찰관이 공권력을 잘 사용한 사례와 잘못 사용한 사례에 대해 이야기해보시오.
109	조현병 예방 방안에 대해 말해 보아라. 조현병이면 다 입원시켜야 하는가?

110	조직에 있어서 팀워크를 올리기 위해 할 수 있는 것은 무엇이 있다 생각하는가?
111	조직 생활을 하는데 필요한 가장 중요한 덕목이 무엇이라고 생각하는가?
112	조직 내에서 항상 조직원들과 싸우는 사람, 항상 지각하는 사람, 일을 엄청 못하는 사람 중 최하위를 뽑아보시오. 그 다음 순서를 뽑아보시오.
113	조직 내에서 여경에 대해 남경의 안 좋은 시선이 있는데 그 원인과 해결방안을 말해보시오.
114	조직 내 긍정적인 분위기를 이끌어 낼 수 있는 방안이 무엇인가?
115	조리돌림에 대해 어떻게 생각하는가?
116	젠더 폭력의 원인이 무엇이라고 생각하는가?
117	젠더 폭력과 성소수자에 대한 개인 의견을 이야기 해보시오.
118	제주도에서 좀 더 보충해야 할 부서는 어디이며 이유는 무엇인가?
119	제주도만의 특색을 하나 꼽고 그것을 경찰에 이용한다면?
120	정보경찰 폐지에 대해 어떻게 생각하는가?
121	전북 전주에서 고양이 무료급식소를 실행하고 있는데 어떻게 생각하는가?
122	전·의경특채, 경행특채가 일반 공채의 TO를 줄인다고 생각하지 않는가?
123	장발장과 같은 생계형범죄를 어떻게 처벌해야 할지 본인의 생각을 이야기해보시오.
124	자치경찰제도의 현안에 대해 이야기해보시오.
125	자치경찰제도가 도입된다면 권한 분산을 어떻게 해야 한다고 생각하는가?
126	자치경찰이 된다면 복리후생 등 많은 변화 있을 건데 어떻게 하겠는가?
127	자치경찰과 지역 유지와의 유착관계에 대해 어떻게 생각하는가?
128	자치경찰 제도를 도입한다면 개선되어야 할 부분은 무엇인가?
129	자신이 생각하는 경찰 청렴도 제고방안에 대해 이야기해 보시오.
130	자신을 쇼호스트라 가정하고 '치안한류'라는 상품을 어떻게 팔고 홍보할지 이야기 해보시오.
131	자신은 자치경찰이 되고 싶은가? 국가경찰이 되고 싶은가 이유가 무엇인가?
132	자비를 강조하는 프랑스 같은 경우 시위가 일어나면 시위대가 불부터 지르는데 그에 대해 어떻게 생각하는가?
133	입직경로 다양화로 공채 인원 줄어드는 것에 대해 어떻게 생각하는가?
134	일이 너무 많아지더라도 모든 공무원이 협력해야 한다고 생각하는가?
135	일선 경찰들이 업무수행 중 정당방위나 정당행위에 해당하더라도 피의자 등에게 민사소송이 제기되고 있다. 현재우리법은 민사 부분을 보호해 주지 않아, 경찰관 개인이 소송을 진행해야 하기에 일선 경찰관들이 소극적으로 대처하고 있는 실정이다. 현재시행 되고 있는 정책 외의 대처방안에 대해 이야기 해보시오.
136	일상생활에서 개선해야 하는 법규나 규칙들을 말해보시오.
137	일부 부도덕한 경찰관이 생기는 원인이 무엇이라고 생각하는가?

138	일본이 독도를 자기 땅이라 주장하는 이유는 무엇이라고 생각하는가?
139	일반인의 도덕성과 경찰의 도덕성의 차이를 예시를 들어서 설명해 보아라.
140	일반 행정기관과 경찰기관의 중복되는 부분을 분리할 수 있는 방법에 대해 이야기해보시오.
141	인터넷 실명제의 장단점에 대해 이야기해보시오.
142	인권침해를 줄일 수 있는 방안에 대해 이야기 해보시오.
143	인권에 대해 어떻게 생각하는가?
144	인권에 대해 경찰이 해야 할 일은 무엇이라고 생각하는가?
145	인권과 공권력은 상호보완적인 관계가 되어야 하는데 자신의 생각을 이야기해보시오.
146	인권 경찰이란 무엇이라고 생각하는가?
147	인간이 로봇보다 더 뛰어나다고 생각하는 것이 무엇인가?
148	익산 약촌오거리 사건을 아는가? 경찰이 허위자백을 이끌어냈다고 말이 많다. 어떻게 생각하는가?
149	이영학 사건에 대한 개인의 생각과 경찰의 문제점에 대해 이야기 해보시오.
150	이스라엘 같은 경우 남군 여군이 5 : 5 비율인데 이걸 우리나라에 적용시키면 어떤 단점이 있을까? 실제 전쟁 중이라하면 어떤 단점이 생길까?
151	이수역 폭행사건 남성들의 신상정보 공개에 대해 어떻게 생각하는가?
152	이번 JSA 북한병사 귀순 사건에 대한 본인의 생각을 이야기해보시오.
153	의경 생활하며 필요했거나, 개선되었으면 좋겠다고 생각한 것에 대해 이야기 해보시오.
154	음주의 순기능에 대해 이야기 해보시오.
155	음주운전에 대해 솔직한 본인 생각을 이야기 해보시오.
156	음주운전에 대한 시민들의 인식을 개선하기 위해 어떻게 하여야 한다고 생각하는가?
157	음주운전 예방 방법에 대해 이야기해 보시오.
158	음주운전 단속된 공무원은 조직에서 배제되어야 한다고 생각하는가?
159	음주에 대해 어떻게 생각하는가?
160	윤리란 무엇이라고 생각하는가? 경찰에게 필요한 윤리는 무엇이라고 생각하는가?
161	육아휴직제에 대해 어떻게 생각하는가?
162	유아교육기관의 아동학대를 인정할 수 있는 한계는 어디 인가?
163	유리천장이론을 적용해 여경에게 깨뜨려야 할 부서가 어디라고 생각하는가?
164	원리원칙 vs 재량권 중 하나를 선택하여 그 이유를 말해보시오.
165	울산수사팀에 한국회의원이 '미친개'라고 했는데 왜 했다고 생각하는가? 경찰이 어떻게 대응해야 한다고 생각하는가?
166	울산경찰에 청렴성을 점수로 준다면?
167	운전면허 행정심사위원회는 생계형 운전자들을 구제해 주자는 취지이지만 악용사례가 많은 실정이다. 이에 대해 어떻게생각하는가?

168	운전기사들의 과도한 업무 시간으로 인한 졸음운전으로 사고가 많이 일어나는데 이를 근절시킬 방안에 대해이야기해보시오.
169	우수한 치안에 대해 어떻게 생각하는가?
170	우수한 인재를 뽑을 것인가 떨어드릴 사람을 뽑을 것인가?
171	우리청을 어떻게 홍보할지 자신만의 방법을 얘기해 보아라.
172	우리나라의 자살률이 높은 이유는 무엇이며, 이에 대해 경찰이 할 수 있는 일은 무엇인가?
173	우리나라의 발전가능성을 분야별로 말해보시오.
174	우리나라가 사형 집행을 안 하고 있는 이유는 무엇이라고 생각하는가?
175	우리나라 실정에 맞는 교화프로그램 하고 싶은 것은? 강력범죄 신고로 출동했는데 만 13세 어린이다. 어떻게 할것인가?
176	우리나라 공권력이 제대로 발동하고 있는가?
177	우리나라 경찰이 세계적으로 유명한데 어떻게 생각하는가?
178	요즘 일자리 부족 현상이 심한데 그런 이유로 경찰에 지원 하는 사람들을 어떻게 생각하는가?
179	요즘 어르신들 운전사고율이 높아지고 있다. 경찰이 할 수 있는 일은?
180	요즘 신임순경들 문제가 많다. 어떻게 해야 하는가?
181	요즘 경찰에게 서비스, 봉사를 많이 강조하는데 그에 대해 어떻게 생각하는가?
182	요새 언론에서 왜 자꾸 경찰을 헐뜯는 기사를 싣는 것 같은가?
183	외상 후 스트레스성 장애에 대해 어떻게 생각하는가?
184	외부인 입장에서 경찰이 인권에 대해 어떻게 하고 있다고 생각하는가?
185	외국인에 대한 본인의 생각을 말하고 그 생각으로 생긴 가치관으로 본인이 경찰이 되었을 때 어떻게 할 것인지말해보시오.
186	외국인들의 치안수요가 높은 지역에 발령 받게 된다면 어떻게 하겠는가?
187	외국인 관광객만 범죄를 저지르는 것인가? 국내에 입국한 외국인들이 피해자인 경우는 없는가?
188	외국에 사는 한국인을 재미교포 또는 제일교포라고 하는데 왜 중국동포는 왜 조선족이라고 하는가?
189	외국경찰과 한국경찰을 비교하여 이야기해보시오.
190	올해 있었던 경찰 관련 기사 중 가장 인상 깊었던 기사는 어떤 것인가?
191	올곧은 성격인 것 같은데 경찰은 올곧은 성격이어서는 안된다. 어떻게 할 것인가?
192	예전에는 성폭행 같은 문제가 많이 없었는데, 최근 들어 증가하고 있다. 왜 성폭행이 증가한다고 생각하는가?
193	예전에 리어카를 끌고 가는 노인을 도와드린 경찰관이 뉴스와 국민들의 뜨거운 지지를 받은 적이 있다. 무엇때문이라고 생각하는가?
194	예산 문제를 해결할 방안에 대해 이야기해보시오.

195	영화 범죄도시에 나오는 마동석 같은 경찰관에 대해 어떻게 생각하는가?
196	영화 같은 팀 분위기를 형성하기 위해 어떤 노력을 하겠는가?
197	영장청구권과 수사종결권이 어디까지 허용되어야 한다고 생각하는가?
198	연세대 폭발물 테러사건에서 경찰이 어떻게 조치했어야 한다고 생각하는가?
199	연세대 테러 개요를 말해 보시오. 경찰로서 어떻게 해야 한다고 생각하는가?
200	여자가 사회적 약자라고 생각하는 이유가 무엇인가
201	여성할당제가 필요한 것인지 자신의 생각을 말해보시오.
202	여성안심귀가 서비스를 하고 있는데, 경찰이 여성 대상 범죄를 예방하기 위한 다른 활동은 무엇이 있을까?
203	여성가족부를 폐지해야 한다고 생각하는가?
204	여성 인력이 부족한 이유에 대해 이야기해보시오.
205	여동생이 두 명인데 남녀평등에 대한 본인의 생각을 이야기해보시오.
206	여경채용과 관련해 시급히 확대해야 한다고 생각하는가? 점진적으로 확대해야 한다고 생각하는가?
207	여경이 내근직만 원한다는 말에 대해 어떻게 생각하는가?
208	여경의 체력증진 의견을 말하고, 구체적으로 몇 가지 기준을 말해보시오.
209	여경의 장단점에 대해 이야기해보시오.
210	여경의 날에 여경이 포상을 많이 받고 승진도 하는데 남성입장에서는 별로라고 말이 많이 나온다. 어떻게생각하는가?
211	여경은 주취자를 상대하기 힘들어 남경들이 함께 나가기를 꺼리는데 그 부분을 어떻게 개선할 수 있을지 이야기 해보시오.
212	여경은 무엇무엇이다 라고 한 문장으로 말해보시오.
213	여경으로써 어쩔 수 없이 힘이 부족한 경우가 생길 수 있는데, 자신의 어떤 능력을 발휘해서 극복하겠는가?
214	여경으로서 아직 극복하지 못한 부분과 남들보다 더 잘할 수 있는 부분에 대해 이야기해보시오.
215	여경으로서 남자가 많은 조직에서 어울리기 위해 어떤 노력을 하겠는가?
216	여경에게 당직근무를 배려해 주는 것에 대해 어떻게 생각하는가?
217	여경에 대한 성폭행, 성추행 문제를 어떻게 해결 할 것인지 이야기 해보시오.
218	여경들이 현장에서 제압하기가 힘든데 체력점수 낮은 본인은 더 하기 힘들 것 같다. 어떻게 생각하는가?
219	여경도 힘쓰는 직업인데 어떻게 생각하는가?
220	여경 체력시험 기준에 대해 어떻게 생각하는가?
221	여경 체력 관련해서 남경과 대등해져야 한다는 말이 나오는데 어떻게 생각하는가?
222	여경 차별에 대한 대처방안을 이야기 해보시오.

번호	질문
223	언론이나 SNS를 통해 알게 된 아동학대사건에 대해 이야기해보시오.
224	언론이 경찰을 질타하는데, 사실 알고 보면 너무 경찰 측이 사실을 말 안 해준다. 이런 사례 하나와 개선방안에대해 이야기 해보시오.
225	언론에서 경찰을 질타하는 것에 대해 어떻게 생각하는가?
226	언론사가 경찰에 대한 좋지 않은 기사를 쓰는데 강경하게 대응할지 아니면 겸허하게 받아들일지 이야기 해보시오.
227	언론 보도에 대해서는 어떻게 대응해야 한다고 생각하는가?
228	어린이집 CCTV를 국가나 지자체가 관리하는 것이 옳다고 생각하는가?
229	어려운 상황을 겪은 만큼 앞으로 경찰이 된다면, 어려운 상황에 놓여 있는 사람들을 보면 어떻게 하겠는가?
230	양예원 사건에서 공개한 기자를 비판하는가? 지지하는가?
231	양심적 병역거부에서 양심이라는 것이 우리가 할 수 있는 거라 생각하는가?
232	양심적 병역거부 관련하여 판사가 판단한 양심이 잘 한 것이라고 생각하는가?
233	양심적 병역 거부에 대해 어떻게 생각하는가?
234	양심의 자유 언급했는데 양심은 뭐라고 생각하는가? 이성인가, 감성인가, 신념인가?
235	악성 민원자, 주취자 말고 경찰의 단점이 무엇인가?
236	악법도 법이라는 말에 대해 어떻게 생각하는가?
237	아이들 심폐소생술에 대해 이야기해보시오.
238	아동학대와 관련하여 보육시설에서 사법권을 달라는 주장이 있는데 이에 대해 어떻게 생각하는가?
239	아동학대를 하는 부모인식 개선방법에 무엇이 있는가?
240	아동학대 신고 시 아동을 보호시설로 인계하는 절차와 문제점 그리고 개선방안에 이야기해보시오.
241	심신미약 감경에 대해 어떻게 생각하는가?
242	실적주의와 성과주의 중 어느 것을 선택 하겠는가?
243	실적 좋은 사람, 성실한 사람, 평판 좋은 사람 중 누가 승진해야 된다고 생각하는가?
244	신임 순경으로써 어떻게 근무할 것인지 이야기해보시오.
245	신고율을 어떻게 올리겠는가?
246	시민의 입장에서 검찰과 경찰의 관계에 대해 어떻게 생각하는가?
247	시민들이 경찰에 대해 어떤 점에서 불만을 느끼고 있다고 생각하며, 그것을 어떻게 해결하겠는가?
248	시민들의 경찰에 대한 시선이 긍정적이라고 생각하는가? 부정적이라고 생각하는가?
249	승진제도로 인해 경찰관이 스트레스를 많이 받는데, 이에 대한 해결방안이 무엇이라고 생각하는가?
250	순찰 시 여경 2명만 순찰하는 것을 어떻게 생각하는가?

251	순경채용 시험제도에 대해 어떻게 생각하는가?
252	수험정보 얻은 방법, 허위정보 필터링 방법에 대해 말해보시오.
253	수험생들에게 표창이 떨어졌다. 누구에게 주겠는가?
254	수험 기간 길었다면 형사소송법 공부 많이 했을 텐데 본인이 생각하는 경찰로서 이건 아니다 싶은 법 있는가?
255	수사기법 공개와 경찰홍보 방안이 적절하다고 생각하는가?
256	수사권조정이 꼭 필요한 개인적 의견을 말해 보시오.
257	수사권조정을 위한 경찰의 노력과 그것에 대한국민의 인식은 어떠하다고 생각하는지 이야기해 보시오.
258	수사권 조정이 정치의 문제인가? 경찰의 문제인가?
259	수사권 조정과 자치경찰제도 중 어느 것부터 시행되어야 한다고 생각하는가?
260	수사권 조정과 관련해서 경찰에게 부족한 부분이 무엇이라고 생각하는가?
261	수사권 조정과 관련하여 국민들이 불편하게 생각하는 것은 무엇이라고 생각하는가?
262	수사권 독립은 무엇이고, 경찰이 왜 못하고 있다고 생각하는지 이야기 해보시오.
263	수사관들이 화성 연쇄 살인 사건의 재수사를 맡기 꺼려한다. 이것에 대해 어떻게 생각하나?
264	수능 시험과 경찰 시험의 차이가 무엇인가?
265	소주병 표어에 대한 아이디어 있는가?
266	소수의 의견과 다수의 의견이 갈릴 때 본인은 어느 입장을 취하는 편인가?
267	소방은 국가직으로 전환하려 하고, 경찰은 지방자치제로 전환하려 하는데 이유가 무엇이라고 생각하는가?
268	소라넷 사이트를 알고 있는가? 들어가 본 적 있는가?
269	소년범죄 해결하기 위한 나만의 해결책을 말해보시오.
270	세월호는 인양과 미수습자 수색에 약5,500억원이 들어간다고 하는데 그럼에도 불구하고 찾아야 하는가?
271	세월호 선장이 살겠다고 승객을 버리고 달아났는데, 지원자는 목숨을 바칠 만한 사명감이 있는가?
272	세월호 선원들이 제복을 입고 있었다면 사명감을 가지고 아이들을 구했을 것이라 생각하는가?
273	세월호 선원들이 도망간 것에 대해 어떻게 생각하는가?
274	세상에 범죄가 사라진다면 경찰이 해야 할 일은 무엇인가?
275	성폭력특별법에 만성적 수치심이라는 구성요건이 들어가 있다. 성적수치심이라는 것이 법률상 구성요건에 들어가는 것이맞다고 생각하는가?
276	성폭력범죄에 대해 어떻게 생각하는가?
277	성폭력 피해자 2차 피해가 많은데 어떻게 해야 하는가?

278	성폭력 범죄가 급증하는 원인이 무엇이라고 생각하는가?
279	성차별에 대해 어떻게 생각하는가?
280	성실함이나 적극성이 조직에 어떤 문제를 일으킬 것 같은가?
281	성실과 상명하복 중 어떤 것을 우선시할 것인가?
282	성숙도의 기준이 무엇이라고 생각하는가?
283	성범죄에 대한 해결방법은 무엇인가?
284	성과주의를 적용할 때 어떤 기준을 사용할 것인지 본인의 경험을 토대로 이야기 해보시오.
285	성 범죄자 화학적 거세에 대해 어떻게 생각하는지 이야기하시오.
286	선택과목제도를 폐지하기 위해 어떤 절차가 필요하다고 생각하는가?
287	선택과목제도 폐지 논의가 발생하는 이유와, 유지된다면 어떤 형태로 유지되어야 할지 이야기 해보시오.
288	서정주 시인이 친일파인데 문학성은 굉장히 뛰어나다. 개인적인 생각은?
289	서울지방경찰청장과 관련된 오늘 아침의 헤드라인 기사는 무엇인가?
290	사회적 약자에 대한 개인 생각을 말해보시오.
291	사회적 약자를 향한 범죄가 많은데, 경찰이 되고 난 후 사회적 약자를 위해 무엇을 할 것인지?
292	사회적 약자를 보호하는 과정에서 역차별이 일어나는 이유가 무엇이라고 생각하는가?
293	사회적 약자 분들이 광화문 같은 곳에서 시위할 텐데 어떻게 생각하는가?
294	사회생활(일)을 할 때 가장 중요한 것은 무엇이라고 생각하는가?
295	사행성업소는 다 나쁘다고 생각하는가?
296	사제총기 규제방안에 대해 이야기 해보시오.
297	사이버폭력에 대해 계도조치와 강력처벌 중 어떻게 하겠는가?
298	사설탐정이 합법화 된다면 누가 가장 혜택을 볼 것 같은가?
299	사설탐정이 합법화 되려면 어떤 부분이 보완되어야 할 것 같은가?
300	사설탐정업에 대해 어떻게 생각하는가?
301	사람들이 공무원 준비를 하는 이유는 무엇이라고 생각하는가?
302	사람들이 경범죄를 저지르는 이유는 무엇이라고 생각하는가?
303	사드배치에 대해 찬성 하는가, 반대 하는가?
304	뺑소니 사고 예방 방안에 대해 이야기 해보시오.
305	불법촬영 범죄와 관련해 캠페인 같은 것 말고 실질적으로 경찰이 할 수 있는 것은 무엇이 있다고 생각하는가?
306	불법촬영 범죄와 관련해 정부나 경찰, 지자체 외에 피해자 스스로 예방할 수 있는 것은 무엇이 있다고 생각하는가?
307	불법체류자와 관련하여 경찰이 실제 무슨 일을 할 수 있다고 생각하는가?
308	부정부패가 일어나는 원인은 무엇이고, 해결방안은 무엇인가?

309	부산의 학교전담경찰관과 여고생 간 있었던 불미스러운 일의 원인이 무엇이라고 생각하는가?
310	부산에서 학교전담경찰관이 여고생과 부적절한 성관계를 맺은 사건이 있다. 상담권을 제외하고 형사권만 준다고 한다면학교 전담경찰관이 필요하다고 생각하는가?
311	부산경찰청 같이 활발한 SNS 활동을 일각에서는 과도하다고 비판하고, 흔히 주객전도라고 말하는데 이에 대해어떻게 생각하는가?
312	본인이 속한 조직이 변하지 않는다면 그 속에서 본인이 할 수 있는 일은 무엇이라고 생각하는가?
313	본인이 생각한 경찰의 장점은?
314	본인이 생각하는 올바른 경찰상에 대해 이야기 해보시오.
315	본인이 생각하는 성폭력 예방 방안은?
316	본인이 생각하기에 지역경찰이 현재 주민들과 소통하지 않는다고 생각하는가?
317	보행자 교통사고 발생 이유는?
318	보이스피싱범 오인 폭행사건에 대해 어떻게 생각하는가?
319	보이스피싱 범죄 무차별 검거한 사건에 대해 어떻게 생각하는가?
320	보이스피싱 해결방안에 대해 이야기 해보시오.
321	보육시설에서의 훈육과 처벌에 대해 어느 정도가 적당하다고 생각하는가?
322	보복운전을 막기 위한 방법에 대해 이야기 해보시오.
323	변호사 자격을 취득하면 세무사 자격도 자동 부여되는 법안을 폐기할지 유지할지 자신이 국회의원이라 생각하고 이야기해보시오.
324	법집행과 친절을 연결시켜보시오.
325	범칙금을 올리는 것이 좋다고 생각하는가?
326	범죄피해자보호제도가 있는데 범죄피해자를 경찰이 어디까지 보호해 줘야 한다고 생각하는가?
327	범죄자를 사회적 약자 차원에서 보호해 주어야 한다고 생각하는가?
328	범죄자 신상공개할 때 어떤 범죄들이 해당한다고 생각하는가? 사이버범죄와 외국인 범죄도 포함되어야 한다고생각하는가?
329	범죄자 신상공개, 수사기법 공개의 찬성과 반대를 몇 대 몇 퍼센트로 정하고, 그렇게 정한 이유를 이야기해보시오.
330	범죄자 신상공개 하는 것에 대해 어떻게 생각하는가?
331	범죄율 어디가 가장 높다고 생각하는가?
332	범죄를 예방함에 있어 중점사항을 피해자한테 두어야 한다고 생각 하는가, 범죄자에게 두어야 한다고 생각하는가?
333	범죄도시나 청년경찰과 같은 영화에서 조선족을 나쁘게 보는 인식이 있는데 본인의 의견은 어떠한가?

334	범죄가 벌어지는 여러 가지 이유 중 본인이 생각하는 이유와 해결방안에 대해 이야기 해보시오.
335	범죄가 발생하는 것은 개인적인 문제인가, 사회적인 문제인가? 해결 방안에 대해서도 이야기해보시오.
336	범죄 피의자 신상공개와 관련하여 자신의 가족이 피해자여도 반대할 것인가?
337	범죄 피의자 수갑을 채우는 강도를 어느 정도로 해야 하는가?
338	범인의 얼굴은 가리지만 형사들의 얼굴은 노출이 되는 것에 대해 어떻게 생각하는가?
339	범인검거, 치안서비스, 경찰홍보의 비율을 100%로 놓고 몇 대 몇 비율로 하고 싶고 왜 그렇게 생각하는지 개인적인 의견을 이야기 해보시오.
340	범인 검거와 범죄 예방 중 어떤 것이 중요하다고 생각하는가? 그 이유를 자신의 사례와 연결 지어 설명 하시오.
341	백남기 농민 사망사건에 대한 개인의 생각을 이야기해보시오.
342	백남기 농민 사건에 대해 경찰 매뉴얼대로 했다고 생각하는가?
343	밤 12시 이후 술을 못 팔게 제한하는 것에 대해 어떻게 생각하는가?
344	민법에 저촉되는 것도 범죄라고 생각하는가?
345	미필자, 군필자 채용 관련 의견을 말해 보아라.
346	미투운동에 대한 본인의 생각을 이야기해보시오.
347	미국의 사법체계에 대해 우리나라 경찰이 배워야 할 점은 무엇이라고 생각하는가?
348	미국 경찰과 우리나라 경찰의 공권력의 차이에 대해 어떻게 생각하는가?
349	묻지마 범죄 예방방법을 말해보시오.
350	무상급식에 대해 어떻게 생각하는가?
351	모든 공무원이 협력해야 한다고 생각하나?
352	매스컴이나 영화에서 비춰지는 경찰과 현실의 경찰은 다르다. 어떻게 생각하는가?
353	마음동행센터를 민간에 위탁하는 것에 대한 자신의 생각을 이야기 하시오.
354	마음동행센터를 경찰관이 신분노출 등을 이유로 이용하기 쉽지 않은데 해결방안을 이야기 해보시오.
355	마네킹 경찰에 대해 어떻게 생각하는가?
356	로스쿨 경감 특별채용에 대해 어떻게 생각하는가?
357	동성애자가 경찰이 되는 것에 대해 어떻게 생각하는가?
358	동성애자 경찰 채용해야 된다고 생각하는가?
359	돈이 엄청 많은 호화생활을 하면서 세금은 납부하지 않는 채무자들에 대해 어떻게 생각하는가?
360	도덕성 상실에 대해 논란이 되고 있는데 왜 그렇다고 생각하는가?
361	도덕, 청렴, 준법정신 중 가장 필요한 것이 무엇이라고 생각하는가?
362	데이트폭력의 폭력을 정당방위라고 봐도 괜찮나?

363	데이트폭력의 처벌은 어떻게 해야 좋은가? 초범을 심각하게 처벌해야 하나?
364	데이트폭력의 원인과 해결방안에 대해 이야기해보시오.
365	데이트폭력에 대해 경찰이 할 수 있는 예방 대책을 이야기해보시오.
366	더치페이 문화에 대해 어떻게 생각하는가?
367	대한민국이 희망 있는 이유를 이야기 해보시오.
368	대한민국에서 경찰에게 가장 중요한 것이 무엇이라고 생각하는가?
369	대사관 사다리를 타고 올라간 여성 시위자를 왜 여경만 제압할 수 있다고 생각하는가?
370	대부분의 국민들은 타인이 안 보는 장소에서 범법행위를 저
371	대마의 순기능에 대해 이야기 해보시오.
372	대마에 대해 어떻게 생각하는가?
373	대리운전을 시켰는데도 음주 운전으로 적발되는 사례가 있다. 원인과 해결방안은?
374	단체생활에서 가장 중요한 것이 무엇이라고 생각하는가?
375	단속이 중요한가? 예방이 중요한가?
376	다수를 따르는 것도 중요하지만 소수를 존중해야 한다는 입장에서 이야기 해보시오.
377	다수가 찬성하고 소수가 반대할 때 어떻게 할 것인가?
378	다수가 중요한가, 소수가 중요한가?
379	다문화가정이 범죄에 노출되는 이유가 무엇이라고 생각하는가?
380	다문화가정 문제에 대한 개인 생각을 이야기 해보시오.
381	다문화가정 내 가정폭력이 일어나는 이유와 대처방안에 대해 이야기해보시오.
382	다문화 가정 중 중국인 조선족 범죄율이 많은데 해결책에 대해 말해 보아라.
383	다른 공직자와 경찰관의 차이가 무엇인가?
384	능력은 좋지만 성격이 별로인 상사, 성격만 좋은 상사 중 누구를 택할 것인가?
385	늘어가는 외국인 대응방안에 대해 이야기해 보시오.
386	노인 보행자 교통사고를 어떻게 줄일 수 있는가?
387	노숙자가 많은데 볼 때마다 신고하고 지켜 줄 것인가? 노숙자에 대한 개인 생각을 이야기 해보시오.
388	내부에서 감찰신고를 했는데 증거부족으로 훈계로 끝났다. 그 후 본인에게 평가점수 최하점을 주었다면 어떻게하겠나?
389	남북통일이 되려면 어떻게 해야 하나? 통일이 왜 안 되는 것 같은가?
390	남경들 성의식 개선을 위해 어떻게 해야 한다고 생각하는가?
391	남경과 여경이 같이 근무하다 보면 여경을 꺼리거나 방해라고 생각 하는 경우가 많은데 본인이 남경과 같이 근무하게되면 어떻게 할 것인지?
392	남경과 여경 중에 꼭 한 명만 뽑아야 한다면 누구를 뽑겠는가?
393	남경, 여경이 같이 순찰을 나갔을 때 장단점이 무엇인가?
394	난민수용에 대한 개인 생각을 말해보시오.

395	난민 문제에 대해 경찰로서 어떤 일을 해야 한다고 생각하는가?
396	낙태죄에 대해 어떻게 생각하는가? 찬성 하는가, 반대 하는가? 침해 되는 권리와 지켜 줘야 할 권리는 무엇인가?낙태죄 전반에 대해 이야기 해보시오.
397	나이가 많은데 입직하면 주변에서 불편해하지 않겠나?
398	나영이를 보호하기 위해 경찰이 할 수 있는 것이 무엇인가?
399	나경원 의원 비서가 중학생에게 욕을 한 사건이 있는데, 왜 국민들이 분노한다고 생각하는가?
400	깨끗한 경찰이 무엇이라고 생각하는가?
401	김영란법이 경찰에게 좋은 영향을 끼쳤다고 생각하는가?
402	김영란법에 대해 알고 있는가? 액수를 정해 놓은 것에 대해 어떻게 생각하는가? 공직자가 될 사람으로서 국가가공직자의 청렴함을 법적으로 감시하는 것에 대해 어떻게 생각하는가?
403	김영란법 개정에 대해 어떻게 생각하는가?
404	김보은 양 사건처럼 어쩔 수 없이 살인을 저지르는 경우도 있는데 이러한 경우에도 공소시효를 폐지하면 가혹하지 않겠는가?
405	기억에 남는 강력범죄에 대해 이야기하고 현재 경찰의 문제점과 해결방안에 대해 이야기해보시오.
406	군과 경찰의 차이점에 대해 이야기해보시오.
407	군 복무기간을 전방은 18개월, 후방은 21개월로 한다면 차별이라고 생각하는가?
408	국민이 원하는 경찰은 무엇이라고 생각하는가?
409	국민이 바라보는 경찰의 역할과 경찰이 바라보는 경찰의 역할에 대해 이야기해보시오.
410	국민이 경찰을 불신하는 점과 그것을 어떻게 극복할 것인지
411	국민에게 어떻게 친절하게 하겠는가?
412	국민에게 신뢰받는 기관은 어디라고 생각하는가?
413	국민들이 경찰에게 높은 청렴도를 요구하는데 이에 대해 어떻게 생각하는가?
414	국가와 국민을 지키는 직업이라 지원했다고 하는데 그게 왜 경찰인가?
415	국가에서 지급하는 바디캠이 있는데 왜 경찰들이 사적으로 구매하는가?
416	국가보안법에 대한 본인의 이야기해보시오.
417	국가경찰과 자치경찰의 장점 및 나아갈 방향에 대해 이야기해보시오.
418	국가가 먼저인가, 개인이 먼저인가?
419	교통사고 예방 방안에 대해 이야기해보시오.
420	교통 단속 당한 사람들이 항의하는 이유가 무엇이라고 생각하고, 대처방안 개선점에 대해 이야기해보시오.
421	교사와 다른 학교전담경찰만의 학교폭력 내처 방안에 대해 이야기 해보시오.
422	광화문 같은 곳에서 경찰이 우산 쓰고 근무하는데, 시민들이 안 좋게 보는 경우가 있다. 본인의 생각은 어떠한가?

423	광주 폭행사건에서 경찰은 특수상해, 시민들은 살인미수라고 하고 있다. 어떻게 생각하는가?	
424	과정이 중요한가? 결과가 중요한가?	
425	과거엔 성희롱이 아니었던 것이 지금은 성희롱이 되고 있는 것들이 있다. 그 원인은 무엇이고 경찰로서 어떻게 해결할지 이야기해보시오.	
426	공통적인 치안서비스와 차별적(시역적) 치안서비스 중 무엇이 더 중요하다고 생각하는가?	
427	공직자에게 청렴이란 무엇인가?	
428	공정함을 경찰관의 입장에서 어떻게 보여줄지 이야기 해보시오.	
429	공정한 사회는 무엇이고, 우리나라는 공정하다고 생각하는가?	
430	공정과 친절 중 하나를 선택하고, 그 이유에 대해 이야기해 보시오.	
431	공정과 봉사 중 어느 것이 더 중요하다고 생각하는가?	
432	공익 제보에 대한 개인의 의견? 만약 그 제보를 공개하면 경찰조직이 무너진다. 그래도 공개할 것인가?	
433	공수처가 필요 하다고 생각하는가? 필요 없다고 생각하는가? 이유는 무엇인가?	
434	공무원이 초과근무수당을 부정하게 타는 것에 대해 어떻게 생각하는가?	
435	공무원으로 젊은이들이 몰리는 이유가 무엇이라고 생각하는가?	
436	공무원들의 음주운전에 많은데 예방대책에 대해 이야기해보시오.	
437	공무원도 봉사를 하는데 일반적 의미의 봉사와 공무원의 봉사가 다른 점은 무엇이라고 생각하는가?	
438	공무원 조직 내 경찰 청렴도 순위가 몇 위인 것 같은가?	
439	공기업과 사기업의 장단점에 대해 이야기해보시오.	
440	공기업 채용 비리에 대해 어떻게 생각하는가?	
441	공권력을 한 단어로 표현 한다면?	
442	공권력은 어디서 나오는 것이라고 생각하는가?	
443	공권력과 인권의 조화 방안에 대해 이야기해보시오.	
444	공권력과 대국민서비스 중 어떤 것이 우선되어야 한다고 생각하는가?	
445	공권력 향상과 인권 향상을 위해 구체적 사례를 제시해 보시오.	
446	공공기관에서 일할 때 가장 필요한 덕목은 무엇이라고 생각하는가?	
447	공감능력이 경찰조직에 어떻게 기여할 수 있다고 생각하는가?	
448	곰탕집 사건에 대해 어떻게 생각하는가?	
449	고유정 사건 폴리스라인 안 친 것은 잘못됐다고 생각하는가?	
450	고유정 부실수사에 대해 어떻게 생각하는가?	
451	고령화 사회에서 경찰의 역할이 무엇이라고 생각하는가?	
452	경찰후배가 들어왔을 때 어떤 사람이 들어오면 좋겠는가?	
453	경찰학교 동기가 높은 계급까지 올라가고 싶다고 한다면 어떤 이야기를 해 주겠는가?	

454	경찰청장이 된다면 경찰관들의 사기전작을 위해 어떤 창의적인 복지를 펼치겠는가?
455	경찰청이 필리핀에 순찰차 130대를 기증한 것에 대해 어떻게 생각하는가?
456	경찰청에서 이번에 불법집회, 시위를 한 단체에 손해배상관련 소송을 진행하다가 취하했다. 잘한 일인가?
457	경찰조직이 너무나 많은 일을 한다고 생각하지 않는가?
458	경찰조직에 대해 청렴도 점수를 부여한다면 얼마나 주고 싶은가? 이유는 무엇인가?
459	경찰조직에 긍정적인 면과 부정적인 면을 말해보시오.
460	경찰조직 내 성폭력 근절 방안에 대해 말해 보아라.
461	경찰인력이 부족한데 서비스 해결방법은?
462	경찰이란 무엇이라고 생각하는가?
463	경찰이 희망 있는 이유 두 가지를 이야기 해보시오.
464	경찰이 할 수 있는 일 중 나비 효과를 불러일으킬 수 있는 것은?
465	경찰이 하는 일 중 쓸데없다고 주변에서 들은 이야기가 어떠한 것인가?
466	경찰이 피해자보호 어디까지 해 줘야 하나?
467	경찰이 제복을 입는 이유가 무엇이라 생각하는가?
468	경찰이 정직해야 하는 이유가 무엇인가?
469	경찰이 잘한 기사와 못한 기사를 보고 자신의 생각과 느낀 점을 말해보시오.
470	경찰이 잘하고 있지만, 이것만은 개선하거나 고쳐야 한다고 생각하는 것에 대하여 이야기 해보시오.
471	경찰이 인권 침해한 최근 사례에 대해 이야기 해보시오.
472	경찰이 왜 사회적 약자를 도와주어야 하는가?
473	경찰이 오토바이 날치기 범인을 끝까지 추적해야 한다고 생각 하는가, 적당히 추적해야 한다고 생각하는가?
474	경찰이 어떤 방향으로 발전할 수 있는지에 대한 본인의 생각을 이야기해보시오.
475	경찰이 시민들에게 이미지가 안 좋은데 그 이유는 무엇이라 생각하고 개선방안에 대해 이야기 해보시오.
476	경찰이 빅 데이터를 이용해서 하고 있는 일에 대해 아는가?
477	경찰이 비판 받고 있는데 국민들에게 신뢰를 줄 수 있는 방법에 대해 이야기 해보시오.
478	경찰이 봉사만 하는 것인가?
479	경찰이 된다면 학교폭력과 관련하여 하고 싶은 프로그램에 대해 이야기 해보시오.
480	경찰이 된다면 경찰 조직의 어떠한 부분을 발전시키고 싶은지 이야기해보시오.
481	경찰이 대우를 못 받는 이유는 무엇이라고 생각하는가?
482	경찰이 다른 직업보다 매력 있는 것 3가지를 말해보시오.
483	경찰이 경계해야 할 것에 대해 이야기 해보시오.
484	경찰이 감정 노동자라고 생각하는가?

485	경찰의 청렴을 누가 판단하는가?
486	경찰의 청렴성에 대해 어떻게 생각하는가?
487	경찰의 청렴도를 점수화 한다면 100점 만점에 몇 점이라고 생각하는가?
488	경찰의 청렴도 향상 제고방안을 말해보시오.
489	경찰의 책임은 무한한 책임이라고 생각하는가, 유한한 책임이라고 생각하는가?
490	경찰의 인권을 높이기 위해 초임 순경으로서 할 수 있는 것이 무엇인가?
491	경찰의 인권을 높이기 위한 방안에 대해 이야기해보시오.
492	경찰의 역량이 무엇인가?
493	경찰의 업무를 할 때 중요시해야 할 세 가지를 이야기 해보시오.
494	경찰의 업무가 많은데 왜 서비스를 해야 하는가?
495	경찰의 어떤 부분에서 복지가 필요하다고 생각하는가?
496	경찰의 신뢰도 향상방안에 대해 이야기해 보시오.
497	경찰의 사명감에 대해 이야기해보시오.
498	경찰의 사기진작을 위한 방안에 대해 이야기 해보시오.
499	경찰의 비전은 무엇이라고 생각하는가?
500	경찰의 부정적인 인식에 대해 홍보의 부족이라고 생각하는가? 과거의 잔재 때문이라고 생각하는가?
501	경찰의 무차별 검거(폭행한 사건)에 대한 본인의 생각을 말해 보시오.
502	경찰의 딱딱한 이미지를 어떻게 해야 친절한 이미지로 바꿀 수 있다고 생각하는가?
503	경찰의 단점이 무엇인지와 그에 대한 본인의 창의적인 해결방안을 말해보시오.
504	경찰의 날, 여경의 날에 대한 생각을 말해보시오.
505	경찰의 긍정적인 요소와 부정적인 요소에 대해 이야기해보시오.
506	경찰의 공권력에 대해서 말이 많은데 어느 정도에 이르러야 경찰이 공권력을 행사할 수 있다고 생각하는가?
507	경찰의 개선점에 대해 이야기해보시오.
508	경찰의 가장 기본적 업무가 무엇이라 생각하는가?
509	경찰을 한 단어로 무엇이라 하겠는가?
510	경찰을 청렴한 조직으로 바꿔갈 수 있는 방안에 대해 이야기 해보시오.
511	경찰을 지원하기 전 과거에 생각했던 경찰의 문제점과 지금 현재 느끼는 생각을 비교해서 이야기해보시오.
512	경찰을 증원하면 어떤 문제가 해결될 것이라 생각하는가?
513	경찰을 공공재라고 하는데 이유가 무엇인가?
514	경찰은 청렴성이 중요한데 청렴성을 회복할 수 있는 방법에 대해 말해 보아라.
515	경찰은 정직해야 하는데, 선의의 거짓말은 필요하다고 생각하는가?
516	경찰은 범죄현장에서 다치는 등 거친 일이 많다. 자신이 생각하는 공감과 소통이라는 봉사의 관점과 실무 사이의괴리에 대해 어떻게 생각하는가?

517	경찰은 국민들에게 신뢰받는 경찰, 공정한 경찰, 청렴한 경찰이라고 불린다. 청렴이란 무엇이라 생각하는가?
518	경찰에서 개선되었음 하는 점은?
519	경찰에게 있어 공정함과 친절 중 무엇이 우선이라고 생각하는가?
520	경찰에게 인내심이 중요한 이유에 대해 이야기해보시오.
521	경찰에게 인권보호를 강조하는 것에 대해 어떻게 생각하는가?
522	경찰에게 꼭 필요한 치안정책이나 서비스에 대해 이야기 해보시오.
523	경찰에 대한 좋은 기사, 안 좋은 기사와 개선점에 대해 말해보시오.
524	경찰서비스 과중의 문제점을 말해보시오.
525	경찰서 방문경험이 있다면 그때 바꾸고 싶다고 느꼈던 부분은?
526	경찰봉급에 대해 어떻게 생각하는가?
527	경찰들이 전 차선을 점거하며 음주 단속하는 것이 공권력 남용이라고 생각하는가?
528	경찰대학교와 경찰간부후보생 중 어느 것이 더 특화되었다고 생각하는가?
529	경찰대, 경찰간부후보생 통합채용에 대해 어떻게 생각하는가?
530	경찰대 남녀 통합 모집에 대해 어떻게 생각하는가?
531	경찰다운 경찰이란 무엇인가?
532	경찰관이 인성이 중요한 이유가 무엇인가?
533	경찰관이 위험에 놓일 가능성이 있는 곳이 어디인가?
534	경찰관이 업무를 행함에 있어, 창의성과 협동심 중에 무엇이 더 필요하다고 생각하는가?
535	경찰관이 다쳐가면서까지 범인을 잡아야 한다고 생각하는가?
536	경찰관이 국민에게 신뢰를 받는다고 생각하는가? 이유는 무엇인가?
537	경찰관의 음주운전에 대해 개인의 일탈이라고 생각하는가?
538	경찰관의 윤리의식이란 무엇이라고 생각하는가?
539	경찰관의 비리에 대해 이야기하고, 해결방안에 대해 이야기해보시오.
540	경찰관의 불법촬영 증가에 대한 해결방안에 대해 말해 보아라.
541	경찰관의 도덕성과 국민의 도덕성 중 어느 것이 더 높다고 생각하며, 본인의 도덕 점수는 몇 점이라고 생각하는가?
542	경찰관은 스트레스를 많이 받는 직업이다. 스트레스를 어떻게 해소시켜야 한다고 생각하는가?
543	경찰관은 목 잘린 시체나 교통사고 등 트라우마를 겪을 수 있다. 트라우마 극복방안에 대해 이야기해보시오.
544	경찰관에게 청렴이란 무엇이라고 생각하는가?
545	경찰관에게 주어진 '위험'에 대해 이야기해보시오.
546	경찰관에게 사명감이란 무엇이라고 생각하는가?
547	경찰관들의 스트레스 원인이 무엇이라고 생각하는가?

548	경찰관 음주운전 처벌은 어떻게 해야 하는가?
549	경찰과 일반 사조직의 차이점은 무엇이라고 생각하는가?
550	경찰과 언론과의 관계에 대해 이야기해보시오.
551	경찰개혁위원회에서 가장먼저 해야 할 일과 가장 늦게 해도 되는 일에 대해 이야기해보시오.
552	경찰 홍보방안에 대해 이야기 해보시오.
553	경찰 청렴도에 대해 점수를 매기고 이유와 향상방안에 대해 이야기 해보시오.
554	경찰 청렴도 향상 제고방안에 대해 이야기해 보시오.
555	경찰 채용에 있어, 남녀 구분 없이 채용하는 것에 대한 장단점에 대해 이야기 해보시오.
556	경찰 채용 증원에 대해 어떻게 생각하는가?
557	경찰 채용 비리가 있다고 생각하는가?
558	경찰 조직의 가장 큰 문제점이 무엇이라고 생각하는가?
559	경찰 조직에 필요한 덕목 한 가지를 이야기 해보시오.
560	경찰 조직에 적응하기 위해 어떤 노력을 하겠는가?
561	경찰 조직생활 할 때 가장 중요한 것이 무엇이라고 생각하는가?
562	경찰 조직문화의 문제점에 대해 이야기 해보시오.
563	경찰 조직 내에서 자신이 할 수 있는 것에 대해 이야기해보시오.
564	경찰 조직 내에 남녀 차별이 있다고 생각하는가?
565	경찰 정책 중 수정하거나 보완해야 할 점은 무엇이라고 생각하는가?
566	경찰 자랑을 한번 해보시오.
567	경찰 일이 힘든데 어떻게 생각하는가?
568	경찰 일에 무엇이 필요하다고 생각하는가?
569	경찰 인재상에 대해 이야기 해보시오.
570	경찰 인력 부족, 마음동행센터의 문제점에 대해 구체적인 방안을 짧게 이야기 해보시오.
571	경찰 인권에 대해서 어떻게 생각하는가?
572	경찰 이미지가 안 좋은데 이에 대해 어떻게 생각하는가?
573	경찰 월급에 대해 어떻게 생각하는가?
574	경찰 외상 트라우마 보고서가 하나도 없다. 당신이 처음으로 써야 한다. 어떻게 쓰겠나?
575	경찰 손해배상 기사 보면 어떤 생각이 드는가?
576	경찰 서비스 활동에 대해 어떻게 생각하는가?
577	경찰 생활을 하다보면 본인이 모든 피해자를 구제할 수는 없을 것이다. 그때마다 후회할 것인가?
578	경찰 본연의 업무와 서비스 중 어느 것이 더 중요하다고 생각하는가?
579	경찰 본연의 업무가 무엇이라고 생각하는가?
580	경찰 덕목 중 가장 중요하다고 생각하는 것과 그 이유는 무엇인가?

581	경찰 노조에 대한 본인의 입장을 이야기해보시오.
582	경찰 내부의 문제점이 무엇이라고 생각하는가?
583	경찰 관련 뉴스를 보며 수험생으로서 든 생각에 대해 이야기해보시오.
584	경제적으로 부유한 지역과 빈곤한 지역 중 어디서 근무 하고 싶으며, 이유는 무엇인가?
585	경범죄를 저지르는 국민이 많은데 어떻게 생각하는가?
586	경력채용한 사람의 계급은 어느 정도가 적당하다고 생각하는가?
587	경기남부청의 정책과 경기남부청의 개선할 점은?
588	경기남부지방경찰청이 지향하는 가치인 친절, 정의, 책임 세가지 중 가장 중요하다고 생각하는 것은 무엇인가?
589	검사가 기소권과 수사종결권을 갖고 있는 게 왜 불합리하다 생각하는가?
590	검거과정에서 피의자를 폭행할 수 있는데 그것에 대해서 어떻게 생각하는가?
591	개혁위원회, 직장협의회 설립에 대해 어떻게 생각하는가?
592	개인정보에 관한 법률을 아는 대로 이야기해보시오.
593	개인의 가치와 조직의 가치 중 본인이 우선하는 것은 무엇인가?
594	개성공단에 관한 개인 의견을 말해 보시오.
595	강원도 내 외국인 비율이 몇 %인지, 어느 나라 외국인이 많은지 순위를 매겨 보시오.
596	강서구 PC방 살인사건 신상공개 됐는데 어떻게 생각하는가?
597	강서구 PC방 사건의 초동조치에 대해 어떻게 생각하는가?
598	강남역 살인사건에 대해 어떻게 생각하는가?
599	강남역 사건과 같은 범죄에 대한 대처방안은 무엇인가?
600	갑질에 대해서 어떻게 생각하는가? 상사가 갑질을 한다면?
601	각자 경찰의 덕목 말하고 (다 듣고 난 뒤) 다른 지원자가 말한 것 중에 어떤 것이 자신에게 가장 와 닿고 또가장 와닿지 않는가?
602	가정폭력의 예방대책과 사후대책에 대해 이야기 해보시오.
603	가정폭력 현장에 출동한 경찰관으로서 가장 중요시해야 할 것을 3가지 이야기 해보시오.
604	가정폭력 신고에 대해 국가가 어디까지 개입해야 한다고 생각하는가?
605	가장 힘든 지구대가 어디라고 생각하는가?
606	SPO가 소년들을 위해서 현재 하고 있는 것 말고 새롭게 할 것은 무엇이라고 생각하는가?
607	SNS홍보가 조작과 거짓으로 이루어진 경우도 있는데 이런 부분을 어떻게 개선하여 활용하겠는가?
608	SNS의 긍정적인 측면과 부정적인 측면에 대해 이야기 해보시오.
609	SNS를 통한 국민의 알권리와 사생활침해에 대해 어떻게 생각하는지 이야기 해보시오.
610	SNS를 이용한 경찰 홍보에 대해 어떻게 생각하는가?
611	SNS가 공적 공간이라고 생각 하는가, 사적 공간이라고 생각하는가?
612	IS에 대한 생각을 말해보시오.

613	IS는 애국심을 가지고 활동하는데 어떻게 생각하는가?
614	CCTV를 관리하는 직원에게 윤리적 문제점이 발생할 수 있다고 생각하는가? 있다면 무슨 문제가 발생할 수 있다고생각하는지 이야기 해보시오.
615	CCTV 확충에 따른 예산을 어떻게 해결해야 한다고 생각하는가?
616	CCTV 차등적 설치, 필수적 설치에 대해 이야기해 보아라.
617	97년부터 사형이 집행되지 않았는데 그 뒤로 흉악범죄가 늘었는가?
618	4차 산업혁명에서 드론을 경찰이 어떻게 활용하면 좋을지 이야기 해보시오.
619	1인 가구 증가로 여성대상 범죄도 증가하고 있다. 이를 위해 경찰이 해 줄 수 있는 것은?

〈성별, 아동, 청소년, 청년, 여성, 가정 관련 이슈〉

1	훈육과 교육 차이, 폭력과 학대 차이에 대해 토론하시오.
2	현재 남혐, 여혐에 대해 SNS 상에서 많은 논쟁이 있는데 경찰로서 어떻게 해결해야 할지 토론하시오.
3	학교폭력의 원인과 예방, 해결방안에 관한 토론을 하시오.
4	퇴근길에 우연히 몰카 범죄를 목격했다면 어떻게 대처할지 토론하시오.
5	최근 미투 운동으로 인해 발생하는 부작용과 남녀 간 갈등을 해결할 방안에 대해 토론하시오.
6	청소년범죄가 흉폭화, 정밀화 되고 증가하는 추세에 있다. 원칙을 강화해 강력한 처벌을 해야 할지 온정을 베풀어야 할지에 대한 토론을 하시오.
7	청소년범죄 처벌강화에 대한 찬반토론을 하시오.
8	청소년 음주 흡연 등의 문제가 많은데 처벌이 없어 처벌해야 한다는 주장에 대해 어떻게 생각하는가?
9	젠더폭력과 예방방안에 대해 토론하시오.
10	자신들은 여성청소년계 직원이다. 범죄 예방에 있어 현 경찰인력만으로는 부족한 실정이다. 이에 대해 협업을 하려고 하는데, 대학과 연계할지 중고교와 연계할지에 대해 토론하시오.
11	유치원뿐만 아니라 가정에서도 아동학대가 날로 심각해지고 있으나, 부모는 가족 내 사안이라고 하는 경우가 많다. 부모의 역할이 중요한데 부모의 입장에서 어떻게 해야 아동 학대를 방지할 수 있을지, 모호한 훈육과 학대의 기준은 무엇이며 부모의 교육과 아동의 보호를 위한 제도에 대해 토론해보시오.
12	여성 할당제가 필요한지 의견을 말해보시오.
13	여경채용 관련 증원과 체력 상향에 대해 어떻게 생각하는가?
14	여경의 보완점에 대해 토론하시오.
15	어린이 지문등록제도의 단점에 대하여 어떻게 생각하는가?
16	아동학대사건에서 부모를 처벌하고 격리 하여야 하는지에 대한 찬반과 해결방안에 대한 토론을 하시오.
17	아동 청소년 성범죄자 취업제한은 위헌이라는 판결에 대한 찬반 토론을 하시오.
18	스토킹의 유형과 처벌규정, 해결방안에 대한 토론을 하시오.
19	소년법 개정과 연령 하한에 대한 찬반 토론을 하고, 10대 폭주족 해결방안을 이야기 해보시오.
20	성희롱 관련해서 경찰이 시행하는 정책은 무엇이 있고, 근절하기 위해 본인이 생각했을 때 무엇을 하면 좋겠나?
21	성폭행 피해자의 2차 피해 예방방안을 토론하시오.
22	무단결석과 음주를 일삼는 학생들이 학교에서 급우들과 갈등을 일으키고 있다. 학교와 사회의 역할에 대해 토론하시오.

23	데이트폭력에 대해 자유토론하시오.
24	데이트폭력 사건이나 가정폭력 사건에 대해 사생활 침해요소가 있다고 생각하는지 자유토론하시오.
25	데이트폭력 관련 실효적 방안과 경찰이 지향해야 할 수사 방향에 대해 토론하시오.
26	남녀 통합채용에 대한 찬반 토론을 하시오.
27	남녀 차별에 대한 토론을 하시오.
28	경찰조직에서 여경의 약점과 강점, 보완 또는 개선방향에 관하여 토론하시오.
29	경찰조직 내 여경에 대한 성차별 유무에 대해 있다고 생각하면 해결방안을, 없다고 생각하면 그 이유를 논리적으로 말해보시오.
30	경찰이 SNS에 제복을 입고 섹시한 사진 올린 일에 징계를 받은 것이 적절하다 생각하는가?
31	경찰 조직에 남녀 차별이 있다고 생각하는가? 있다면 해결방안에 대해 토론하시오.
32	강남역 '묻지마 살인사건'에 대해 여자로서, 경찰관으로서 어떤 생각이 드는지 토론하시오.
33	간통죄 폐지 찬/반 토론을 하시오.
34	가정폭력 임시조치 강화방안에 대해 토론해보시오.
35	가정폭력 사건 신고가 들어 와서 출동을 했는데 안에서 여자 비명이 들린다. 대처법에 대해서 구체적인 근거를 제시하여 토론하시오.
36	SPO(학교전담경찰관) 찬반 토론을 하시오.

제2절 경찰집단면접 기출문제

〈경찰업무 관련 이슈〉

1	형사사건 피해자와 가해자를 국가가 화해시켜 주는 제도에 대한 찬반 토론을 하시오.
2	현재 외국인이 엄청 늘어나고 있으며 그에 따라 외국인 범죄도 증가하고 있다. 이에 대한 예방과 대책방안에 대해 토론하시오.
3	폭력집회시위 현장에서 경찰은 자신의 안전도 스스로 지켜야 하고, 시위진압도 해야 하며, 채증도 해야 한다. 폭력시위 현장에서 어떻게 할 것인지에 대한 토론을 하시오.
4	테이저건, 장구사용에 대한 장단점에 대한 토론을 하시오.
5	총기 사용 요건 강화에 대해 토론하시오.
6	집회시위 현장에서 경찰관 이름표 착용에 대한 호응이 좋다. 앞으로 확대 실시하는 것에 찬성하는가?
7	직장협의회 찬반 토론을 하시오.
8	지방청 경찰관들에 비해 일선 지구대, 파출소 경찰관들의 승진, 보수가 불합리한 부분이 있다. 어떻게 개선해야 할지 토론하시오.
9	준법정신, 신속, 공정성, 친절 중 자신이 중요하게 생각하는 것을 순서대로 말하고 이유를 이야기하시오. 그리고 서로 말한 것에 대해 토론하시오.
10	주취자의 심신상실 감면조항과 심신미약 감경조항에 대한 논란을 개선 할 방법에 대해 토론하시오.
11	주민과의 소통에 필요한 경찰관의 자세에 대해 토론하시오.
12	조현병 환자에 대한 우리나라 관리체계의 문제점과 경찰로서의 해결방안을 말해보시오.
13	조직 내 소통과 화합을 위한 방법에 대해 토론하시오.
14	자치경찰제 논의 중 정보경찰을 폐지 또는 축소하는 내용에 대한 찬반 토론을 하시오.
15	자치경찰 장단점에 대해 토론하시오.
16	인권 경찰로 거듭나기 위해 국민들께 신뢰를 받을 수 있는 방안에 대해 자유 토론하시오.
17	요즘 경찰이 본연의 임무와 서비스를 병행하면서 하고 있는데, 본연의 임무에 소홀한 것 아니냐는 국민들의 비난이 있다. 이것과 관련하여 토론하시오.
18	오패산 테이저건 사건이 과잉진압이란 논란이 있는데, 과잉진압의 기준과 그러한 일이 다시는 발생하지 않도록 어떻게 해야 할지 토론하시오.
19	오늘이 수능인데, 경찰관이 수능 때마다 수험생들을 태워주고 그러는데 그게 경찰 본래 업무는 아니라는 지적도 있고 치안 공백이 생길 우려도 있다. 이에 대해 어떻게 생각하는가?

20	업무시간 외 카카오톡 업무지시에 대한 찬반 토론을 하시오.
21	업무가 과중하다는 치안서비스에 대한 찬반 토론을 하시오.
22	암행순찰에 대한 찬반 토론을 하시오.
23	악성 민원인과 일반 민원인을 공평대우할지 차별대우할지에 대한 토론을 하시오.
24	수사지휘관이 전부 지휘하는 데 한계가 있는데 중간관리자를 둬서 성과지표를 측정하는 것에 대해서 어떻게 생각하는지 찬반 토론을 하시오.
25	수사기법 공개에 대한 찬반 토론을 하시오.
26	수사권 조정을 앞둔 상황에서 국민들에게 경찰 측 입장을 홍보할 수 있는 방법에 대한 토론을 하시오.
27	수사권 조정과 영장청구권에 대해 자유롭게 토론하시오.
28	수갑을 강하게 하면 인권침해 문제가 발생하고, 수갑을 약하게 하면 피의자 도주 우려가 있다. 어느 것을 선택할지 토론하시오.
29	성동경찰서에서 일반시민을 보이스피싱 범인으로 오인해 폭행한 사건에서 해당 경찰관들에 대한 징계여부를 징계위원회 위원이라 가정하고, 선처할지 징계를 내릴지에 대해 토론하시오.
30	상사의 부당한 지시가 [1. 법에 저촉될 때 2. 사회상규에 반할 때 3. 도덕적으로 어긋날 때 4. 양심에 어긋날 때] 어떻게 대처할지 토론하시오.
31	부하로서의 덕목과 상사로서의 덕목에 대한 토론을 하시오.
32	본인이 생각하는 악성민원인 해결방안에 대해 말해보시오.
33	밤샘 조사 폐지에 대한 찬반 토론을 하시오.
34	무기사용 요건 완화 혹은 현행유지에 대해 토론을 하시오.
35	로봇경찰 도입 찬반에 대해 토론을 하시오.
36	도덕성과 전문성 중 하나를 선택하여 추상적으로 말고 사례를 들어 구체적으로 대답해 보시오.
37	대림동 여경 사건에서 주취자를 수갑 채울 때 시민이 도와준 것에 대한 생각을 말해보시오.
38	단지 나이가 많다는 이유로 인사 고가 점수를 더 준다면 어떻게 대처할지에 대한 자유 토론을 하시오.
39	다양한 입직경로로 들어오시는 분들의 지구대 파출소 근무에 대해 어떻게 생각하나?
40	국민들의 신뢰가 떨어지는 이유는 무엇이라 생각하는지와 그것을 회복하기 위한 방안은?
41	공무집행방해로 입건했는데, 그 과정에서 피해자가 경찰관에게 폭행을 당했다. 민사소송을 걸어 경찰관이 손해배상을 해주는 과정에서 '경찰 로또'라는 말이 생겼다. 그것에 관해 국가적 가치와 개인적 가치에 대해 토론해보시오.
42	경찰조직을 비판해보시오.

43	경찰이 사회적 약자를 행정적인 부분 제외하고 어떻게 도와주고 있으며, 지금 하고 있는 것 외에 자신이 생각하고 있는 새로운 시책이나 방법에 대한 토론을 하시오.
44	경찰이 다른 공무원에 비해 강하게 처벌 받는 것이 당연하다고 생각하는가?
45	경찰이 경찰 본연의 업무가 아닌 치안서비스에 치중한다는 비판이 있다. 경찰본연의 업무와 치안서비스를 균형 있게 증진시키기 위한 올바른 경찰활동에 대해 자유 토론 하시오.
46	경찰의 제복은 국민과 소통하고 섬기는 것인데, 국민들을 섬기면서 경찰의 공권력도 존중받기 위해서는 어떻게 해야 할까?
47	경찰의 아쉬운 점과 해결방안은 무엇인가?
48	경찰에게 복지가 필요한가에 대한 토론을 하시오.
49	경찰개혁에 있어 과제가 무엇인지 토론하시오.
50	경찰 홍보할 때 피의자 검거와 피해자 보호 중 어디다 중점을 두어야 하는가에 대해 토론하시오.
51	경찰 홍보의 필요성과 경찰 홍보의 긍정적인 요소와 부정적인 요소에 대한 토론을 하시오.
52	경찰 홍보를 해야 할지 말아야 할지에 대한 찬반 토론을 하시오.
53	경찰 채용에 있어 문신 규제에 대해 찬반 토론을 하시오.
54	경찰 조직의 문제점을 하나씩 이야기하고, 그 중 두 가지를 정한 후에 해결 방안을 토론하시오.
55	경찰 정년연장과 관련된 토론을 하시오.
56	경찰 사기진작 방안에 대한 토론을 하시오.
57	경찰 노조 찬반에 대해 이야기해보시오.
58	경미한 범죄를 저지른 피의자들을 엄격하게 단속하는지.
59	검경 수사권 조정에 대해 자치 경찰, 국민, 경찰, 검찰, 지방자치단체, 사회자 역할을 맡아 토론 진행을 하시오.
60	CPTED에 대해 개인 의견을 중심으로 자유 토론하시오.
61	4차 산업혁명에 대해 경찰이 앞으로 어떻게 활용해야 할지 자유 토론해보시오.

〈범죄관련 이슈 및 일반 시사 이슈〉

1	흉악범의 재범방지를 위한 제도적 해결방안에 대해 토론하시오.
2	화학적 거세에 대한 찬반 토론을 하시오.
3	화성 연쇄 살인 특별법에 대해 어떻게 생각하는지 자유 토론하시오.
4	헬조선의 환경적 요인과 구조적 요인에 대한 토론을 하시오.
5	헌법의 경제적 가치와 횡령 배임 국가가 처벌하는 것 어떻게 생각하는가?
6	피해자 인권은 어떻게 지킬 것인가?
7	피의자 신상공개에 대해 찬반 토론을 하시오.
8	피의사실 공표와 국민의 알 권리 중 무엇이 더 중요한가?
9	포항지진으로 인한 탈원전이 이슈화 되고 있는데 이에 대해 찬반 토론을 하시오.
10	최저 임금 인상에 대한 찬반 토론을 하시오.
11	청년수당 지급에 대한 찬반 토론을 하시오.
12	집행유예 제도가 피해자에게 가혹하다는 의견이 있는데 그럼에도 불구하고 존치해야 하는지 찬반 토론하시오.
13	중국에서 초등학교, 중학교 학생에게 주식투자에 대해 선택과목으로 도입한다는 기사가 나왔다. 공교육에 주식투자에 대한 의무교육 관련 찬반 토론을 하시오.
14	정년퇴직 연장에 대해 반대 입장에서 말해보시오.
15	자살률이 점차 높아지고 있는 실정이다. 이와 관련된 원인과 대책방안에 대해 토론하시오.
16	인터넷 실명제에 찬반 토론을 하시오.
17	인권과 공권력 중 어느 것이 더 중요한지에 대한 토론을 하시오.
18	이영학 사건에 대해 경찰의 잘한 부분과 잘못한 부분에 대해 토론하시오.
19	음주운전 시 복합 면허취소 하는 것에 대한 찬반 토론을 하시오.
20	음주 단속 예고의 실효성 및 지속해야 하는지 말해보시오.
21	윤창호법과 음주운전 개선 방안에 대한 토론을 하시오.
22	우리가 낸 세금으로 흉악범들이 따뜻하게 먹고 자고 하는데 이에 대해서 어떻게 생각하는가?
23	요즘 청년실업이 많다. 이는 국가의 문제인가, 사회의 문제인가, 개인의 문제인가, 구체적인 논거를 들어 토론하시오.
24	외국인 범죄 증가에 대한 실효성 있는 대책을 이야기해보시오.
25	어린이보호구역 교통사고 예방을 위한 자유 토론을 하시오.
26	야만적 조리돌림 발언에 대해서 어떻게 생각하나?
27	애완견이 해를 가할 경우 처벌을 하는 것에 대한 생각을 말해 보아라.
28	수술실 CCTV설치에 대한 찬반 토론을 하시오.
29	성과주의에 대한 찬반 토론을 하시오.

30	사회적 약자가 범죄를 저지른다면 온정주의와 무관용 중 어떻게 대처할지 토론하시오.
31	사형제 폐지에 대해 자유 토론을 하시오.
32	사설 탐정업에 대한 찬반 토론을 하시오.
33	빅 데이터 활용과 개인정보 침해에 관해 법적 관점에서 논하시오.
34	비정규직을 정규직화하는 것에 대해 찬반 토론을 하시오.
35	불법시위에 대응한 물대포와 차벽설치에 대해 찬반 토론을 하시오.
36	부패의 원인을 말해보시오. (금전적, 개인의 윤리 가치관 문제 빼고 말하라 함)
37	보편적 복지와 선별적 복지에 대해 자유 토론하시오.
38	버닝썬 유착원인과 해결방안, 비리 해결방안을 말해보시오.
39	모방범죄의 실질적인 해결방안에 대해 토론하시오.
40	며칠 전 학생들이 내기로 선생님을 때리기로 하여 처음엔 남자선생님으로 하려 했지만 혼날까봐 여자교생을 때렸다. 여자교생은 충격으로 쉬고 있다. 처벌해야 하는지 토론해보시오.
41	다문화가정 범죄 원인과 해결방안을 이야기해보시오.
42	노인학대의 원인과 해결방안에 대해 토론하시오.
43	노숙자 대처방안을 말해보시오.
44	난민수용에 대한 찬반 토론을 하시오.
45	낙태죄와 존엄사에 대해 토론하시오.
46	김영란법 찬반 토론을 하시오.
47	긴급신고를 받고 출동해야 하는데 이중 주차가 되어 있다면 어떻게 할지 토론하시오.
48	귀순병사에 대해 대응사격 했던 사건에 대한 찬반 토론을 하시오.
49	교도소 출소 후 재범을 방지하기 위한 우범자 관리와 근거 법률에 대한 토론을 하시오.
50	공소 시효 배제에 관한 특별법이 논의되고 있는데 그것에 대해 어떻게 생각하는지 자유 토론하시오.
51	공무원 반바지 착용을 어떻게 생각하는지 찬반 토론하시오.
52	공권력의 현주소와 문제점, 그리고 해결방안에 대해 서로의 의견을 반박하며 토론하시오.
53	공공장소에서의 음주규제에 대해 토론하시오.
54	공공의 이익과 인권이 상충되는데 왜 그렇고, 어떻게 해야 하는가?
55	고유정 살인사건 현장검증에 대해서 어떻게 생각하는가?
56	고령운전자 면허증 반납에 대한 찬반 토론을 하시오.
57	CCTV 확대설치에 대한 찬반 토론을 하시오.
58	소방차 강제진입에 대해 찬반 토론을 하시오